주련柱聯 따라 떠나는 여행

주련柱聯 따라 떠나는 여행

초판 1쇄 펴낸 날 2019년 7월 27일
초판 2쇄 펴낸 날 2020년 8월 20일

지은이 신명철
펴낸이 김삼수
편 집 김소라
디자인 최인경

펴낸곳 상상박물관
등록 제318-2007-00076호
주소 서울시 마포구 성미산로13길 87 201호
전화 0505-306-3336
팩스 0505-303-3334
이메일 amormundi1@daum.net

ISBN 978-89-93467-44-4 03910

이 도서의 국립중앙도서관 출판예정도서목록(CIP)은 서지정보유통지원시스템 홈페이
지(http://seoji.nl.go.kr)와 국가자료공동목록시스템(http://www.nl.go.kr/kolisnet)에서
이용하실 수 있습니다.(CIP제어번호 : CIP2019027350)

柱聯

주련 따라 떠나는 여행

신명철 지음 | 최태규 사진

상상박물관

전공자들도 놀랄 뛰어난 안목과 식견

만나면 즐거운 사람들이 있다. 신명철 교장이 그렇고, 최태규 교장이 그렇다. 우리는 만나면 요즘 살아가는 이야기를 하다가 곧잘 옛이야기로 넘어간다. 최근에 다녀온 문화재 답사와 역사 이야기가 너무 재미있다.

그중에서도 '주련柱聯' 이야기는 꽤나 많이 들었다. 주련마다 그렇게 많은 사연이 있는 줄은 예전에는 미처 알지 못했다. 문화재 애호가이자 지킴이를 자처하는 두 분을 통해서 자랑스러운 우리 역사를 새삼 알게 되어 고맙기만 하다.

삼십여 년 문화재를 답사하다 보니 없어진 것도 있고 새로 짓거나 고친 것도 꽤 많았다고 한다. 어느 날 최 교장이 '다산와당茶山瓦堂'을 다녀왔단다. 다산초당茶山草堂은 들어봤어도 와당이라니 거기가 어디냐고 물었다. 강진에 있는 다산초당이 초가가 아니고 기와집이란다. 복원하면서 기와집으로 지었고, 추사가 썼다는 '다산초당' 현판은 그대로 달았단다. 한 술 더 뜬다. 정약용 선생의 유배 생활 흔적을 본 방문객들이 이 정도면 유배 생활도 할 만하다고 이야기를 나누었단다.

국문학을 전공한 나로서도 우리 생활 깊숙이 자리 잡은 한자와 한문 이야기에 관심이 많다. 독창적이고 자랑스러운 우리 한글을 더욱 발전시켜야 한다는 데에는 전적으로 동감한다. 하지만 우리가 사용하는 낱말의 대부분이 한자어이고, 한문으로 전해지는 서적이 너무나 많다. 아직도 번역이 되지 않은 고서도 이루 헤아릴 수 없이 많다고 한다. 우리가 한자와 한문을 배워야 하는 까닭도 여기에 있다.

한자는 표의 문자로 최초의 형태는 사건, 사실, 의견 등을 글자 단위로 기록한 것이다. 중국의 고문은 짧은 시 형태로 표현된 것이 많다. 오랜 세월을 거치면서 정형화되어 한시가 되었다. 신 교장이 고찰한 주련도 대부분 한문시 형태이다. 마음에 새겨두어야 할 내용이나 개인적·국가적 소망을 건물 기둥에 새겨 넣었다.

우리 문화재 가운데 주련이 차지하는 비중이 그렇게 크다고 볼 수는 없다. 또 우리글이 아닌 한문으로 쓰여서 그 뜻을 알기가 쉽지도 않다. 그럼에도 불구하고 주련에 담긴 역사와 한문 해석에 진력한 두 분의 공로는 결코 작은 것이 아니다. 문화재 애호를 넘어서 전문가의 안목과 식견을 엿볼 수 있다. 두 분은 이미 여러 자료들을 내어 놓았다. 두 분의 우리 문화재 관련 자료들이 많은 분들의 사랑을 받기를 진심으로 바란다.

두 분과 더불어 우리 역사를 좋아하는 마음으로 추천의 말씀을 몇 자 적습니다.

2019년 6월
서울동구로초등학교 교장 오시형

설렘으로

초등학교에 입학하여 친구들과 함께 첫 소풍을 가던 날, 얼마나 좋았는지 글로는 표현할 수 없습니다. 다만 전날 밤을 꼬박 새운 것만큼은 분명한 사실입니다. 어른이 되어 이름과 형식은 다르지만 여행이라는 것을 만나게 되었고 그럴 때마다 여행에 비친 또 다른 나의 모습을 보게 됩니다.

그것이 문화재를 찾는 일이라면 더욱 그러합니다. 문화재를 찾는 일은 옛 어르신들의 삶의 모습과 만나는 것입니다. 오랜 세월을 곰삭힌 서원이나 종가의 사랑채, 그리고 풍류를 함께 나누던 정자에는 옛 어르신의 삶이 고스란히 배어 있습니다.

문화재를 찾다보면 나무판에 글씨를 새기고 멋을 더해 기둥에 건 주련이라는 것을 볼 수 있습니다. 한자를 붓글씨로 쓴 주련은 인쇄체 한자에 익숙한 우리들로서는 좀처럼 읽기 어렵습니다. 어쩌다 아는 글자를 찾아 더듬더듬 읽는다 해도 의미를 파악하기란 더욱 어려운 일이라, 문화재를 찾는 많은 사람들조차도 눈길 한 번 제대로 주지 않습니다.

두려움과 용기

처음부터 책을 엮을 목적으로 문화재를 찾은 것은 아니지만 서른 해 넘도록 모아둔 자료들이 많은 도움이 되었습니다. 우리나라의 문화재들은 문화재청 누리집과 각 지방자치단체 누리집에 체계적으로 분류되어 있습니다. 그러나 주련을 가지고 있는 문화재에 대해 알려주는 곳은 한 곳도 없습니다. 그래서 그동안 수집한 자료를 중심으로 절집을 제외한 414곳의 문화재를 시도별로 분류하여 주소록을 만들고 직접 찾아가 623채의 기둥에 걸린 주련을 촬영하였습니다. 그리고 읽고 해석하는 작업이 십여 년에 걸쳐 이어졌으나 아직도 50여 채의 초서체草書體 주련은 읽지도 못하고 있습니다.

주련에서 우리는 그 집 어르신들의 이야기나 유교 경전 등에서 뽑은 좋은 글귀를 만날 수 있습니다. 이 책에서는 87곳 173채에 걸려 있는 공통된 역사적 사실을 품은 주련을 골라 글로 엮었습니다. 한학을 전공하신 분들이 보시고 잘못 읽은 한자와 어설픈 해석에 대하여 많은 꾸지람을 주실 것이 염려되어 무척 망설였으나, 이를 기회로 각 문중의 대종회나 지방자치단체에서 많은 관심을 갖고 주련을 해석해 줄 것을 기대하며 용기를 내었습니다.

그리고 행복

역사학은 물론 한문학 근처에도 가보지 못한 사람이 글 동냥을 통해 주련을 읽고 해석하기에는 너무나 무모한 도전이었습니다. 처음에는 서예를 오랫동안 공부하신 몇몇 분들에게 부탁을 드렸는데, 한두 장 해석해 주시고는 '너무 어려워서 못하겠네. 다시는 연락하지 마시게.'란 문자를 받기 일쑤였습니다. 안타까운 마음에 청계천에 나가 초서칠체자전草書七體字典과 서도육체대자전書道六體大字典을 구해 옆에 두고 한자 탐험을 시작하였습니다. 어느새 강산이 한 번 훌쩍 바뀌어 버렸습니다.

지금은 없어졌지만 일 년 넘게 찾아다닌 경희궁미술관의 서예전시회 관람은 참 좋은 공부가 되었습니다. 출품된 작품을 휴대폰으로 촬영하고 영상으로 찬찬히 살피니 글을 쓰는 분에 따라 조금씩 다른 형태의 부수部首나 붓의 흐름에 따른 한자의 흘림 등을 이해하는 데 큰 도움을 되었습니다. 그렇게 해서 글자를 알게 되면 자전字典을 뒤적이고 한국고전번역원 누리집을 드나드는 등 의미를 깨우치려는 지루한 연구가 끝없이 이어졌습니다. 이 자리를 빌려 우리 것을 가꾸고 고전 번역에 힘쓰시는 고마운 분들의 노력에 깊은 감사를 드립니다.

　서른 해가 넘도록 함께 문화재를 탐방한 김영철, 최태규, 임규식 님께 한없는 감사를 드리며, 아들의 작은 성취에도 행복해 하시는 병상에 계신 어머니와 남편 뒷바라지에 정성을 다하는 눈 먼 아내, 그리고 늘 행복함을 주는 사랑스런 민지원, 민소연, 신하연에게 이 책을 올립니다.

2019년 첫여름
살구재에서 신명철

차례

2장 《 영남 둘_ 경상북도

3장 《 호남 하나_ 전라남도

7장 ≪ 한양도성을 에워싸고_ 경기도와 서울

주련은 처음이지?

주련은 뜻이 서로 통하는 글귀를 나무판에 새기거나 한지에 써서 기둥을 멋스럽게 장식한 것이다. 그래서 두 장씩 짝하여 글의 뜻이 통하고 글자수에 따라 5언 율시와 7언 율시로 나뉘며 내용으로 보면 기승전결을 이룬다. 한옥에서 세 칸 집은 툇마루의 기둥이 넷이라 네 장의 주련이 서로 연관성이 갖고 있으나 네 칸 집은 툇마루의 기둥이 다섯이라 다섯 장 가운데 주련 한 장은 전혀 연관성이 없을 때도 있다. 그래서 주련이 많을 때는 벽을 이루는 기둥에도 걸었다. 툇마루에 있는 기둥은 툇마루나 또는, 그 공간만큼 앞으로 나와 처마를 받히는 기둥이고 벽을 이루는 기둥은 직접 흙벽과 맞닿아 벽을 이루며 지붕의 무게를 온전히 받고 있는 기둥이다. 그래서 주련을 몇 장 걸었는가에 따라서 집의 크기를 짐작할 수 있다.

서울에 있는 삼군부 청헌당은 주련머리에 연잎과 아랫부분에 연꽃을 독립적으로 조각하고 글자의 테를 얕게 파내 화려함의 으뜸을 이루었다. 남원의 용장서원은 주련머리에 연꽃 세 송이와 아랫부분에 박쥐를 새기고

초록색 당초문 테를 둘러 돋을새김 하여 분위기의 장중함을 더했다. 강릉 선교장 활래정과 정읍 군자정은 붉은 연꽃과 초록 연잎 문양으로 화려함을 더했고, 고흥향교 주련은 모란을 올려 부귀를 상징하였다. 광주 무양서원은 태극 문양, 곡성의 수성당은 학과 영지버섯을 새겨 오랜 삶을 소망하였고, 옥구향교는 무궁화를 새겨 품위를 더했다.

주련의 바탕은 검거나 흰 바탕에 흰색 또는 검은 색의 글자가 대부분이고 전주 회안대군 감광당처럼 청색 바탕에 흰색 글자를 넣은 곳도 있다. 울진 대풍헌과 경주 월성주사댁의 주련은 한지에 써서 기둥에 붙였다.
대부분의 주련은 나무판에 한 줄로 새겼으나 담양의 명옥헌원림은 두 줄로 새겼고 양산 송담서원은 시 한 편을 새기기도 하였다. 예천 반송재 고

택은 윤선도의 오우가 첫 구절과 한석봉의 '짚방석 내지 마라 낙엽엔들 못
앉으랴' 시조를 한글로 쓴 주련을 걸어 특이함을 주었다.

　향교나 서원은 대부분 유교의 가르침을 글귀로 하였고, 사당이나 정자,
오래된 집은 모시는 분이나 집 주인이 지은 한시 또는 그 분을 칭찬한 글이
나, 자손에게 당부하는 글귀를 걸었다. 그래서 주련을 통해 그 당시의 사건
과 이에 따른 조상들의 굳은 절개와 삶의 모습을 엿볼 수 있다.

영남 하나

경상남도

23전 23승의 신화

- 통영 충렬사

통영시는 삼도수군통제영이 들어오기 전에 두룡포라 불리던 조그만 바닷가 마을로 일제강점기에 통제영을 줄여 통영이라 처음 불렀다. 대한민국 수립 이후 충무라 이름 하였다가 행정구역 개편으로 현재의 통영 이름을 되찾았다. 배를 타고 들어가는 한산도 제승당을 목적으로 오랜만에 충렬사와 삼도수군통제사 본부를 찾고 거제도 길을 잡을 예정이었다.

삼도수군통제사란 관직은 칠년 전쟁 전에는 없었던 것을 이순신 장군을 위해 새로 만든 관직으로 경상도, 전라도, 충청도의 모든 해군을 지휘하는 지금의 해군총사령관과 같다. 선조 임금이 얼마나 다급하였으면 조선 수군의 모든 지휘권을 한 손에 쥐어주면서까지 왜적을 막으라 하였을까?

홍살문 아래에서 큼직하게 쓴 충렬사 현판을 올려다본다. 이순신의 나라를 위한 마음을 기리기 위해 세운 충렬사는 고종이 서원을 정리할 때도 한산대첩의 현장이라 하여 남겨 두었다. 400살이 넘는다는 동백나무가 반겨주는 가운데 회이족을 몰아내고 강한 지역을 다스려 주나라를 잘살게 한 소공召公에 버금가는 이충무공의 공적을 기려 강한루江漢樓를 두었다.

충성심이 햇빛처럼 환하다는 경충재景忠齋와 무예를 존중한다는 숭무당崇武堂은 안쪽에 자리 잡고 있다. 문을 들면 신하로서 나라를 위해 몸을 아끼지 않은 장군의 초상을 모신 충렬사忠烈祠를 만난다. 충렬사 모서리기둥에 걸린 욕일보천이란 글귀에서 눈이 떨어지지 않는다. 욕일보천은 고대 중국의 창세 신화에 나오는 문구인데 어찌 충렬사에 내걸었을까?

전쟁을 함께한 명나라 수군제독 진린은 선조와 조선의 신하들이 전사한 이순신의 공적을 업신여기고 한없이 낮출까 걱정되었다. 그래서 이순신은 지략이 매우 뛰어날 뿐만 아니라 그 성품 또한 훌륭하다고 칭찬하였다. 그는 명나라로 돌아가기 위해 선조에게 작별 인사를 하면서도 다시 한 번 이순신을 칭찬하였다.

"이순신은 경천위지의 재주와 욕일보천의 공로가 있는 장군입니다."

이 무슨 듣도 보도 못한 말인가?

옷감은 날줄과 씨줄을 서로 촘촘히 엇갈려 짜는 것인데 경천위지經天緯地는 씨줄과 날줄을 하늘과 땅에 비유하여 이순신이 세상의 일을 잘 계획하여 짜임새 있게 다스렸다는 뜻이다. 욕일보천浴日補天은 욕일과 보천으로 나뉜다. 욕일은 희화욕일羲和浴日의 줄임말로 고대 중국의 창세 신화에 나오는 태양을 목욕시킨다는 이야기이다. 희화에게는 태양 아들이 열 명이나 있어 동쪽의 해 뜨는 곳에 살았다. 해 뜨는 곳을 부상扶桑이라 하는데 그곳에서 해 지는 곳까지 열여섯 곳의 쉼터가 있었다. 태양 아들 열 명은 하루에 한 명씩 하늘로 올라가서 땅에 빛을 비추었다. 희화는 매일같이 태양 아들을 목욕시켜서 뜨거운 몸을 식힌 다음 하늘로 오르도록 하였다. 빛을 조절하여 땅의 모든 생물이 잘 자랄 수 있는 환경을 만들어 준 것이다. 한편 보천은 여와보천女媧補天의 줄임말로 여와가 하늘에 구멍 난 것을 메운 것

통영 충렬사

사당 및 동재에 걸린 주련

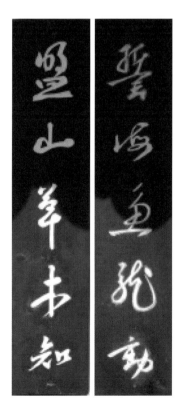

을 이르는 말이다. 오랜 옛날, 물의 신과 불의 신이 큰 싸움을 벌였는데 물의 신이 지자 화가 나서 하늘을 받치고 있던 서쪽 산을 들이받았다. 그 순간 산과 하늘이 무너졌고 땅속에서 많은 물이 솟아올라 하늘까지 닿았다. 땅은 홍수로 인해 바다가 되었고 흑룡이 나타나 많은 사람을 죽거나 다치게 하였다. 고통에 빠진 사람들을 본 여와는 먼저 파란색, 붉은색, 흰색, 검은색, 노란색 다섯 가지 돌을 녹여 하늘에 난 구멍을 메웠다. 그리고 큰 거북의 다리 넷을 잘라 하늘의 네 귀퉁이를 받쳐 세웠다. 사람들을 괴롭히던 흑룡을 달래고, 둑을 쌓아 저수지처럼 물을 가두었다. 물이 줄어들자 짐승들은 점차 온순해져 사람들과 어울리게 되었다. 사람들은 곡식들이 열매를 맺어 풍족하게 먹을 수 있게 되자 여와의 은혜에 한없이 고마워하였다.

충렬사의 '욕일보천'은 추사 김정희의 제자인 신헌이 52살(1861)에 삼도수군통제사로 있으면서 특유의 두툼한 필법으로 쓴 것을 흰색 바탕에 청색 글씨로 장식하였다.

>> 통영 충렬사
盟山誓海 浴日補天 맹산서해 욕일보천

산에 맹세하고 바다에 맹세하여
해를 목욕시키고 하늘 뚫린 곳을 메웠네.

>> 경충재
水國秋光暮 驚寒鴈陣高 수국추광모 경한안진고
憂心輾轉夜 殘月照弓刀 우심전전야 잔월조궁도

섬 많은 바다 가을빛 저물고

찬 서리 내리니 기러기 떼 높이 나네.

나라 걱정에 잠 못 드는데

새벽달이 활과 칼을 비추네. - 이순신

>> 숭무당

江山不息英雄氣 天日成盟草木知 강상불식영웅기 천일성맹초목지

閣上麒麟圖像肅 鼓邊蝌蚪鐫名休 각상기린도상숙 고변과두전명휴

江漢悠悠忘千秋 欲慕風風 강한유유망천추 욕모풍풍

조선에는 훌륭한 사람의 성품 끊임없고

하늘에 맹서하노니 풀과 나무도 아는구나.

공신각에 그린 장군의 모습 엄숙하시고

북틀에 옛 글자로 새긴 이름 아름답구나.

장강과 한수는 유유히 흐르며 천년 세월을 잊고

공경하는 마음은 바람처럼 끊임이 없구나.

>> 동재

誓海魚龍動 盟山草木知 서해어룡동 맹산초목지

바다에 맹세하니 어룡이 움직이고

산에 맹세하니 초목이 아는구나.

남쪽 오랑캐를 막다

- 통영 삼도수군통제영

조선 22대 정조 임금은 이순신의 일생에 대하여 다음과 같은 글을 썼다.

덕수이씨 이순신이 태어날 때 어머니의 꿈에 아이가 귀하게 될 인물이니 이름을 '순신'이라 지으라 하였다. 32살(1576)에 활 솜씨가 훌륭하여 무과 시험에 합격하고 함경도에서 여진족을 여러 차례 물리쳐 공을 세웠다.

왜적들이 우리나라를 치겠다고 큰소리를 칠 때 류성룡이 종6품 벼슬 정읍현감 이순신을 강력하게 추천하여 종3품 벼슬 전라좌도수군절도사에 임명하였다. 한 번에 6등급을 올라선 대단히 충격적인 승진이었다. 전라좌도수군절도사에 오른 이순신은 왜의 침입을 걱정하면서 밤낮없이 전투를 준비하였다. 또 거북 모양을 한 새로운 배를 만들어 거북선이라고 하였는데 그 배를 타고 전투 연습을 한 군사들은 나는 듯이 가고 화살처럼 빠른 배라고 하였다. 48살(1592)에 왜적이 침입하여 부산과 동래를 함락시키고 길을 나누어 서쪽으로 올라왔다. 이순신은 거제도 옥포 앞바다에서 적함 20여 척, 사천 앞바다에서 적함 10여 척을 공격하여 격침시켰다. 또 한산도 앞바다로 꾀어내어 크고 작은 적함 70여 척을 격침시켰고 도망가는 배를 쫓아 진해 안골포에 이르러 또 40여 척을 격침시켰다. 그러자 소문이 크게 나서 왜적은 겁에 질려 육지로 올라가 바다로 나오지 않았다. 49살(1593)에 처음으로 삼도수군통제사가 된 이순신은 통제영을 한산도로 옮겼다. 그런데 원균이 질투하여 이순신이 왜적을 공격하지 않고 시간을 끌었다는 죄를 씌워 옥에 가두고 모진 고문을 하였다. 그래서 삼도수군통제사 자리에 오른 원균은 칠천량 전투에서 크게 패하였고 그도 죽었다. 다시 삼도수군통제사에 임명된 이순신은 수십 명의 부하와 함께 전라도 순천으로 내려가 10여 척의 배와 군사들을 모았다. 그리고 진도 벽파진 아래로 왜적을 끌어들여 30여 척을 격침시키고 왜장 '마다시'의 목을 베었다. 54살(1598)에 명나라 장수 진린 등이 들어오자 이순신은 고금도에서 진린과 합세하였다. 진린은 진심으로 이순신의 재주와 책략과 기량에 탄복하여 모든 군사 군사작전을 세움에 있어서 묻지 않는 일이 없었다. 그리고 명나라로 돌아갈 때 우리 선조대왕께 말하기를 '이순신은 경천위지의 재주가 있고, 보천욕일의 공로가 있는 장군입니다.'라고 하였다.

얼마 후 왜의 풍신수길이 죽으니 왜적들이 자기 나라로 돌아가려 할 때, 이순신이 명나라 장수들과 함께 노량해협에서 새벽부터 치열한 전투를 벌여 적함 200여 척을 격침시키니 왜적이 겁을 먹고 도망하였다. 이들을 뒤쫓아 관음포 앞바다에 이르러 전투를 지휘하다 뜻밖의 탄환에 맞아 전사하였다. 선조대왕은 이순신은 선무공신 1등으로 뽑았고 인조대왕은 여수에 사당을 세워 나라를 구한 큰 공적을 기리게 하였다.

임진왜란 때 스물세 번을 싸우는 동안 싸우면 반드시 이기고, 지키면 반드시 보전하여 나라의 형편이 이순신 한 사람에 의해 좌우되었다. 선조대왕이 조선을 다시 일으킨 공적을 이룰 수 있도록 도운 것은 오직 이순신 한 사람이었다. 이순신은 한 번 싸워 통영 한산섬이 평정되고 두 번 싸워 진도 벽파진이 평안하였으며 세 번 싸워 남해 노량에서 왜적이 다 없어졌다. 명나라 황제도 칭찬하니 그 공적이 으뜸이오. 명나라 군대가 돌아가고 백성들은 다시 안정을 찾아 조선의 억만년 기틀을 마련했으니 이 공적이 버금이라.

몇 년 전 주련이 걸린 문화재를 정리하고자 30여 년 모은 문화재 사진을 헤집으며 목록을 만들고 사진 촬영을 하고 해석에 푹 빠져 있을 때, 우리 동아리의 박물관장이 전화를 하였다.

"통영 삼군통제영에 갔더니 주련이 있던데 알고 있어요?"

"아니요? 전혀 몰랐어요. 세병관에 걸었나요?"

"세병관은 아니고 다른 곳에 주련을 걸었던데요."

"어디에 걸었어요?"

"세병관 뒤에 있는 운주당과 또 그 뒤 육의정과 의두헌에 걸었어요."

통영 삼도수군통제영 세병관

"그래요, 언제 걸었을까?"

"혹시나 해서 주련을 촬영했는데, 메일로 보내드릴까요."

"고맙습니다. 관장님"

박물관장은 우리 동아리의 좌장으로 40여 년 동안 답사한 문화재 자료를 바탕으로 『국보·보물 편』과 『사적, 천연기념물, 명승, 중요민속문화재 편』 등을 책으로 냈다. 그는 우리나라의 국·공·사립 박물관과 특별전을 두루 꿰뚫고 있다. 2016년 11월에 대전시립박물관에서 '안동권씨와 양반 역사' 특별전시회를 열었을 때 대전 도산서원 명교당 안에 있는 허목의 글씨로 새긴 원본 주련을 촬영하여 보내주기도 하였다. 그래서 우리 동아리에서는 언젠가부터 좌장을 박물관장이라 부르고 있다.

삼도수군통제영의 중심 건물인 세병관은 여수 진남관과 함께 현재 남아 있는 조선 3대 목조 건축물 중 하나로 길이 36미터 건물에 50개의 기둥을 세워 지붕을 올렸다. 세병관洗兵館은 은하수로 피 묻은 갑옷과 무기를 씻고 다시는 사용하지 않겠다는 의미로 평화를 상징한다. 군막 안에서 작전을 세우고 의논하는 건물인 운주당運籌堂에는 친절하게도 주련과 함께 풀이까지 함께 걸어놓았다.

>> 통영 삼도수군통제영 운주당

紛城周匝聳靑岑 間間脩竹又松林 분성주잡용청잠 간간수죽우송림
萬戶笙歌春氣暖 一旌詩話雨聲深 만호생가춘기난 일정시화우성심
不知後會將何地 願見諸公是日心 부지후회장하지 원견제공시일심

통영 주변에는 푸른 산들이 높이 솟아 있고

통영 운주당 주련

산마다 긴 대나무와 소나무 숲 가득하네.

집집마다 노래 소리에 봄기운이 따뜻하고

깃발 아래 공부하는 소리 빗소리에 잠기네.

다음에는 어디서 다시 만날지 모르지만

모두가 충무공의 충심을 보길 바라네. – 함안총쇄록

>> 육의정

隔浦一點孤嶼 泊汸七座巨檻 격포일점고서 박반칠좌거람

先得扶桑月色 挹彌勒繞砌嵐 선득부상월색 읍미륵요체람

冬雪一老栢滿 夏園長松歲寒 동설일로백만 하원장송세한

포구를 사이에 둔 외로운 점 같은 섬이요

해안에 닿은 일곱 개의 큰 난간이라.

먼저 부상의 달빛을 얻고

미륵산의 푸른 아지랑이는 섬돌을 두르고 있네.

겨울철 눈은 오동나무 고목에 가득하고

여름 숲 잘 자란 소나무는 추위를 견디었구나. – 함안총쇄록

>> 의두헌

管轄嶺湖 관할영호

控制蠻粤 공제만월

영남과 호남을 다스리고

남쪽 오랑캐를 막는다. – 함안총쇄록

한산대첩

- 한산도 제승당

임진왜란 당시 조선 수군은 부산 동래의 경상좌수영, 경남 통영의 경상 우수영, 전남 여수의 전라좌수영, 전남 해남의 전라우수영, 충남 보령의 충청수영 등이 있었다. 그러면 좌수영과 우수영의 의미는 무엇일까? 조선시대 행정구역은 임금이 서울에서 보았을 때 왼쪽과 오른쪽으로 나뉘었기 때문에 호남좌수영은 호남의 왼쪽에 있는 해군본부, 경상우수영은 경상도의 오른쪽에 있는 해군본부로 이해할 수 있다.

조선 최초로 삼도수군통제사가 된 이순신은 통영과 거제도 사이의 좁은 바다로 적함이 들어오는 것을 막고 부산 앞바다로 나가는 것을 쉽게 하려고 여수에서 한산도로 삼도수군통제영을 옮겼다.

그동안 한 번도 찾지 못했던 '한산도 제승당'을 답사하기 위해 아침 첫배에 올랐다. 뱃머리에서 '한산섬 달 밝은 밤에'라는 시를 흥얼대다 보니 이곳에서 이순신 장군에게 참패를 당한 왜장 와키자카 야스하루의 말이 떠올랐다.

"나는 한산도 앞바다에서 평생 최고의 완벽한 패배를 당했다. 조선 수군이 우리를 반달 모양으로 둘러싸고 공격을 하니 우리 함대는 포 한 번 쏘지 못하고 무너졌다. 조선 수군의 화포는 그 위력이 엄청나 우리 전함 76척 중 69척을 격침시켰다. 내가 가장 두려워하고, 미워하며, 좋아하는 사람이 이순신이다. 또 내가 존경하지만 가장 없애고 싶은 사람도 이순신이다."

조선 수군의 전함은 판옥선으로 배의 바닥이 편평하여 방향 전환이 빠르고 목재가 크고 튼튼해서 화포를 쏜 후에 오는 엄청난 반동을 흡수할 수 있었다. 그러나 왜적 전함 세키부네는 배의 바닥이 V자 모양으로 파도의 영향을 적게 받아 속도가 빨랐으나 방향 전환이 느리고 화포를 쏘면 배가 엄청나게 흔들렸다. 그래서 왜적들은 적의 배에 다가가서 쇠고리를 걸어 당기고 배에 올라가 싸우는 작전을 폈다. 이를 간파한 이순신은 왜적의 작전을 역이용하여 적함이 가까이 다가올 때까지 기다렸다가 화포를 쏘아 배를 부수어 큰 승리를 거두었다.

철종 때 삼도수군통제사를 지낸 신헌이 쓴 '욕일보천'은 검은 바탕에 흰색 글자로 새겨 제승당制勝堂 안 높은 기둥에 걸어 품격을 달리하였다.

한산도에서의 벅찬 가슴을 안고 배에서 내렸다. 승용차로 이동하면서 시간을 아껴 식사하기에는 김밥이 안성맞춤이라 통영에 왔으니 충무김밥을 먹기로 했다. 그런데 김밥을 사서 오는 모습이 왠지 낯설다. 우리가 생각하던 은박지로 포장한 둥글고 긴 김밥이 아니고 흰밥만 손가락 크기로 작게 말은 김밥을 오징어무침 등과 함께 먹는 것이었다.

>> 통영 한산도 제승당

盟山誓海 浴日補天 맹산서해 욕일보천

水國秋光暮 霜寒鴈陣高 수국추광모 상한안진고

통영 제승당

수루 주련(이순신 친필 및 사인 집자)

제승당 주련

憂心輾轉夜 殘月照弓刀 우심전전야 잔월조궁도

산에 맹세하고 바다에 맹세하고

해를 목욕시키고 하늘 뚫린 곳을 메웠네.

섬 많은 바다 가을빛 저물고

찬 서리 내리니 기러기 떼 높이 나네.

나라 걱정에 잠 못 드는데

새벽달이 활과 칼을 비추네. - 이순신

>> 수루

閑山島月明夜 上戍樓 撫大刀 한산도월명야 상수루 무대도

深愁時何處 一聲羌賊更添愁 심수시 하처 일성강적경첨수

한산섬 달 밝은 밤에 수루에 혼자 앉아

큰 칼 옆에 차고 깊은 시름하는 적에

어디서 들려오는 피리소리 남의 애를 끊나니 - 이순신

백성에게 옷을 입히다

- 산청 도천서원

    남평문씨 삼우당 문익점 선생 유적을 찾아 산청 신안면의 도천서원을 찾는다. 고려 공민왕은 원나라와 관계를 바르게 하여 자주적인 정치를 하고자 원나라 황실을 믿고 고려를 못살게 굴던 신하들을 없애고 고려 땅의 쌍성총관부도 없애 원나라와 불편한 관계가 되었다. 문익점은 35살(1363)에 공민왕의 명을 받아 사신으로 원나라에 갔다. 그러자 원나라는 고려 사신들을 기다렸다는 듯이 공민왕을 퇴위시키라는 황제의 명령을 내리고 충선왕의 셋째 아들인 덕흥군을 새로운 고려왕으로 임명하여 고려를 공격하였으나 최영 장군이 이들을 물리쳤다. 문익점 등 사신들은 원나라가 새로 임명한 고려왕이 고려를 공격할 때 함께 움직였다 하여 고려에 돌아오자마자 벼슬을 빼앗겼다.

    조선 성종 때 남효온이 쓴 목면기에는 "원나라에 사신으로 간 문익점은 덕흥군의 미움을 받아 중국의 남쪽 걸남으로 귀양 갔다. 그곳에서 3년이나 떠돌 때 밭에서 백설 같은 꽃을 발견했다. 이것이 옷감을 만드는 면화라는 것을 알고 붓두껍 속에 씨앗 세 개를 지니고 왔다."고 기록하였다.

태조실록에는 "문익점이 원나라에서 돌아올 때 면화를 보고 그 씨 10여 개를 따서 주머니에 넣어 가져왔다. 다음해 고향에 돌아온 문익점은 장인 정천익에게 면화 씨앗 5개를 주고 기르도록 하였는데 처음에는 네 그루가 죽고 한 그루만 살아 씨를 맺었다. 이듬해 다시 심는 등 3년간의 노력 끝에 면화 재배에 성공하였다. 그러나 면화에서 씨를 빼내고 실을 뽑는 방법을 궁리할 때 원나라 스님 홍원의 도움으로 씨를 빼는 씨아와 실을 뽑는 물레 만드는 법을 배워 옷감을 짤 수 있게 되었고 곧이어 전국에서 면화를 재배하게 되었다."고 기록하였다. 또 세종대왕 말씀을 한글로 해석한 현판에는 "문익점이 원나라에 사신으로 갔다가 가져 온 면화 종자와 목면업의 보급으로 모든 백성이 솜을 넣은 옷을 입을 수 있을 정도로 면화 재배 기술이 크게 향상되었다. 이는 조선 백성들이 의생활에 있어 혁신적인 변화였다. 솜을 넣은 옷으로 겨울을 따뜻하게 지내는 일은 이전에는 감히 생각하지 못한 일로 의복 문화의 일대 혁신이라고 하지 않을 수 없다. 또 급격한 생산량의 증가로 조선은 그 무렵부터 일본에 면화 제품을 계속 수출 할 수 있는 기반을 마련하게 되었다."고 하였다.

면화 재배에 성공하자 문익점은 고향에 정자를 짓고 삼우당 현판을 걸었다. 삼우당은 나라의 힘이 부족함과 성리학이 널리 알려지지 않음과 자신의 성리학이 미치지 못함을 걱정한다는 뜻이다.

문익점이 들여온 면화를 처음 재배하여 성공한 산청 목면 시배유지에는 지금도 매년 면화를 재배하고 있다. 면화를 처음 심은 곳에 대하여 문익점의 남평문씨 문중과 장인 정천익의 진주정씨 문중의 이해관계가 대립하는 부분이 있어 목면시배유지에 대한 문화재청의 옛날 안내문과 현재의 안내문 설명을 함께 옮긴다.

옛 현판: "고려 말 공민왕 때 문익점이 면화를 처음 재배한 곳이다. 문익점
은 35살(1363) 때, 원나라에 가는 사신의 일원으로 갔다가 귀국하는
길에 원나라 관리의 눈을 피해 붓대에 면화씨를 넣어 가지고 귀국하
였다. 그 뒤 이곳에서 처음 면화를 재배하여 국민생활과 경제발전에
큰 공헌을 하였다."

현재의 현판: "고려 말기에 우리나라에서 처음으로 면화를 재배한 곳이다.
문익점은 35살(1363) 때, 중국 원나라에 사신을 갔다가, 귀국하는 길
에 면화 씨앗을 구해왔다. 그 뒤 문익점은 장인 정천익과 함께 면화

재배에 성공하였다. 면화로부터 얻어지는 포근한 솜과 질긴 무명은
옷감을 향상시켜 백성들의 생활에 혁명적인 공헌을 하게 되었다."

　현재의 현판으로 바뀌는 과정에서 남평문씨 문중과 진주정씨 문중 사이
에 생긴 갈등이 아직 가라앉지 않고 있다.
　도천서원은 문익점을 모시는 곳으로 존경하는 마음을 보이는 시경당示
敬堂을 마주한다. 시경당 뒤에 선생의 호를 딴 삼우사三憂祠가 있고 고장을
생각한다는 신안사재新安思齋는 제사에 참석하는 사람들을 위한 잠자리 구

실을 하며 앞에는 추원문追遠門 현판을 걸었다.

시경당 주련 중 소경은 소무목양蘇武牧羊에서 나온 것으로 '소무가 양을 기른다.'는 뜻이다. 소무는 한나라 사람으로 흉노에 사신으로 갔다가 붙잡혀 큰 움 속에 갇혀 혹독한 굶주림에 처했음에도 굴복하지 않고 신하로서 굳건한 태도를 보였다. 후직은 선사시대 농업을 맡은 관리로서 풍년이 들어 많은 곡식을 수확하도록 해 주는 인물이다. 서재 주련 중 화폐는 무명이 우리나라에서 화폐와 같은 구실을 하였다는 것을 이른다.

>> 산청 도천서원

詆斥異端 倡明正學 저척이단 창명정학
注蘭佩於釼南扶持宗社 주난패어검남부지종사
播綿種於海外衣被生靈 파면종어해외의피생령
見逐南荒艱苦三秋 견축남황간고삼추
節義巍聳不願儨軀 절의외용불원부구
大節蘇卿似 偉功后稷同 대절소경사 위공후직동
紫陽徵眞學 又得斷誦中 자양징진학 우득단송중

정통에서 어긋나는 것을 꾸짖고
성리학을 분명하게 나타내는구나.
검남에 귀양 가서도 고려를 근심하여 종묘사직을 지켰고
우리나라에 면화씨를 퍼뜨려서 백성에게 옷을 입혔구나.
남쪽의 황량한 고장으로 쫓겨 삼년을 고생하고
절개와 의리는 높이 솟았으나 자랑하지 않는구나.

시경당 주련

굳고 곧음은 한나라 '소무'같고 공적은 후직 같으며
성리학을 참 학문이라 하며 또 끊임없이 글을 외우는구나.

>> 동재

一介前朝諫大夫 衣民功與泰山高 일개전조간대부 의민공여태산고
歸來日飮杯三百 醉臥乾坤氣象豪 귀래일음배삼백 취와건곤기상호

고려 왕조 때 간의대부 벼슬을 하였고
백성에게 옷 입힌 공은 태산처럼 높구나.
이곳에 돌아와 날마다 삼백 잔의 술을 마시고

술 취해 자연 속에 누우니 그 모습 활달하구나. – 정여창

>> 서재

東溟開國幾千秋 衣被生民自有田 동명개국기천추 의피생민자유전
可惜文公囊底物 飜成泉貨長繆悠 가석문공낭저물 번성천화장무유

고려가 나라를 세운지 얼마나 되었던가?
백성들이 옷과 이불을 자기 밭에서 생산한다네.
안타깝게도 문익점이 주머니 속에 넣어 온 면화씨
도리어 화폐로 사용하다니 늘 허망하구나. – 음애집

>> 신안사재

臣事恭愍不貳其貞 焚書諫院言動天潢
신사공민불이기정 분서간원언동천황
正學倡明素復剛確 波頹見柱歲寒知栢
정학창명소복강확 파퇴견주세한지백
豊功難酬表以鐵券 嘉種始來解吾民慍
풍공난수표이철권 가종시래해오민온

고려 공민왕의 신하로서 충정을 바쳐 다른 마음을 품지 않았고
사간원 좌정언으로 책을 불사르고 임금의 옳고 그름 깨우쳤네.
성리학을 분명하게 나타내고 굳은 의지로 검소한 생활을 하였으며
세상이 물결처럼 무너짐 보았으니 날씨가 추워야 잣나무 푸르름 알겠네.

드높은 공적은 갚기 어려우나 공신록에 기록 되었고
면화 씨앗을 처음으로 들여오니 우리 백성들의 근심을 풀어주었네.

>> 산청 목면시배유지

東溟開國幾千秋 衣被生民自有田 동명개국기천추 의피생민자유전
可惜文公襄底物 飜成泉貨長繆悠 가석문공양저물 번성천화장무유
忠臣孝子果何耶 不見先生只觀花 충신효자과하야 불견선생지관화
衣是木棉綿不絶 朝鮮億載富民家 의시목면면부절 조선억재부민가

고려가 나라를 세운지 얼마나 되었던가?
백성들이 옷과 이불을 자기 밭에서 생산한다네.
안타깝게도 문익점이 주머니 속에 넣어 온 면화
도리어 화폐로 사용하다니 늘 허망하구나. - 음애집

충신과 효자가 어찌 아니 나올까?
선생을 뵙지 못했으나 마치 꽃 보는 것 같네
옷을 짜는 면화는 면면히 끊어짐이 없어
조선의 긴 세월 내내 큰 부자가 될 것이라네.

천왕봉 가까이

- 산청 산천재

　산청 시천면에 있는 산천재는 창녕조씨 남명 조식 선생이 30여 년간 김해 산해정에서 글을 가르치다가 이곳으로 들어와 지은 것이다. 조선에서 경상좌도의 이황과 더불어 영남 유림의 쌍벽을 이룬 조식은 특별히 의로움을 존중하고 배운 것을 실천하는 선비 정신을 강조하였다. 임진왜란 때 정인홍, 곽재우 등 제자들이 의병장이 되어 전투에 나선 것도 바로 이러한 가르침을 실천한 것이다.

　조식은 평생 열세 번이나 나라의 부름을 받았으나 한 번도 벼슬에 나가지 않았다. 산천재山天齋에는 재미있는 그림이 하나 걸려 있다. 소를 탄 노인이 냇가에 있고 다른 노인은 냇가 나무 아래서 귀를 씻는 허유소부도許由巢父圖가 그것이다. 중국 하남성 기산箕山은 요堯임금 때 소부와 허유가 살던 산으로 이들은 덕망이 높고 의롭게 살았다. 이러한 허유의 됨됨이를 알게 된 요임금은 그에게 나라를 물려주고자 하여 그의 집을 찾았다.

　"내가 그대에게 임금의 자리를 물려주려하오."

　"임금님은 아직도 훌륭하게 나라를 잘 다스리고 계십니다. 저에게는 나라를 다스릴 조그마한 능력도 없습니다. 말씀을 거두어 주십시오."

그러고는 조용히 냇가로 가서 웃옷을 벗고 귀를 씻었다. 그때 소에게 물을 먹이려 냇가로 나온 소부가 이 모습을 보고, 말을 걸어 왔다.

"아니, 냇가에서 귀는 왜 씻으시오?"

"요임금이 내게 임금 자리를 준다고 합디다. 이 말을 들으니 내 귀가 더럽혀진 것 같아서 지금 귀를 씻고 있소이다."

소부는 소를 몰고 위로 올라가 물을 먹이며 혼자 중얼거렸다.

"허유의 더러운 귀를 씻은 물을 내 소에게 먹일 수는 없지."

산천재는 구름을 뚫고 솟아 오른 높은 산이 수 백리 뻗쳐 있는 모양으로 선비가 정성을 다하여 학문을 닦아 날로 새로워진다는 뜻이다.

한편 신라 진평왕 때 창녕조씨 성을 얻은 이야기도 전한다. 신라 한림학사 이광옥의 딸이 병을 고치기 위해 창녕 화왕산성 안에 있는 연못에서 목욕을 하였는데 그 후에 아기를 가진 징후가 있었다. 어느 날 꿈에 용왕이 나타나 말하였다.

"그 아기는 내 아들이다. 아이를 낳으면 겨드랑이 밑에 '조'라는 글자가 있을 것이다. 그것을 증표로 내 아들임을 알린다."

"저에게 어찌 이런 일이 있을 수 있습니까?"

"하늘의 뜻이니 귀하게 잘 키워야 한다."

아기가 태어나 겨드랑이를 살펴보니 정말 '조'라는 글자가 있었다. 소문이 퍼지자 진평왕이 이를 듣고 직접 불러 확인해 보니 겨드랑이의 글자가 뚜렷하였다. 그러므로 조계룡이라 이름을 지어 내리니 창녕조씨의 시조가 되었다. 화왕산성에는 용지라는 연못과 함께 바윗돌에 창녕조씨 득성지지(昌寧曺氏 得姓說話地)라 글자를 새겼다. 나는 화왕산성을 한 시간에 걸쳐 헐떡거리며 오르는데 아래에서 숨소리가 들려 고개를 돌려 보니 고등학생 서넛이 아침 운동으로 뛰어 오르고 있었다. 기운찬 모습이 부러워 물어 보니 고3 수험생으로 이곳에 오르는데 30분 걸렸단다. 나에게도 저런 젊음이 있었던가?

>> 산청 산천재

春山底處無芳草 只愛天王近帝居 춘산저처무방초 지애천왕근제거
白手歸來何物食 銀河十里喫猶餘 백수귀래하물식 은하십리끽유여

봄 산 어디엔들 향기 나는 풀이 없을까마는
천왕봉이 하늘에 가까이 있어서 더욱 좋구나.
빈손으로 돌아와서 무얼 먹고살겠는가?
맑은 물 십리를 걸쳤으니 마시고도 남겠지. - 조식

산청 산천재

부러진 난간

- 합천 송호서원

합천 대병면에 있는 송호서원은 남평문씨 문극겸을 모시는 곳이다. 문극겸은 고려 의종 때 문과에 합격하여 종6품 좌정언 벼슬을 하였다. 좌정언은 임금이 바른 정치를 하도록 옆에서 돕는 벼슬이었다.

문극겸이 42세(1163)에 임금의 믿음이 두터운 내시와 점쟁이 등이 관리들로부터 뇌물을 받는 등 못된 짓을 하자 이들을 내쫓아야 한다는 글을 올렸다. 그러자 고려 의종은 이를 못마땅하게 여겨 문극겸을 진주판관으로 멀리 보냈다.

공주 유구읍에 문극겸 묘가 있으며 이웃한 곳에 그를 모시는 고간원叩諫院이 있다. 고간원은 고마이간叩馬而諫에서 따온 것으로 다음과 같은 이야기가 전한다.

옛날 주나라 문왕이 상나라와 전쟁을 하러 말을 타고 나가는데 백이와 숙제가 찾아왔다. "우리 상商나라는 아버지가 돌아가셔서 아직 장례도 치르지 못했기 때문에 주나라와 전쟁을 할 수가 없다. 장례도 치르지 못하고 전쟁을 한다는 것은 부모를 모시는 효에 어긋나기 때문이다." 그러면서 주나라 문왕의 말고삐를 붙잡고 전쟁에 나가지 말라고 말렸다고 한다.

동재의 주련 중 주운은 한나라 신하 주운의 이야기이다. 한나라 성 황제는 스승 장우를 극진히 모시며 존경하였다. 그러던 어느 날 주운이 황제와 대신들이 모두 모인 곳에서 말하였다.

"황제폐하, 신하들이 폐하에게 바른말을 하지 않고 자리에 앉아서 월급만 축내고 있습니다."

"무슨 말을 하려는가?"

"폐하에게 바른말을 하였다가 미움 받을 것을 걱정하기 때문입니다."

"그럼, 말해보라"

"폐하께서 누구의 목도 벨 수 있는 상방참마검을 주시면 간사한 신하 한 사람을 없애고 그를 따르는 무리들을 벌주려 합니다."

"간사한 신하가 누구인가?"

"폐하의 스승인 장우입니다."

"내가 존경하는 스승을 간사한 신하라고 하여 황제를 업신여기니 용서할 수 없다. 어서 끌어내도록 하라."

경비병들이 주운을 끌어내려고 하자 주운이 궁전의 난간을 붙잡고 버티며 끌려 나가지 않으려 하였다. 그러는 순간 궁전의 난간이 뚝! 하고 부러졌다. 얼마 후, 부러진 난간을 고치려고 목수가 들어왔다. 그러자 성 황제가 말했다.

"새것으로 바꾸지 말고 부러진 조각을 모아서 수리하라. 신하들이 마음 편하게 바른 말을 할 수 있는 증거로 삼으라."

동재의 주련 중 원앙은 한나라의 신하 원양의 이야기이다. 한나라 효문 황제가 수레를 타고 밖을 나가는데 황제 옆에 내시가 앉았다. 이 모습을 보

합천 송호서원 강당

고 원앙이 말하였다.

"황제폐하, 저는 폐하께서 수레에 함께 타고 다니는 사람들은 모두 천하의 영웅호걸이라고 알고 있습니다. 그런데 한나라가 아무리 영웅호걸이 없다 해도 어찌 내시 따위를 폐하의 수레에 태울 수 있겠습니까?"

효문제는 웃으면서 내시를 내리도록 하였다.

한번은 효문제가 경사가 급한 언덕으로 수레를 달리려 하였다. 마침 원앙이 그 모습을 보고 말을 달려 수레의 고삐를 잡아 속도를 늦추었다.

"원앙은 왜 속도를 늦추는가?"

"황제폐하, 부잣집 아들은 마루 끝에도 앉지 않고, 난간에도 기대앉지 않습니다. 지금 폐하께서 경사가 급한 언덕을 내리 달리다 말이 놀라거나 수레가 부서진다면 어찌되겠습니까? 더군다나 황제께서는 위험한 일을 하면서 늘 행운을 바라지 않는다고 말씀하였습니다."

효문제가 웃으며 수레의 속도를 늦추었다.

주운과 원앙의 충성스런 마음을 문극겸에 비유한 것이다. 송호서원은 합천댐 건설로 대병면으로 옮겨 세운 것으로 강당 안에는 고려 명종의 현판이 있다. 서재의 주련 중 우연은 동쪽에 있는 해가 뜨는 연못을 이른다. 백계는 진나라 관리 사안이 꿈에 흰 닭을 보았고 신유년辛酉年에 죽은 이야기다. 신유辛酉는 흰 닭을 의미한다. 강당의 주련은 고려 명종이 시를 지어 내리자 문극겸이 답한 시를 새겨 걸었다.

>> 합천 송호서원

年光荏苒暗相侵 輔國思量日漸深　년광임염암상침 보국사양일점심
自顧君恩猶未報 無情白髮已盈簪　자고군은유미보 무정백발사영잠

세월 흘러 나이 들면 사리가 어두워지니
나라 일 도울 생각 날로 더욱 깊어지네.
임금의 은혜 갚으려 하나 이루지 못하고
무정한 백발만 머리 위에 가득하구나. – 문극겸

>> 동재

朱雲折檻非干譽 袁盎當車豈爲身　주운절함비간예 원앙당차기위신
一片丹誠天未照 强鞭羸馬退逡巡　일편단성천미조 강편리마퇴준순

주운이 난간을 부러뜨린 것은 명예를 위함이 아니고

원앙이 수레를 막은 것은 자신을 위함이 아니라네.

한 조각의 참된 정성을 임금께서 몰라주시니

억지로 말에 채찍질 하니 머뭇머뭇 물러가는구나. - 문극겸

>> 서재

早從閶闔排雲叫 晚向虞淵取日廻   조종장합배운규 만향우연취일회

丹鳳久從池上浴 白鷄胡乃夢中催   단봉구종지상욕 백계호내몽중최

일찍 대궐 문의 구름을 헤치고 말을 외쳤고

늘그막엔 우연에 가서 해를 건져 돌아왔네.

궁궐의 연못에서 오랫동안 임금의 은혜를 입었더니

흰 닭은 어찌 꿈속에 나타나 죽음을 재촉하였는가. - 이인로

하늘이 내린 쌀

- 합천 용연사 추원정

　합천 삼가면에 인천이씨 이온 선생을 모시는 용연사龍淵祠가 있다. 이온은 남명 조식의 외할아버지이다. 공민왕 때 문하시중 벼슬을 한 이작신이 합천으로 귀양을 왔다가 눌러 살게 되었다. 그 후, 이온은 정3품 벼슬로 왕실의 약과 병을 치료하는 일을 하다 벼슬을 그만두고 농사를 지으며 어려운 생활을 하였다. 여기에 하늘에서 쌀이 담긴 궤짝이 내려온 강궤평降櫃坪 이야기가 전한다.

　이온 부부는 정성을 다해 부모를 모셨으나 끼니를 잇기도 어려웠다. 그날도 들에 나가 다른 집 농사일을 돕고 있는데 갑자기 바람이 불고 검은 구름이 하늘을 가득 메우더니 번개가 치고 천둥이 울리는 가운데 하늘에서 궤짝이 떨어졌다. 농사일을 돕던 사람들이 깜짝 놀라며 궤짝 주변으로 몰려들어 서로 먼저 궤짝을 열려고 하였으나 아무도 열지 못하였다. 그래서 관아로 가져가 신고를 하였는데 사또가 여기저기를 살피다가 '이온의 부모를 모시는 데 쓸 것'이라는 글을 발견하여 이온을 칭찬하며 궤짝을 주었다. 궤짝을 지고 집으로 돌아온 이온은 깨끗하게 목욕을 한 후, 향을 피우고 정성을 다해 두 번 절을 올렸다. 그러자 궤짝이 열리니 그 속에는 쌀이 가득 들어 있었다. 사람들은 하늘이 감동하여 이온 부부에게 내린 것이라 칭찬하였다. 이온 부부는 이 궤짝에게 늘 감사하며 쌀을 꺼내 부모님을 봉양하였으니 삼 년 동안 쌀이 항상 가득하게 있었다. 그러던 중 부모님이 세상을 떠나니 다음날 궤짝도 함께 사라졌다. 사람들은 이온 부부의 효성에 감탄하여 하늘에서 궤짝이 내려온 곳에 강궤평 비를 세우고 이를 기렸다.

충청도 부여 내산에는 쌀이 나온 바위 이야기가 전한다. 옛날에 할머니가 손자를 얻기 위해 날마다 이곳 절집을 찾아 지극 정성으로 기도하였다. 얼마나 열심히 기도를 하였는지 집에 쌀이 떨어진 것도 모를 정도였다. 그러자 관세음보살이 꿈에 나타나 들고 있던 호리병에서 쌀 세 톨을 꺼내 바위 구멍에 넣으며 말하였다.

"바위 구멍에서 하루에 세 끼 먹을 만큼 쌀이 나올 것이니 그 쌀로 밥을 짓고 기도를 열심히 하면 소원도 이룰 것이다."

잠에서 깬 할머니는 이상한 생각이 들어 절 마당에 있는 큰 바위를 살펴보니 바위 구멍 아래 쌀이 조금 모여 있었다. 할머니는 기뻐하며 매일 같이 쌀을 가져다 밥을 짓고 열심히 기도를 하니 손자도 태어나 행복하게 살았다. 그러던 어느 날, 할머니는 더 많은 쌀을 갖고 싶은 욕심이 생겨 바위 구멍을 지팡이로 마구 후비니 피가 흘러내려 바위를 붉게 적셨고 다음부터 쌀이 나오지 않았다. 그 후, 사람들의 서로 욕심을 멀리하며 절집 이름을 쌀바위라는 뜻으로 미암사米巖寺라 이름 붙였다.

>> 합천 용연사 추원정

追遠亭高降櫃坪 倍前增彩永年傳 추원정고강궤우 배전증채영년전

上承懿德隨時赫 下裕雲仍繼世連 상승의덕수시혁 하유운잉계세연

奉祭接賓脩禮裡 不忘報本盡訧篤 봉제접빈수예리 불망보본진수독

추원정은 강궤평 보다 높은 곳에 있고

예전보다 더욱 빛이나니 영원히 전해지리.

아름답고 어진 행실 받들어 때때로 빛내고

넉넉한 후손들이 대대로 제사를 모시는구나.

제사를 모시고 손님을 맞아 고기를 대접하며

근본을 잊지 않고 정성을 다해 은혜에 보답하라.

합천 용연사 추원정

거룩한 분노는

- 진주성 창열사

    진주성 하면 김시민이 왜적을 크게 물리쳐 이긴 전투와 논개의 죽음으로 대표되는 전투를 떠올린다. 앞은 1592년 10월 엿새 동안 김시민이 2만여 명의 왜적을 물리친 진주대첩이고 뒤에 것은 1593년 6월, 아흐레 동안 김천일, 최경회, 황진 등 3천여 명의 관군과 의병 6만여 명 등 백성들이 죽음을 맞은 전투이다. 이 전투의 마지막에서 '논개' 이야기가 전하는 피맺힌 현장을 고스란히 간직한 진주성을 마주한다.

    저녁에 진주에 도착하여 하루를 묵고 아침 8시에 진주성을 찾았다. 아뿔싸! 진주성 입장 시간이 9시부터네. 이를 어쩌나? 진주성 답사를 마치고 평거동 고려고분군 등 여섯 기 넘는 고려 사각형 무덤을 찾고 서울로 올라가려면 시간이 빠듯하리라. 진주는 우리나라에서 고려시대 무덤 양식이 가장 많이 문화재로 지정된 곳이다. 그때, 봉은장로가 관리하시는 분과 이야기를 하고 계신다. 봉은장로는 붙임성이 좋고 워낙에 말을 잘하니 어려울 때마다 고비를 넘겨 문제를 해결해 준다. 오래전에 혼자서 계룡산 갑사에서 동학사로 넘어가며 여러 문화재를 살폈는데, 그때 갑사에서 국보 제

298호 갑사삼신불괘불탱을 올린 모습을 직접 보고 촬영한 일로 운 좋은 분으로도 통한다. 갑사삼신불괘불탱은 갑사의 생일인 개산대제가 아니면 직접 볼 수 없는데 그날은 개산대제 때 바람이 심하게 불어 올리지 못하고 일주일 후에 다시 걸어 올린 것이란다. 어쩌면 시간도 그렇게 잘 맞추었는지 부럽기만 하다. 이뿐이랴, 오래 전 김천 직지사와 해남 대흥사에서의 활약은 또 어떠하였는지 이루 말할 수 없다. 이런 상념에 잡혀 있는데 봉은장로가 나를 보고 웃으며 어서 진주성 안으로 들어가잔다.

예로부터 동쪽은 해가 돋는다 하여 봄을 상징하고 하늘과 곡식을 의미하는 청색으로 나타내며 강력한 힘을 지닌 청룡으로 표현한다. 그래서 경복궁의 동쪽문인 건춘문建春門의 무지개돌 천장에 청룡 두 마리를 어울리

진주성 창열사

게 그렸다. 서쪽은 가을을 상징하고 풍부한 삶을 의미하는 흰색으로 나타내며 절대적인 힘을 지닌 호랑이로 표현한다. 그래서 경복궁 서쪽문인 영추문迎秋門의 무지개돌 천장에는 흰 호랑이 두 마리를 그렸다. 강화성 서문인 첨화루瞻華樓 천장에는 백두산 호랑이 한 마리를 그려 넣기도 하였다. 남쪽은 여름을 상징하고 나쁜 기운을 물리치는 붉은색으로 나타내며 붉은 새인 주작으로 표현한다. 그래서 경복궁 남쪽문인 광화문光化門의 무지개돌 천장에는 주작 두 마리를 그렸다. 북쪽은 겨울을 상징하고 사람들의 지혜를 뜻하는 검은색으로 나타내며 뛰어난 무술을 지닌 거북 모양의 현무를 그린다. 그래서 경복궁의 북쪽문인 신무문神武門의 무지개돌 천장에는 현무 두 마리를 그렸다. 가운데는 우주의 중심을 상징하고 가장 고귀한 색

깔인 황색과 모든 것을 품고 곡식을 자라게 하는 땅으로 표현하였다. 또한 서울 한양도성의 흥인지문興仁之門은 동쪽이 어짐을, 돈의문敦義門은 서쪽이 의로움을, 숭례문崇禮門은 남쪽이 예절을, 숙정문肅靖門은 북쪽이 슬기로움을, 종을 걸은 보신각普信閣은 믿음을 나타내어 사람이 갖추어야 할 다섯 가지 도리를 상징하였다.

진주성 북문 옆 성벽에는 글을 새긴 돌이 있다. 숙종 6년(1680) 진주성을 부분적으로 다시 쌓을 때 산청, 사천, 곤양, 하동, 단성, 함양의 여섯 고을의 군사 100명씩 600명이 한 무리를 이루어 쌓았다는 글이다. 북문을 올려 보니 공북문拱北門이란 현판을 달았다. 두 손을 모아 임금이 계신 북쪽을 향해 절

을 올린다는 공북문은 무지개돌 천장에 용 두 마리를 그려 넣었다. 북문은 현무를 그려 넣어야 하는데 왠지 낯설다. 북문을 들어가면 오른쪽에 영남 포정사문루가 세워져 있다. 경상남도관찰사가 업무를 보던 선화당의 정문이다. 앞에는 '영남포정사' 현판을 걸고 등을 맞대고 안쪽으로 아름다운 경치를 바라보는 망미루望美樓 현판을 걸었다. 부산의 동래도호부의 문루에도 망미루 현판을 걸었다.

오른쪽으로 우뚝 솟은 북장대가 보인다. 북장대는 진주성 북쪽 제일 높은 곳에 있으며 '장군이 군사들을 지휘하는 곳'이다. 북장대 현판 안쪽에는 남쪽의 왜를 물리치는 진남루란 현판을 걸었다. 기둥 글에 나오는 양우는 진나라 양양태수로 적을 마주하고 있으면서도 갑옷을 벗고 평상복을 입어 평화를 위해 노력하였으며 백성들을 어질게 다스려 그가 죽은 뒤 백성들이 은혜를 기리는 타루비를 세웠다.

서문 앞에는 1593년 6월 진주성 전투에서 순국한 장병들의 충성스런 마음을 널리 알리는 창열사가 있다. 창열사에는 김시민, 김천일, 황진, 최경회, 장윤, 고종후, 유복립 등 일곱 분을 모시고 제사를 올린다. 창열사는 고종이 서원을 정리할 때도 남아 지금까지 전하고 있다. 꽃을 올린다는 전파문傳葩門 계단을 오르면 나라에 대한 충성이 햇볕처럼 빛난다는 경충당景忠堂를 마주한다. 영조 23년(1747)에 진주성 전투에서 최경회가 남강에 몸을 던질 때 지니고 있던 도장을 발견하여 임금께 올렸다.

"최경회 장군이 도장을 올리는 것 같고, 새겨진 글자를 보니 마음이 갑절로 숙연해지며, 지난 세월을 생각하니 100년이 되었구나. 다행히 남강에서 얻으니 글자가 아직도 뚜렷하구나. 이 도장을 영남 관청에서 영원토록 보관하라."

영조의 글을 비에 새겨 창열사에 세우고, 임금이 도장을 얻었다하여 '어제득인명비御製得印銘碑'라고 이름 하였다.

>> 진주성 창열사

經事龍蛇變亂 玆州湖嶺要衝 경사룡사변란 자주호령요충
將軍殞首全城 鄕士挺身赴水 장군운수전성 향사성신부수

1592년 임진년과 1593년 계사년 왜적이 일으킨 전쟁
진주는 영남과 호남에서 군사적으로 중요한 곳이라.
장군은 목숨을 바쳐 성을 굳게 지키고
시골 선비들은 용감하게 물로 뛰어 들었네.

輕重一於以義 敗成非所論人 경중일어이의 패성비소논인
至今氣壯山河 自昔禮尊香幣 지금기장산하 자석례존향폐

의로움을 어찌 가볍고 무겁다고 하는가?
성공과 실패는 논할 것이 못 된다네.
이제 웅장한 기세가 산과 강을 덮었는데
예로부터 향과 비단을 갖추어 공경하는구나.

>> 진주성 영남포정사 문루

登斯搖瞻北斗 晋陽城池鎖鑰 등사요첨북두 진양성지쇄약
天上樓臺鼓角 退而運籌帷幄 천상루대고각 퇴이운주유악

이곳에 오르면 북두칠성을 바라볼 수 있고

진주성을 두른 연못은 자물쇠처럼 든든하구나.

하늘 위의 누각에서는 북치고 나발을 불며

기묘한 작전 계획 펼쳐서 적을 물리치는구나. – 신유한

>> 진주성 북장대

晋陽名勝鎭南樓 細柳陰陰晴暮曉　진양명승진남루 세류음음청막효

高荷柄柄碧池秋 湖眉九日坡公舫　고하병병벽지추 호미구일파공방

峴上三年羊祐裘 古來賢達足風流　현상삼년양우구 고래현달족풍류

진주의 경치 좋기로 이름난 '진남루'

실버들 그림자가 맑은 새벽에 밝아오네.

예쁜 연꽃 송이송이 푸른 못을 꾸미니

구구절에는 소동파 호숫가에 배를 띄우는구나.

양우 장군 가죽옷 입고 삼년이나 즐기던 '현산'처럼

옛날 빼어나고 뛰어난 선비의 멋스러움 넉넉하구나. – 신좌모

촉석루 삼장사

- 진주성 촉석루

　진주를 흐르는 남강의 벼랑 위 삐죽삐죽 높이 솟은 돌 위에 세운 촉석루 矗石樓의 주련에 촉석루중삼장사矗石樓中三壯士라는 글귀가 있다. 여기에서 논쟁거리가 시작된다. 촉석루중삼장사 시는 누가 짓고 세 분의 장군은 누구냐 하는 것이다.

　최경회 후손들은 김천일의 문집을 근거로 최경회 장군의 글이라 한다. 김천일 문집에는 진주성이 함락되던 날 절도사 최경회, 창의사 김천일과 함께 촉석루에 올라 최경회가 잔을 들고 죽기를 맹서하며 시를 읊었다. 촉석루를 마주 한 곳에 있는 촉석정충단비에는 진주성에서 싸우다 숨진 분들에 대한 충성된 마음을 기리며 김천일, 황진, 최경회를 삼장사라 하는 글을 이민서가 지어 새겼다.

　촉석루 동쪽 느티나무 아래에는 '촉석루중삼장사기실비'라는 비가 있다. 이 비는 1960년에 세운 것으로 "1592년 5월에 영남초유사 김성일은 함양에서 함께한 이노, 조종도와 진주성 촉석루에 올라 죽음을 맹서한 시를 짓고 세 분을 촉석루 삼장사라 하였다."는 것으로 영조실록에 나오는 세

진주성 전투도(나주 정렬사 소장)

분의 장사와 구별된다고 기록하였다.

위와 같이 촉석루중삼장사에 대한 논쟁은 임진왜란이 끝난 직후부터 꾸준히 제기되어 지금까지 내려오고 있다.

촉석루에 마주 앉은 세 장사여!

한잔 술로 웃으며 남강의 물 가리키네.

남강의 물 도도히 흘러가나니,

저 물결 흐르는 한 혼도 죽지 않으리.

>> 진주성 촉석루

晉陽城外水東流 叢竹芳蘭綠暎洲 진양성외수동류 총죽방란녹영주

天地報君三壯士 江山留客一高樓 천지보군삼장사 강산류객일고루
歌屛日照潛蛟舞 劍幕霜侵宿鷺愁 가병일조잠교무 검막상침숙로수
南望斗邊無戰氣 將壇笳鼓半春遊 남망두변무전기 장단가고반춘유

진양성 밖 강물은 동쪽으로 흐르고
울창한 대숲과 향기로운 난초 강물에 푸르게 비치네.
세상에서 임금 은혜 보답한 이는 김천일, 최경회, 황진이라
아름다운 경치 찾는 나그네 높은 다락에 올랐다네.
따뜻한 날 병풍 치고 노래하니 물속의 교룡이 춤추고
병영 막사에 서리 내리니 머무는 왜가리 시름에 겹네. - 신유한

남쪽에서 북두칠성 바라보니 전쟁 기운 보이지 않고
높은 누각에 올라 북치고 피리 불며 봄맞이 한다네.

유학을 널리 알리다

- 진주 남악서원

　진주 금곡면에 있는 남악서원은 설총을 모시는 곳이다. 경주설씨 설총의 아버지는 원효대사이고 어머니는 태종무열왕의 딸 요석공주이다. 신라에서 한자를 받아들이자 설총은 한자의 소리와 뜻을 빌려 우리말로 읽는 방법을 찾았으며 전해 오던 이두와 함께 중요한 개념만 한자로 쓰고 거기에 토를 달아 사용하는 방법으로 정리하였다. 설총은 논어, 맹자, 대학, 중용과 시경, 서경, 역경을 배우고 가르치고 실천한 최초의 학자로 한자를 우리나라 글처럼 사용하고 유학을 빠르게 널리 알려 열심히 공부하도록 하였다. 설총이 신문왕에게 들려준 화왕계花王戒 이야기는 "꽃 나라의 왕 모란은 많은 꽃 중에서 장미를 사랑하였는데 뒤늦게 나타난 할미꽃의 충실한 모습과 간곡한 충언에 감동하여 정직한 도리를 숭상하게 되었다."는 내용이다.

　고려 현종 13년(1022) 설총에게 유학을 널리 알린 분이라는 뜻으로 홍유후弘儒侯 이름을 내리고 문묘에 모셨다. 이는 공자와 안자, 증자, 맹자, 주자 등과 함께 제사를 모시는 우리나라 유학자 최고의 영예에 올랐다.

진주 남악서원 강당

공자의 도가 남쪽으로 내려 왔다는 도남문道南門이 정문이고 임금의 말
씀을 글로 쓰는 벼슬을 뜻하는 한림재翰林齋가 있다.

>> 진주 남악서원

存心求道敬而誠 都是經倫樂育英　존심구도경이성 도시경륜락육영
永今南岳檀高名 鳳臺山下一齋成　영금남악단고명 봉대산하일재성
安分保身明且哲 雲林幽闃腥塵斷　안분보신명차철 운림유격성진단
祠宇淸寒肅氣生 惟願後承時習禮　사우청한숙기생 유원후승시습례

마음을 수양하고 도를 구할 때 정성을 다하여 공경하고

남악서원 강당 주련

유교의 경전과 사람의 도리로써 영재를 즐겨 가르친다네.
이제 남악서원의 널리 알려진 이름을 영원히 보전하려고
봉대산 아래 재실 한 채를 세우게 되었구나.

현명하고 생각이 깊으며 분수를 잘 지켜 몸을 보전하니
구름 낀 숲속은 조용하여 세상의 모든 더러움을 끊는구나.
조상을 모신 사당은 맑고 차며 엄숙한 기운이 생기고
오직 소원은 후손들이 예를 갖춰 때때로 익히는 것이라네.

>> 한림재 가루문

金山秀色千秋屹 竹里淸風百世流 금산수색천추흘 죽리청풍백세류

금산의 빼어남은 영원토록 우뚝 솟고

죽리에 부는 맑은 바람이 끝없이 흘러라

>> 한림재

衡門之下可樓遲 盡日閑堂無是非 형문지하가루지 진일한딩 무시비

笑解金章尋舊業 行仁積德遺千載 소해금장심구업 행인적덕유천재

籍勢誇功只一時 聯與弟兄相倫道 적세과공지일시 연여제형상륜도

肯隨風月浪吟詩 誰能奪我優遊樂 긍수풍월랑음시 수능탈아우유락

허술한 문 누추한 집에 느긋이 있으니

온 종일 한가한 집안엔 다툼이 없구나.

웃으며 관청의 도장 풀어 놓고 옛일을 찾으니

인자함을 행하고 어짐을 쌓아 오랫동안 전하네.

세력을 빙자하여 공을 자랑하는 것도 한 때이니

형제들은 서로 도와주며 사람의 도리를 지켜라.

멋스러움을 따라 부질없이 시를 읊고 있으니

누구든 자신을 잊어가며 여유롭게 즐기겠는가?

거란을 물리치고

- 하동 두방재

주련이 걸려 있을 것이라는 신념으로 하동향교를 찾아 가는 길이다. 이참에 동매리 김씨고가와 악양정도 살피고 두방재도 갈 예정이다. 우리나라 어디에도 지정 문화재에 주련이 걸린 것을 알려주는 자료는 없다. 그동안 내가 직접 답사하여 촬영한 문화재 사진을 하나하나 찾아보면서 주련이 걸려 있는지 확인하였다. 시도별로 도로 상황을 고려하여 목록을 만들었다. 하동향교의 명륜당은 언뜻 보아 두 장의 주련이 걸려 있는 것으로 판단되어 목록에 포함시킨 것이다. 그런데 막상 하동향교에 도착해 들여다보니 웬걸, 한 장은 유도회하동군지부, 다른 한 장은 유림하동서도회 현판인 것이다. 쏠쏠한 마음으로 돌아서는데 봉은장로가 정곡을 찌른다.

"대단한 주련입니다. 여성유도회하동군지부 현판까지 있었으면 완벽하겠지요?"

"아! 네, 그러네요."

박물관장도 거든다.

"이쩜 이렇게 멋진 주련을 잘 찾았대요? 글씨도 움푹 움푹 잘 새겼네."

그날 저녁 오랜 친구는 술이 3백 잔이라 흥얼흥얼 거리며 밤새 꺽꺽거렸다. 그 후로 세로 현판만 만나면 늘 놀림감이 되었다.

하동 옥종면에 진주강씨 강민첨 장군을 모신 두방재를 찾아간다. 강민첨은 43살(1005)에 문과에 합격하였고 경상도안찰사에 올랐다. 여진족이 동해안을 통해 포항 지역으로 쳐들어오니 원산에 있던 수군의 군선 70여 척을 출동시켜 물리쳤다. 고려 때 안찰사는 관찰사와 같은 일을 하였다.

56살(1018)에 거란이 십만여 군사를 이끌고 쳐들어오자 강감찬과 함께 평안도 의주에서 크게 무찔렀다. 그래도 거란 장수 소배압이 남은 군사들을 이끌고 개경으로 내려오자 이들을 추격하여 평안도 자산에서 또 큰 승리를 거두었다. 당시 거란과 전투하던 모습과 고려 현종이 개경에서 극진히 맞는 모습은 강감찬을 모신 서울 낙성대 안국사安國祠에 있는 그림 두 장으로 능히 상상할 수 있다. 정3품 병부상서 벼슬에 오른 강민첨의 묘는 충청남도 예산군 대술면에 있다.

후손에게 도움을 주는 택류문澤流門을 들면 아름다운 꽃향기의 두방재斗芳齋가 맞이하고 뒤에 초상을 모신 두방영당이 있다. 주련 중 갱장羹墻은 국과 담을 이르는 말로, 옛날 요임금이 돌아가신 후 순임금이 삼 년 동안 정성을 다하여 모시니 요임금의 모습이 밥을 먹을 때는 국그릇에 비치고 앉아 있으면 담장에 비쳤다는 것을 뜻한다. 유석은 돌아가신 분의 혼령과 묘를 함께 이르는 말이다.

>> 하동 두방재

應掃腥氣一肅淸 七分眞像洋二在 응소성기일숙청 칠분진상양이재

爪爱仍孫各輸誠 夔墙儒碩爭裡亭　조애잉손각수성 갱장유석쟁리정

千載遺芬艸豐榮 三韓偉績干戈宜　천재유분초풍영 삼한위적간과의

煥然先閣賀重成 方丈山高德水明　환연선각하중성 방장산고덕수명

마땅히 군더더기를 없애고 한 번에 바로 잡아

얼굴 조금 돌린 초상화가 두방재와 우방사에 있네.

후손들 모두는 개인적으로 모든 정성을 다하여

하동 두방재

강민첨 할아버지 그리워 무덤을 정자 안에 모셨네.

천년의 아름다운 향기 넉넉하게 꽃이 피고

우리나라의 훌륭한 공적은 거란을 물리친 것이네

빛나는 조상의 집을 다시 짓고 축하하니

방장산은 높고 덕수의 흐르는 물은 맑구나.

홍건적에 쫓겨

- 고성 도연서원

봉화 청량사만도 오르기 가뿐데 아찔한 산모롱이까지 돌아가야 하는 한
적한 응진전에서 한동안 멍하게 서 있었다. 이곳에서밖에 볼 수 없는데다
전혀 생각하지 못한 모습에 충격이 더했던 것이다. 그곳에 열여섯 분의 나
이 지긋한 나한과 함께 아름다운 노국공주를 흙으로 빚어 나란히 모신 것
이다. 외진 이곳에서 어떻게 노국공주를 모셨을까? 이야기는 이러하다. 원
나라 후기에 머리에 붉은 두건을 둘렀다고 해서 홍건적이라 이름붙인 무
리들이 공민왕 10년(1361)에 고려를 침입하였다. 십만여 명의 홍건적이
개경을 위협하자 공민왕과 왕비 노국공주는 멀리 안동으로 피난하였고,
고려군은 군사들을 모아 개경을 되찾으며 홍건적에게 큰 피해를 입히자
만주로 도망하였다. 이때 이성계는 2천여 명의 군사와 함께 개경 전투에
참가하여 홍건적 장수를 모두 활로 쏘아 말에서 떨어트리는 큰 전공을 세
우며 그의 이름을 알리게 된다.

안동으로 피난한 노국공주는 소원을 잘 이룬다는 청량산의 절집을 찾아
정성을 다하여 기도를 올렸다. 개경으로 돌아온 노국공주는 왕자를 갖게

되었으나 아기를 낳다가 그만 목숨을 잃었다. 노국공주가 정성을 다한 그 기도는 과연 무엇이었을까?

김해허씨 허기 선생을 모신 고성 마암면의 도연서원을 찾았다. 허기는 공민왕 10년(1361)에 홍건적이 쳐들어오자 임금을 안동까지 잘 모신 공을 세워 원종공신에 뽑혔고 정5품 벼슬 중랑장에 올랐다. 고려의 정치가 혼란해지자 신돈을 귀양 보내야 한다고 강력히 주장하다가 경상도 고성으로 귀양을 왔다가 조선왕조가 들어서자 머물러 살게 되었다. 마을 뒷산이 노루가 누워 있는 형상이라 하여 장산獐山이라 하였는데 조선 성종 때 허기의 후손 허천수의 글이 알려지자 좋은 글이 나오는 산이라는 뜻으로 장산章山이라 불렸다.

홍건적의 난을 물리치고 공민왕이 궁궐로 돌아와 공북루에서 허기의 공적을 칭찬하는 시를 내렸다. 이때 답하는 시를 지은 것을 서원의 기둥에 걸었다. 도의 근원을 뜻하는 도연서원은 근본은 하나라는 일원문엔 낮은 다락을 두었고 먼 조상을 생각한다는 뜻의 추원사를 두었다. 주련 중 포상은 뽕나무 뿌리나 근본을 확실하게 한다는 의미이다. 왕촉은 제나라 사람으로 벼슬 대신 죽음을 택한 이야기가 전한다. 왕촉이 지키던 성을 점령한 연나라는 왕촉에게 신하가 되길 권했다.

"연나라 신하가 되면 종4품 만호 벼슬을 주겠다. 만약 내 말을 따르지 않으면 성을 불바다로 만들겠다."

"충신은 두 임금을 섬기지 않고, 열녀는 두 번 시집가지 않는다. 나라가 망하고 임금이 죽었는데 내가 협박까지 받아가며 사느니 차라리 죽는 것이 옳겠다."

그리고 스스로 숨을 끊었다.

>> 고성 도연서원

觀風知偃草 憂國誠苞桑 관풍지언초 우국계포상

曾有河淸日 君臣共一堂 회유하청일 군신공일당

退野思王觸 登山愧伯夷 퇴야사왕촉 등산괴백이

澤蘭愁楚色 墟麥愴殷詞 택란수초색 허맥창은사

바람을 보면 풀이 굽힌 것을 알고

나라를 걱정할 땐 근본을 먼저 살피네.

황하가 맑은 날이 있어

임금과 신하가 집에 함께 한다네.

벼슬 놓으니 제나라 '왕촉'이 생각나네. – 허기

수양산에 오른 백이가 부끄럽고.

연못가 풀은 우수에 젖어 칙칙하네.

언덕의 보리는 어지러이 검붉었구나. – 허기

고성 도연서원 강당

전복 나온 우물

- 함안 고려동 유적

재령이씨 이오 선생은 경상도 함안 모곡 마을에 고려의 골짜기라는 의미로 고려동학高麗洞壑 비를 세웠다. 비록 조선의 땅이지만 비를 세움으로서 이곳은 고려의 땅을 상징하는 것이다.

"내가 죽으면 고려 담장 밖에 무덤을 쓸 것인즉 나라를 잊은 백성의 묘비에 무슨 글을 쓰겠는가? 내 이름조차 새기지 말라."

자손들은 글자 한 자 없는 비, 하얀 백비를 세웠다.

계모당 안채를 돌아드니 전복우물이 있어 조선 명종 때 종6품 현감 이경성 부부의 효성을 알리고 있다. 현감 이경성은 벼슬을 그만 두고 고려동학으로 돌아왔다.

"벼슬을 왜 그만 두셨습니까?"

"나이 드신 어머니를 곁에서 모시려고 합니다."

"벼슬이 높아지면 어머니가 더 좋아하시잖아요? 저의 어머니도 얼마나 좋아하셨는지 두고두고 칭찬의 말씀을 하시곤 하셨어요."

"저의 어머니께서는 고려동학에 함께 사는 것을 더 좋아하십니다."

함안 고려동 유적 자미정

亭

甘心不讓牧雄傑

王春惟到暮山家

"어머니께서 조선왕조에서 벼슬하는 것을 좋아하지 않으시네요, 그래도 현감은 어머니의 뜻을 따르니 효자입니다."

부인 여주이씨 또한 시어머니를 지극정성으로 모셨는데, 어느 날 시어머니가 말하였다.

"전복회가 먹고 싶구나."

"예, 어머니 전복을 구해보겠습니다."

고려동학이 있는 함안 모곡 마을은 바다가 먼 곳이라 살아 있는 전복을 구할 수 없었다. 그래서 우물가에 정성을 다해 물 한 그릇 올려놓고 매일같이 하늘에 기도를 드렸다. 그러자 놀랍게도 우물가에 전복이 나타났다. 감사하는 마음으로 전복을 잘 요리하여 시어머니께 드렸다.

"전복이 맛있구나. 이리 와서 같이 먹자?"

"어머니, 저는 전복을 날것으로는 못 먹습니다."

시어머니가 병이 점점 심해져 돌아가시게 되자 며느리가 말했다.

"어머니를 모시며 잘못한 것이 딱 한 가지 있습니다. 제가 전복을 먹지 못한다고 거짓말을 하였습니다."

"며느리가 전복을 먹지 못한다는 것은 이 어미를 위함이었구나."

이 우물은 그 후, 전복이 나온 우물이라 하여 전복 복자를 써서 복정鰒亭이라 하였고 아무리 큰 가뭄이 들어도 마르는 일이 없었다.

고려 골짜기 안에는 목백일홍을 뜻하는 자미정紫薇亭, 이중현의 율간정栗澗亭, 이병훈의 회천정사晦川精舍, 이수형의 효산정曉山亭 등에 주련을 걸었다.

>> 함안 고려동 유적

喬木如存可假花 王春惟到暮山家　교목여존가가화 왕춘유도모산가

悲歌哀詠相隨地 恥向長安再着紗　비가애영상수지 치향장안재착사

滄溟夜夜迎孤月 杞鞠年年闢小畦　창명야야영고월 기국년년벽소휴

回首未逢堯舜世 甘心不讓牧樵齊　회수미봉요순세 감심불양목초제

둥치라도 남아 있으면 꽃이 필 수 있는데

해 저문 산속 외딴집에도 봄이 찾아 왔구나.

슬픈 노래 부르면서 서로 뜻이 맞는 이 자리

개경 가서 다시 벼슬하기는 부끄러운 일이라네.

밤마다 바다에서 떠오르는 외로운 달을 맞으면서

해마다 구기자, 국화 심을 작은 밭을 일군다네.

끝내 돌아봐도 요순 임금시대는 만날 수 없으니

소 기르는 목동과 나무꾼이 친구됨을 만족하게 여기네. – 이오

호랑이를 타고

- 함안 어계 고택

 함안 군북면에 있는 어계 고택은 함안조씨 조려 선생이 살던 집이다. 조려는 34살(1453)에 진사시험에 합격하여 성균관에서 공부를 하던 중 수양대군이 왕위에 오르자 경상도 고향으로 내려와 냇가에서 낚시하며 어계漁溪라 이름하였다. 단종이 죽임을 당하자 영월에서 원호와 함께 삼년상을 지냈다 하여 숙종 때 생육신으로 모셨다.

 들어가는 문에 숙종과 정조가 내린 충신 정려를 함께 걸었다. 원북재院北齋는 재실 구실을 하며 뒤에 사당이 있다. 금은유풍琴隱遺風은 고려 왕조에서 전서 벼슬을 하던 조열은 거문고를 잘 연주하였는데 두 왕조를 섬기지 않는다며 벼슬을 그만둔 것이리라. 채미정采薇亭에는 영원히 변치 않는 맑고 높은 선비의 절개를 뜻하는 백세청풍百世淸風 현판을 걸었다.

 영월 방절리에는 조려의 글을 새겨 비를 세웠는데 큰 비를 받는 돌이 호랑이를 닮은 돌이라. 여기에 호랑이를 타고 강을 건넌 이야기가 전한다.

 단종이 청령포에 계실 때, 조려는 경상도 함안에서 500리 길인 영월을 한 달에 세 번씩 찾아 원호의 집에 머물면서 신하의 예를 다해 절을 올렸다.

함안 어계 고택

그러던 중 단종이 죽임을 당했다는 소식을 듣고 밤새워 한 걸음에 달려와 청령포에 도착하였다. 여기저기 살피니 나룻배가 없어 어쩔 수 없이 옷을 벗어 머리에 이고 강을 건너려 하였다. 그런데 옷을 당기는 느낌이 들어 돌아보니 호랑이가 옷을 물어 당긴다.

"초상을 당해 천리 길을 달려 왔는데 강을 건널 수가 없구나. 강을 건너면 임금의 시신을 수습하겠지만 못 건너면 물귀신이 될 것인데 너는 왜 나를 잡느냐?"

호랑이가 고개를 끄덕이며 엎드리니 그 뜻을 알고 호랑이 등에 업혀 강을 건넜다. 시신을 수습하고 나오니 호랑이가 기다리고 있어 또 강을 건널 수 있었다. 단종의 죽음과 관련하여 어긋난 이야기지만 충성된 신하를 기리는 사람들의 우직한 모습을 엿볼 수 있다.

함안 어계 고택 주련

>> 함안 어계 고택

千載風流如昨日 至今豪氣凜秋霜 천재풍류여작일 지금호기능추상
地闊天高思渺茫 嗟哉潦倒生苦晚 지활천고사묘망 차재료도생고만
懷佳人兮不能忘 회가인혜불능망

천 년을 내려오는 멋스러움 어제 같은데

지금도 활달한 성품은 서릿발처럼 차구나.

땅은 넓고 하늘은 아득하니, 생각 또한 아득하고

슬프다, 늙은 몸이 살아 늦도록 고생하니

일편단심 고운님을 꿈속엔들 잊을쏘냐. - 조려

충과 효를 단박에

– 밀양 남계서원

밀양시 청도면에 청도김씨 시조 김지대 선생을 모시는 남계서원이 있다. 김지대가 28세(1217) 때 3만여 명의 거란족이 고려에 침입하여 제천까지 내려 왔다가 박달재에서 김취려 장군에게 크게 패하여 물러갔다. 이 전투에서 고려군들은 방패에 도깨비를 그려 거란족에게 겁을 주었는데 김지대는 충과 효를 함께 이룬다忠孝雙修는 글을 써서 방패에 붙였다. 김지대는 아버지를 대신하여 전투에 참여했기 때문에 나라에 충성하는 일과 어버이에게 효도하는 일을 한 번에 이루겠다는 굳은 결심을 표현하였다. 다른 말로 하면 일석이조, 도랑 치고 가재 잡고, 꿩 먹고 알 먹고 아닐까?

29살(1218)에 과거에 합격하여 정7품 전주사록 벼슬을 하였다. 전주사록은 전주 지역 행정을 책임지는 벼슬로 백성들을 평안하게 잘 다스렸다. 69살(1258)에 원나라의 6차 칩입으로 오랫동안 전투를 벌일 때, 평안도의 40여 성을 지켜내 오산군에 올라 청도 지역을 관리하는 책임자가 되었다. 오산은 고려 때 청도를 이르는 말이다.

김지대를 모신 염수재念修齋에는 나이 2백여 살, 키 18미터의 돌배나무

밀양 남계서원 쌍수당

가 자란다. 이 돌배나무는 열매가 크고 신맛이 강할 뿐만 아니라 나무 모양
도 좋아 경상북도 기념물로 지정하여 보호하고 있다. 우리나라에는 돌배
나무 종류로 천연기념물에 지정된 세 그루의 나무가 있다. 하나는 진안 은
수사 청실배나무로 나이 650여 살에 키 18미터로 조선 태조 이성계가 마
이산을 찾아 기도할 때 씨앗을 심은 것이 자란 것이란다. 둘은 정읍 두월리
청실배나무로 나이 250여 살, 키 15미터로 남원양씨 마을에서 자라고 있
다. 청실배나무는 산돌배나무에 접을 붙여 좋은 품질로 개량하였는데 배

가 크고 단맛이 좋다. 셋은 울진 쌍전리의 산돌배나무는 나이 250여 살, 키 25미터로 한 해 서너 가마의 돌배를 수확했다고 하나 요즈음은 겨우 몇 말 정도의 돌배가 열린단다. 열매도 열매지만 2012년 4월 마지막 주 토요일에 찾았던 진안 은수사 청실배나무의 활짝 핀 흰 배꽃의 화려함은 사진을 볼 때마다 가슴이 깊이 저려오는 흥분을 감출 수 없다. 울진 쌍전리 산돌배나무는 키가 너무 커서 배꽃을 아래에서 올려보아야 하므로 그 화려함이 조금은 덜하다.

덕을 높이 받드는 상덕문을 마주하는 쌍수당雙修堂에는 김지대가 방패머리에 붙인 시를 현판과 주련으로 걸었다. 서원의 이름은 중국에서 주자를 모시는 남계서원南溪書院에서 따온 것이다. 서원이 있는 밀양군 청도면은 일제강점기에 청도군에서 밀양군으로 행정구역이 바뀐 것이다. 쌍수당 주련은 10자 주련 2장과 7자 주련 6장을 걸었다.

>> 밀양 남계서원

國患臣之患 親憂子所憂 국환신지환 친우자소우
代親如報國 忠孝可雙修 대친여보국 충효가쌍수

나라의 걱정은 신하의 걱정이고

이비이 근심은 자식의 근심이라네.

어버이를 대신해 나라의 은혜를 갚으면

나라의 충성과 어버이께 효도를 함께 이루네. – 김지대

盾頭五絶千秋戒 胄裔承傳萬世功 순두오절천추계 주예승전만세공

靈祖哲孫明昭穆 主從同室和融然 영조철손명소목 주종동실화융연

雲藏古院風塵遠 雨過南溪景色新 운장고원풍진원 우과남계경색신

머리맡 충효가쌍수 오래오래 마음 깊이 새기고

대대로 후손들에게 전하여 영원히 기억하게 한다네.

현명한 자손은 제사 모시는 순서를 알고 따르며

종손들과 친척들이 방 안에서 자연스

레 어울리네.

옛 서원은 구름 속으로 어지러운 세

상에서 멀어지고

비 그친 뒤 남계서원의 경치가 정말

좋구나.

청도 상리 돌배나무

조선에도 사람이 있네

- 밀양 박연정

　밀양 상동면에 있는 박연정은 광주김씨 양무공 김태허 장군이 지내던 곳이다. 김태허는 26살(1580)에 무과에 합격하여 옥포만호가 되었고 38살(1592)에 울산군수로 울산성 전투에서 권율 장군을 도와 큰 공적을 세워 종2품 경상우도병마절도사가 되었다. 임진왜란이 끝나자 선무원종공신 1등에 뽑히고 오위도총관을 끝으로 밀양 상동으로 내려와 노진강 옆에 정자를 지어 박연정이라 하였다. 순조 27년(1827)에 갑옷을 입고 왜적을 물리쳐 큰 공을 세운 것을 기려 양무공襄武公이란 이름을 내렸다.

　진실함과 의로움을 함께한다는 충의문 앞에 '너른 연못'이라는 뜻을 지닌 박연정博淵亭을 마주하니 누대소명樓臺昭明과 제일강산第一江山이란 현판이 눈에 들어온다. 높은 누각이 밝게 빛나고 경치가 매우 아름다운 곳이란 뜻이다. 오른쪽으로는 늘 너그러움을 따른다는 추유재가 자리하고 있다. 박연정 안에는 김태헌 장군이 지은 공산회맹일여제의사공부를 새긴 현판을 걸었다. 팔공산에서 영남 의병장들이 1596년 3월과 9월, 그리고 1597년 9월 등 세 차례 모여 왜적을 물리치기 위해 죽음으로 맹세한 것이

팔공산제의장회맹八公山諸義將會盟이라고 한다. 이러한 모임은 팔공산회맹
만 있었던 것이 아니고 경주의 문전회맹, 창녕의 화왕산회맹 등이 있었다.

주련에 나오는 양장은 도원수 권율과 함께 울산성 전투에서 공을 세운
명나라 부총병 양호를 이른다. 팔공산회맹시의 장순은 당나라 현종 때 안
녹산의 난이 일어나자 수양성을 지키다 포로가 된 인물이다. 반란군들에
게 항복하지 않고 죽임을 당한 충신이다. 증전은 대학의 중요한 구절을 노
나라 유학자 '증삼'이 해설한 것으로 여기서는 수신제가치국평천하를 뜻
한다.

>> 밀양 박연정

龍蛇之亂八公倡義 飮血同盟七年敵愾
용사지난팔공창의 음혈동맹칠년적개
捍禦지鋒江淮保障 東都得全民無問言
한어흥봉강회보장 동도득전민무문언
厓漢兩相器重智勇 楊將歎曰朝鮮有人
애한양상기중지용 양장탄왈조선유인

임진왜란이 일어나자 팔공산에서 의병장이 모여
피를 마시며 왜적 물리칠 것 맹서하고 7년이나 쫓았네.
흉한 칼날 막아내고 지켜 영남 우도를 보호하여
경주를 되찾으니 온전한 백성을 찾을 수 없구나.
강 언덕을 마주하고 지혜와 용기를 중하게 여기니
명나라 양호 장군이 감탄하며 조선에도 사람이 있구나.

>> 추유재

大小百戰靡不拳功 王若曰嘉隆秩二品

대소백전미불권공 왕약왈가륭질이품

身退魯津心存君國 謚贈襄武自號博淵

신퇴노진심존군국 시증양무자호박연

수많은 전투에서 다치지 않고 주먹으로 큰 공 세워

임금이 훌륭하다고 칭찬하며 2품의 벼슬을 내렸네.

밀양 박연정

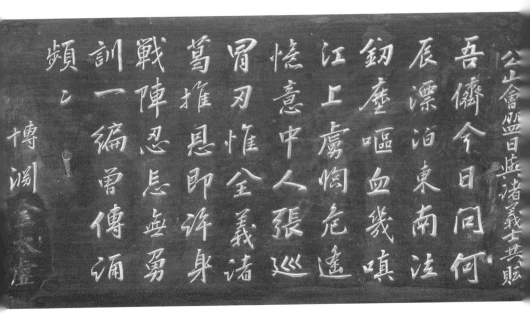
공산회맹일여제의사공부

노진강 옆으로 내려와서도 임금과 나라를 걱정하였고
스스로 '박연'이라 하였고 죽은 후 양무공이라 하였네.

>> 공산회맹일여제의사공부

吾儕今日問何辰 漂泊東南泣釖塵　오제령일문하진 표박동남읍도진
嘔血幾嗔江上虜 臨危遙憶意中人　구혈기진강상로 림위요억의중인
張巡冒刃惟全義 諸葛惟恩郞許身　장순모인유전의 제갈유은즉허신
戰陣忍忘無勇訓 一編曾傳誦頻頻　전진인망무용훈 일편증전송빈빈

우리들의 오늘 모임 어떤 날인가?
동쪽과 남쪽으로 떠돌며 칼이 다 닳도록 울었네.

피를 토하며 왜적을 꾸짖은 것은

위급한 때를 만나 임금을 위함이라

장순은 칼날 아래 의로움을 지켰고

제갈공명은 은혜를 위해 몸을 바쳤다.

어찌 잊을 건가 전쟁터에서의 무용담을

증사 글 한면을 가슴 깊이 새기노라.

백성에게 쓴 편지

- 김해 선조어서각

왜적은 1593년 9월부터 부산, 동래 등으로 물러나면서 조선을 괴롭혔다. 그중에서도 왜적에게 협조하는 백성이 많았는데 고향으로 돌아오면 벌을 받을까봐 걱정을 하고 있었다. 그래서 선조는 백성들이 쉽게 읽을 수 있도록 한글로 쓴 글을 내렸다. 이때 선조가 내린 글을 선조국문교서宣祖國文敎書라 하고 이를 보관한 집을 김해 흥동에 짓고 선조어서각이라 하였다. 선조가 백성에게 쓴 글은 다음과 같다.

"너희들이 왜적에게 포로가 되어 끌려 다닌 것은 탈출하다 붙잡혀 죽지 않을까 여기기도 하고 또 왜적에 협력하였다고 하여 나라에서 죽이지 않을까 겁이 나서 나오지 못하는 것이다. 이제는 그런 의심을 하지 말고 너희들이 나오면 죄를 묻지 않을 것이다. 또 왜적을 잡아 나오거나 왜적이 하는 일을 자세히 알아 나오거나 포로가 된 사람을 많이 데리고 나오는 등 어떤 공적이 있으면 양민과 천민을 막론하고 벼슬도 줄 것이다. 너희들이 설마 어버이나 처자가 없는 사람이겠느냐? 너희가 살던 곳에 돌아와 예전처럼 살

면 좋지 않겠느냐? 명나라 군사가 경상도와
전라도에도 가득하여 곧 왜적을 공격하고
나아가 바다를 건너가 왜를 쳐 없앨 것이니
너희들이 서로 알려 그 전에 빨리 나오도록
하라."

선조국문교서

'구본진의 필적'에서 사람의 글씨를 보고
성격을 분석한 흥미로운 글을 보았다. 정사
각형 형태의 글씨를 쓰는 사람은 보수 성향
으로 자신이 만든 규정을 매우 중요하게 생
각하고, 획과 획 사이의 공간이 좁은 글씨는
포용력이 부족하여 다른 사람의 의견을 받아들이지
않는다. 이런 글씨를 쓰는 사람은 작은 회사 경영도 적성이 맞지 않는데 나
라 경영은 더욱 그러하다. 그런데 이런 글씨를 쓴 사람이 조선 14대 임금
선조였다.

권탁은 50살(1593)에 김해성을 지키는 김해수성장이 되어 선조국문교
서를 가지고 왜적이 점령한 김해성으로 들어가 포로로 잡힌 조선 백성들
에게 보여 주고 그들을 설득하여 100여 명과 함께 탈출하였다. 선조어서
각에는 충성심을 환히 밝히는 경충재景忠齋 현판을 걸었다. 주련에 나오는
초황은 파초에서 열리는 바나나를 이른다.

>> 김해 선조어서각
樹危忠於龍蛇百劫 檀芳名於竹柏千秋

김해 선조어서각 경충재 주련

수위충어룡사백겁 단방명어죽백천추

重建齋祠洞壑呈彩 英靈陟降凜然如臨

중건재사동학정채 영령척강름연여림

儒紳濟濟敬尊蕉黃 不墜秉彝崇慕勿替

유신제제경존초황 불추병이숭모물체

임진왜란 때 나라가 위태로워 충성을 다했고

향기로운 조선의 이름 역사에 오래 전하네.

경치 좋은 곳에 재실을 다시 짓고 단청을 하니

영령이 오르내리며 늠름하게 임하시네.

유생들이 늘어서고 존경하며 바나나를 올리니

양심을 속이지 않고 우러러 사모하고 잘 지킨다네.

길을 빌려 달라

- 동래 충렬사 소줄당

동래는 경상좌수영과 이웃하고 있어 조선의 영토를 지키는 데 군사적으로 중요한 곳이며 나아가 대마도나 왜, 유구의 외교 사절들이 조선에 처음 들어오고 마지막으로 나가는 대문 구실을 하던 곳이다. 그래서 효종 6년 (1655)에 동래부사에게 독립적인 군사지휘권을 주었다. 동래독진대아문은 동래관아의 정문으로 독립적인 군사지휘권을 갖고 있음을 알리는 것이다. 예전에는 독진대아문이 금강공원 안에 생뚱맞게 있었으나 원래 있던 동래부 동헌으로 옮겨 옛 관청의 문으로 위엄을 세웠다.

금강공원 옆에 솥뚜껑만 한 찐빵을 파는 집이 있었다. 마침 점심때인지라 시간을 아낀다고 박물관장이 찐빵 4개를 샀다. 한 사람당 1개씩인 것이다. 카메라를 목에 걸고 솥뚜껑만한 찐빵을 한 입씩 베어 물고 임진동래의 총으로 향하는데, 행동이 부자유스런 동현 형의 솥뚜껑만한 찐빵이 땅에 툭 떨어졌다.

"동현아! 얼른 주워 흙 털고 먹어라. 점심 없다."

"그래, 알았다. 생각해줘 고맙다."

동래성수사결의도(동래 충렬사기념관 소장)

봉은장로와 나는 배를 잡고 눈물이 나오도록 깔깔대며 웃었다. 두 사람이 선배 동기이니 뭐라 말도 못하고 또 그렇게 한바탕 시시덕거렸다.

여산송씨 송상현 선생은 26살(1576)에 과거에 합격하고 벼슬이 올라 종4품 배천군수에 올랐다. 그 후, 왜적의 침입이 예상되자 41살(1591)의 송상현에게 종3품 동래부사 벼슬을 맡겼다. 왜적이 동래성을 에워싸고 '싸우려면 싸우고 싸우지 않으려면 길을 빌려 달라.'고 하자, 동래부사 송상현은 '싸워서 죽기는 쉬워도 길을 빌리기는 어렵다.'고 답하였다. 왜적이 공격해 오고 관군과 백성들까지 죽음을 두려워하지 않고 하룻밤을 버텼으나 다음날 새벽에 왜적이 성을 무너뜨리고 들어와 닥치는 대로 칼을 휘둘렀다. 창과 칼이 없는 백성들은 돌을 던지고 몽둥이로 왜적에 맞섰는데, 돌이 부족하자 지붕 위에 올라가 기왓장을 벗겨 던지는 등 끝까지 싸웠다. 싸움이 어렵게 되자 동래부사 송상현은 임금 앞에 나갈 때 입는 옷을 갑옷 위에 갖춰 입고 궁궐을 향해 네 번 절하고 나서 왜적들과 용감히 싸우다 순국하였다.

동래부사 송상현의 묘는 청주시 홍덕구 수의동에 있는데 '임금과 신하의 의로움이 더욱 중요하니, 아들이 부모님의 은혜를 소홀히 하는구나(君臣義重 父母恩輕)'라는 글을 돌기둥에 새겼다. 송상현의 유물을 보관한 천곡기념관을 들러 관리하시는 분에게 자세한 안내를 받은 것도 고마운데 귀한 '동래부순절도' 한 장을 선물로 주신다. 이곳을 찾는 여산송씨 후손들에게 조상의 훌륭한 점을 알리기 위해 제작한 것이란다. 붉은 조복을 입고 북쪽을 향해 바르게 앉은 동래부사 송상현과 북문 밖으로 도망가는 경상좌병사 이각 등을 침이 마르도록 설명하시는 것이 매우 인상적이었다.

동래 충렬사 소줄당은 나라를 위해 돌아가신 분들의 충성된 마음이 해와 달보다 밝고 산보다도 높다는 뜻이다. 기념관에서는 동래성, 부산진성, 다대진, 수영성 등 임진왜란 당시 전투 모습을 생생하게 표현하였다. 재미있게도 안락동에 있는 충렬사 소줄당은 나무 기둥이 아니라 콘크리트 기둥이라 그 위에 주련을 걸었다.

안동권씨 권이진은 조선을 침략한 왜와 대마도를 엄청 미워했는데 42살(1709)에 종3품 동래부사가 되자 송상현 등을 모신 충렬사를 짓고 좌우의 벽에 임진년 동래성의 전투 모습을 살필 수 있는 동래부순절도 그림을 그리고 글을 썼다.

"사당으로 부족하여 비를 세우고 또 부족하여 그림을 그려서 장차 인과 응보의 이치를 깨닫고 있는 사람들을 감동시키려는 것이다. 그러므로 어찌 이 그림을 보고서 임금에게 충성하고 윗사람을 위해 죽으려는 마음이 생기지 않겠는가!"

현재 육군사관학교박물관에 있는 보물 제392호 동래부순절도는 영조

동래 충렬사 소줄당

36년(1760)에 충렬사의 벽에 그린 그림을 보고 다시 그린 것이다.

>> 동래 충렬사

使君忠節冠千齡 古廟秋風木葉零　사군충절관천령 고묘추풍목엽령

精返雲天添列宿 氣成河嶽護生靈　정반운천첨열숙 기성하악호생령

深羞徹地何年雪 怒髮衝冠一夜星　심수철지하연설 노발충관일야성

송상현의 충성스런 태도는 천년에 뛰어났는데

옛 사당에 가을바람이 불어 낙엽이 지는구나.

송상현 선생의 넋은 하늘로 돌아가 별이 되었고

장한 기개는 산과 강이 되어 백성을 호위하네.

깊은 부끄러움은 땅에 사무치는데 이를 어느 해나 씻을까?

밤새도록 잠 못 이루어 성난 머리카락이 관을 찌르는구나. – 권이진

>> 동래 독진대아문

鎭邊兵馬節制營 交隣宴餉宣慰司 진변병마절제영 교린연향선위사

동래부는 나라의 경계를 지키는 병마절제사의 본부이고,

다른 나라들과 평화를 유지하며 그들 사신이 머무는 관청이라네.

나도 같이 먹자!

− 부산 반송삼절사

　　남원양씨 양조한 선생과 양통한 선생을 모시는 반송삼절사는 부산 해운
대에 있다. 양조한은 동래향교 훈도로서 대성전 성현의 위패를 동래성으
로 옮긴 후 동래부사 송상현과 함께 순국하였다. 양통한은 경주의 문천회
맹, 팔공산회맹, 창녕 화왕산회맹에 참여하였고 의병 활동을 하다가 전사
하였다. 문천회맹蚊川會盟은 경주 의병장 43명과 울산, 영천 등 12개 고을
132명의 의병장이 1592년 6월 9일 경주 반월성 옆을 흐르는 문천에 모여
흰 말의 피를 나누어 마시며 경주성을 되찾을 것을 맹세한 모임이다.

　　부산 반송삼절사에는 또 다른 아픈 상처 양부하 이야기가 전한다. 양부
하는 동래성 전투에서 송상현과 함께 전사한 남원양씨 양조한의 손자로
12살에 포로로 잡혀 끌려갔다. 그곳에서 왜말을 빨리 배워 도요토미 히데
요시 옆에서 심부름을 하였다.

　　95살(1672)이 된 양부하가 현종 때 왜에 사신으로 가는 임상원을 찾아
가 말하였다.

　　"도요토미 히데요시는 심유경이 독살시켰습니다."

부산 반송삼절사 반송재

반송재 주련

"그 말이 사실입니까?"

"네, 제가 전부 말씀 드리겠습니다."

선조 29년(1596)에 명나라 사신 심유경이 왜에 건너갔다. 그러나 심유경은 도요토미 히데요시를 만나지 못하고 객관에 머물러 애를 태우자 양부하가 도요토미 히데요시에게 이 사실을 알려 그를 만나게 하였다. 아무도 모르게 도요토미 히데요시를 만난 심유경은 환약 한 개를 먹었다. 두 번째 만날 때도 또 먹으려 하자, 도요토미 히데요시가 이상하게 생각하였다.

"무슨 약을 만날 때마다 먹느냐?"

"먼 바닷길을 와서 습기로 병이 날까봐 약을 먹습니다. 제때 이 약을 먹으면 기운이 돋고 몸도 가벼워집니다."

"나도 한번 먹어보자."

도요토미 히데요시는 환약을 반으로 자르더니 같이 먹자고 하였다.

"예, 먹겠습니다."

심유경이 받아먹자 도요토미 히데요시도 환약을 먹었다. 다음날도 도요토미 히데요시는 심유경과 함께 환약을 먹었다. 그런데 그 환약은 조금씩 해를 끼치는 독약이었다. 심유경은 객관으로 돌아와 해독약을 먹었지만 도요토미 히데요시는 그것을 알지 못했다. 심유경이 일본을 떠난 후 도요토미 히데요시는 점점 살이 빠지고 무슨 약을 먹어도 효과가 없으며 침을 놓아도 피가 나오지 않는 고통 속에 죽었다.

39살(1616)에 조선으로 돌아온 양부하의 이야기는 임상원의 문집과 이익의 성호사설, 이긍익의 연려실기술에도 실려 전하고 있다.

반송삼절사盤松三節祠에는 밑동에서 여러 줄기가 퍼진 소나무가 있고, 한겨울의 추위에도 소나무의 푸르름을 잃지 않는 세한당歲寒堂이 있다.

>> 부산 반송삼절사

萇山盤壑靈相合 挺出英賢世德崇 장산반학령상합 연출영현세덕숭
討夷壯氣威用凜 救國哀情烈日紅 토이장기위용름 구국애정렬일홍
殉身傳蹟千秋赫 三節遺芳頌不窮 순신사적천추혁 삼절유방송불궁

해운대 장산은 너럭바위와 골짜기가 묘하게 서로 어울려
우수하고 뛰어난 분들이 여러 대에 걸쳐 쌓은 '덕'을 받드네.
왜놈을 무찌르는 장한 기운과 늠름한 모습으로
나라를 구하려는 마음은 여름날 붉은 햇빛보다 더 강하네.
몸을 바쳐 세운 자취는 천 년 세월에 빛나고
세 분의 죽음 뒤에 남긴 빛나는 명예 칭송이 그치지 않네

>> 반송재

萬戶天家時運變 一門三節歲寒知 만호천가시운변 일문삼절세한지
峰雲當戶忠壇屹 松月入祠盛烈輝 봉운당호충단흘 송월입사성렬휘

세상 사람들이 시시때때로 변하는데
세 명의 충신을 낸 한 가문의 모진 세월을 아는가?
집에 당당히 선 진실한 마음의 구름 낀 봉우리
소나무 사이로 사당에 드는 달빛이 빛나는구나.

대한광복회 총사령

- 울산 박상진 의사 생가

　밀양박씨 박상진 의사는 27살(1910)에 판사 시험에 합격하여 평양법원으로 발령이 났다. 그러자 박상진은 우리 민족의 독립 운동가들을 직접 재판해야 하는 일을 할 수 없다 하여 사퇴하였다. 그 후 만주 지역을 여행하며 김대락, 이상룡, 김동삼 등을 만나고 고향으로 돌아와 대구에 상덕태상회를 열고 비밀리에 독립운동 자금을 모아 만주로 보냈다. 32살(1915) 때, 대한광복회 결성에 앞장섰고 독립군을 키워 총과 칼로써 독립을 이룰 목적으로 대한광복회 총사령이 되어 활동하다가 38살(1921)에 대구형무소에서 순국하였다.

　박상진 의사 생가 기념관에는 상덕태상회에서 대한광복회 회의를 여는 그림이 있다. 이 그림에는 김좌진의 모습도 함께 그렸다. 대청에는 박상진 의사의 절명시 등을 걸었다. 또 1918년 경주에서 어머니가 돌아가신 중에 경찰에 의해 강제로 백마를 타고 잡혀가는 모습과 군자금을 마련하기 위한 활동 등의 모습이 그려져 있다. 울산 북구 송정동 박상진 의사의 집은 문화재로 지정하여 보호하고 있다. 1963년 건국훈장 독립장을 내렸다.

일제 경찰에 잡혀가는 박상진 의사(박상진 의사 생가 소장)

>> 울산 박상진 생가

難復生此世上 幸得爲男子身 난부생차세상 행득위남자신
無一事成功去 靑山嘲綠水嚬 무일사성공거 청산조녹수빈

다시 태어나기 힘든 이 세상에

다행히 남자로 태어났건만

이룬 일 하나 없이 저승으로 가려니

청산이 비웃고, 강물이 찡그리는구나. – 박상진

母喪未成 郡讐未服 모상미성 군수미복
國土未復 死何面目 국토미복 사하면목

어머님 상례도 마치지 못했고

임금의 원수도 갚지 못했는데

빼앗긴 국토마저 되찾지 못했으니

죽은들 무슨 면목 있으리. - 박상진

鴨江秋日送君行 快許丹心誓約明 압강추일송군행 쾌허단심서약명

匣裏龍泉光射斗 立功指日凱歌聲 갑리용천광사두 입공지일개가성

가을 깃든 압록강 너머로 김좌진을 보내매

쾌히 내린 그대 단심 우리들 서약 밝게 해 주네

칼집 속의 용천검이 홀연히 빛 발할지니

이른 시일 내 공을 세워 개선가를 불러보세. - 박상진

대한광복회 회의도(박상진 의사 생가 소장)

신라의 죄인으로

- 울산 박제상 선생 유적지

　신라의 충신 영해박씨 박제상의 흔적을 울산광역시 두동면 모화리 박제상기념관에서 찾아본다. 391년 광개토대왕의 즉위와 함께 고구려는 백제를 공격하여 한강 이북의 많은 땅을 빼앗았다. 또 400년에는 왜가 신라를 공격하자 광개토대왕은 5만여 명의 군사를 보내 이를 격퇴하고 김해의 금관가야까지 고구려의 보호를 받으며 발전하였다. 고구려 장수왕이 수도를 평양으로 옮기고 남진 정책을 본격적으로 추진하자 백제와 신라는 나제동맹을 맺어 고구려에 대항한다. 고구려가 백제의 수도 한성을 함락하자 백제는 공주로 피난하고 신라와 관계를 강화하는 한편 신라는 강대국 틈에서 실리적 외교정책으로 지속적인 발전을 이루고 있었다. 402년 신라의 실성왕은 내물왕의 셋째 아들 미사흔을 왜에 보낼 것을 요청하였는데 이를 허락하며 외교관계를 발전시켜 나갔다. 413년에는 고구려에서 내물왕의 둘째 아들 복호를 보낼 것을 요청하였는데 이를 받아주며 외교관계를 원만하게 이끌었다.
　417년 내물왕의 맏아들 눌지왕이 임금에 올랐다.

"내가 임금의 자리에 오르니 고구려와 왜에 가서 고생하는 동생들이 보고 싶은데 좋은 방법이 없겠소?"

"고구려와 왜에 사신을 보내 모셔오는 것이 좋을 것입니다."

"좋은 생각이요. 그러면 누굴 보내는 것이 좋겠소?"

"양산 삽량주간 박제상이 성격이 곧고 용감하며 지혜가 있다고 합니다. 그는 임금께서 바라시는 일을 이루어 드릴 것으로 생각됩니다."

박제상은 고구려도 들어가 장수왕을 설득하여 복호를 데려온 후 다시 왜로 건너갔다. 그는 어려움 속에 미사흔을 신라로 돌려보내고 왜에 붙잡혔다.

"박제상, 네가 항복하면 높은 벼슬을 주겠다."

"신라의 짐승이 될지언정 왜의 신하가 되지 않겠다. 신라의 죄인으로 벌을 받을지언정 왜의 벼슬을 하지 않겠다."

박제상은 큐슈 구마모토현 목도木島로 옮겨져 불태워 죽임을 당하였다.

박제상의 부인은 남편이 고구려에서 돌아오자마자 다시 일본으로 떠났다는 소식을 듣고 세 딸을 데리고 치술령에 올라가 왜를 바라보며 통곡하다가 마침내 미사흔만 돌아오고 남편은 순국했다는 소식이 들리자 숨을 거두었는데, 몸은 망부석이 되고 넋은 새로 변하여 왜의 큐슈 구마모토현의 섬 목도까지 날아가 남편의 넋을 맞아 신라로 돌아왔다고 전한다.

어느 날 임금이 있는 곳에 새 한 마리가 날아와 앉아 구슬픈 소리로 지저귀며 '구마모토현의 목도木島에서 넋을 맞이하여 고국에 돌아오니 뉘라서 그것을 알리요.'라는 뜻의 글자를 쪼아 놓고 날아갔다. 그것을 본 임금이 이상하게 생각하고 신하에게 뒤쫓아 가도록 하니 치술암 기슭의 바위굴 속으로 들어갔다. 임금은 그때서야 그 새가 박제상 부인의 넋임을 알고 그

박제상 선생 유적 은을암 벽화

바위를 은을암이라 하고 그 바위에 제사를 모시도록 하였다. 눌지왕은 진골만 받을 수 있는 다섯 번째 등급인 대아찬 벼슬을 박제상에게 내리고 그의 부인은 국대부인이 되었으며 둘째 딸은 미사흔과 결혼하였다.

울산광역시 두동에 있는 치산서원에는 박제상을 모신 충렬묘忠烈廟가 있는데, 박제상 부인을 모신 신모사神母祠가 왼쪽에 나란히 자리하고 있다. 동쪽 산마루에 있는 치술령에서 박제상을 기다리던 아내는 죽어서 새가 되어 굴속으로 들어갔다고 한다. 그래서 새가 숨은 바위라는 뜻으로 은을암隱乙巖이라 하였고 그곳에 절집을 짓고 은을암隱乙庵이라 하였다.

새가 들어 간 굴을 조심스레 찾아가는데 뜬금없이 등을 돌린 세조 임금을 뵙는다. 임금의 옷을 가지런히 접고 그 위에 익선관을 두었고 동자가 세조의 등을 닦아주는 그림을 흙벽에 그린 것이다. 오랜만에 그림을 보니 반갑다.

세조가 오대산 상원사 아래 계곡 물에 몸을 담그고 있었는데 아무리 씻어도 가려움증이 가시지 않아 주위를 살피고 있을 때 동자가 나타났다.

"애야, 이리 와 내 등 좀 밀어 주렴."

"네, 밀어 드리겠습니다."

동자가 와서 등을 밀어주자 가려움증이 씻은 듯이 가셨다.

"참 기특하구나, 어디 가든지 임금의 등을 밀어 주었다는 말은 하지 말거라."

"네, 대왕께서도 문수동자가 와서 등을 밀어주었다는 말씀을 하지 마십시오."

세조가 이상한 생각이 들어 뒤를 돌아보니 동자는 간곳없이 사라졌다. 문수동자가 세조의 병을 낫게 해 준 것이다.

그림을 뒤로하고 나니 바위 동굴이 나타난다. 절집 반대쪽 흙벽에는 치술령에서 기도하는 박제상의 아내와 새가 되어 동굴로 숨어드는 한 마리 새를 그렸다. 이 그림을 그린 절집은 이곳밖에 없으리라

박제상을 모시는 경양사는 강릉에 있으며 강릉박씨 대종회에서 관리하고 있다. 충성과 의로움의 충의문 안에 박제상의 충성됨을 모시는 경양사鏡陽祠가 있고 밖에는 조상을 그리워하는 모선재를 두었다.

강릉 경양사(鏡陽祠) 주련에 나오는 죽백은 역사의 기록을 의미하며 서산은 백이숙제의 수양산을 이른다. 김종직이 쓴 두 편의 시는 박제상기념관에서 옮겼다.

>> 강릉 경양사

天地爭光日月流 名傳竹帛閱千秋 천지쟁광일월유 명전죽백열천추

堂堂大義三韓一 烈烈貞忠萬古愁 당당대의삼한일 열열정충만고수

하늘과 땅이 빛을 다투어 해와 달이 밝게 흐르고

이름은 역사에 전하여 천년이 지났네.

당당한 큰 뜻은 우리나라에서 최고인지라

열렬함과 곧음과 충성은 오랫동안 마음을 울리는구나. – 이정구

>> 울산 박제상기념관

人物富時第一流 精忠空想割鷄秋　인물부시제일류 정충공상할계추
分明怨血蒹葭上 留得滄溟萬古愁　분명원혈겸가상 유득창명만고수

그 당시 제일가는 훌륭한 인물로서
곧은 충절 공연히 낮은 벼슬 생각하리.
갈대 위에 뿌려진 원통한 피 뚜렷하니
푸른 바다 저쪽에서 오랜 시름 띄었으리. - 김종직

鵄述嶺頭望日本 粘天鯨海無涯岸　치술령두망일본 점천경해무애안
良人去時但搖手 生歟死歟音耗斷　량인거시단요수 생여사여음모단
口音耗斷長別離 死生寧有相見時　구음모단장별리 사생녕유상견시
呼天便化武昌石 烈氣千載干空碧　호천편화무창석 렬기천재간공벽

치술령 고갯마루 일본을 바라보니
하늘에 맞닿은 바다 끝이 없구나.
우리 님 떠나실 제 손 흔드시더니
살았는가, 죽었는가, 소식도 끊겼네.
소식이 끊기고 오랫동안 헤어졌으니
죽든 살든 언젠가는 서로 만나리.
하늘 향해 울부짖다 망부석 되니
매운 기운 영원히 허공 위에 푸르리. - 김종직

영남들

경상북도

상주 북천전투

- 상주 김준신 의사 첨모재

충주를 거쳐 중부내륙고속국도를 타고 북상주 나들목에서 나와 임란북천전적지를 찾아 간다. 임란북천전적지는 임진왜란 때 상주의 북천에서 왜적과 싸운 곳이라는 뜻이다. 예전에 상주를 찾을 때에는 충북과 경북을 잇는 548미터 높이의 꼬불꼬불한 이화령고개를 넘어 다녔다. 그러다 점차 교통량이 많아져 1998년 통행료를 받는 이화령터널이 개통되자 5분 남짓한 빠른 시간에 두 지역을 옮겨 다닐 수 있게 되었다. 그런데 그보다 더 좋은 것은 옛 3번 국도에서는 보기 어려웠던 괴산 원풍리 벼랑에 새긴 마애불상을 승용차를 타고 가며 보는 쏠쏠한 재미다. 그런데 문경새재터널이 개통되자 3번 국도의 쏠쏠한 재미를 잊고 빠르다는 한 가지 이유로 중부내륙고속국도를 이용하여 상주를 찾은 것이다. 만산동 북천 옆에 있는 임란북천전적지壬亂北川戰跡地에 상주객사인 상산관 등을 옮겨 사적공원으로 만들었다.

동래성을 함락한 왜적이 서울로 올라오다가 경상도순변사 이일의 관군 100여 명과 상주에서 마주쳤다. 이일은 상주 북천 옆 산등성이에 관군 100

왜군과 맞선 관군과 의병(북천전투 모형. 상주박물관 소장)

여 명과 상주 의병 800여 명을 모아 전투를 준비하였다. 이는 관군과 의병
이 뜻을 모아 왜적을 물리치기 위한 첫 연합작전이었다.

조총을 앞세운 왜적이 오른쪽과 왼쪽으로 나뉘어 집중적으로 공격하니
조선연합군 은 이를 견디지 못하고 무너져 대다수의 의병들과 함께 32살
의 의병장 김준신도 전사하였다. 상주박물관에는 북천을 가운데 두고 왜
적과 마주하던 조선 관군과 상주 의병의 전투 모습을 모형을 만들어 전시
하고 있다.

상주 화동면에 청도김씨 김준신 의사에게 제사를 모시는 첨모재가 있
다. 왜적들이 김준신 의병장 마을에 들어와 부인과 딸 등을 해치려하자 집
안의 부녀자들이 앞마당에 있는 연못에 몸을 던져 정절을 지켰다. 그 후 동
네 사람들은 꽃이 떨어진 연못이라 하여 낙화담落花潭이라 하였다.

낙화담 연못에 자라는 소나무는 나이 600여 살에 키 1.3미터로 둥근 섬 전체를 뒤덮고 있다. 연못의 둥근 섬에서 자라는 소나무는 마을을 지키는 나무로서 아름다운 모습을 뽐낸다. 고려가 무너지자 종6품 황간현감 김구정이 고향에 내려와 살며 연못을 만들고 나무를 심은 것이다.

소나무 중에 유명한 정2품 소나무가 있다. 나이 800여 살에 키 15미터로 우리나라에서 보기 드문 잘 생긴 소나무이다. 세조 10년(1464)에 임금이 속리산 말티고개를 넘어 법주사로 가는데 가마가 나뭇가지에 걸리려 한다.

"가마가 나뭇가지에 걸린다."

소나무가 가지를 쓱 올려 가마가 무사히 지날 수 있었다. 그리고 세조가 궁궐로 돌아갈 때, 갑자기 소나기가 내려 소나무 아래에서 비를 피할 수 있었다. 세조가 기특하게 여겨 장관과 같은 정2품 벼슬을 내려 정2품 소나무로 불리게 되었다. 정2품 소나무는 법주사로 들어가는 길을 넓히면서 건강을 잃었고, 1982년 솔잎혹파리에 의해 큰 피해를 입었으며, 1993년에는 강풍으로 동북쪽 큰 가지가 부러져서 우산살 한쪽이 부러진 우산처럼 되었다. 정2품 소나무가 아름다운 옛 모습을 잃고 시름시름 앓게 되자 우수한 자녀목을 얻어 널리 퍼지게 하자는 생각으로 혼례를 추진하였다.

정2품 소나무는 전국에서 최고 미인 소나무로 뽑힌 나이 95살에 키 32미터의 강원도 삼척시 준경릉 소나무를 신부로 맞아 2001년 5월 8일 준경릉에서 정2품 소나무 혈통보존 혼례식을 올렸다. 신랑은 보은 삼산초등학교 남학생이 맡고 신부는 삼척초등학교 여학생이 대신하였다. 이 혼례식으로 정2품 소나무는 90여 그루의 자녀를 얻었고 삼척시과 보은군은 사돈 관계를 맺었다.

그런데 보은군 서원리에 나이 600여 살, 키 15미터의 정부인 소나무라 부르는 '보은 서원리 소나무'가 있다. 정2품 소나무가 본부인을 놔두고 젊은 소나무와 혼례를 치르자 보은군 부녀회가 발칵 뒤집힌 것이다.

"어떻게 정2품 소나무가 정부인을 놔두고 삼척까지 가서 젊고 예쁜 색시와 신방을 차려?"

강력하게 항의하였고 그래서 이듬해 서원리 정부인 소나무와 꽃가루받이를 통하여 600여 그루의 자녀를 또 얻었다.

그래서 그런지는 모르지만 2004년 3월에 많은 눈이 내렸을 때 서쪽으로 뻗은 중심 줄기 1개와 잔가지 2개가 부러져 그 모습이 더욱 측은하였다. 말하기 좋은 사람들이 우스갯소리로 수군거렸다. 800여 살 넘은 어르신이 2년 연속 혼례를 치러 여기 저기 다니며 그 많은 자식을 보았으니 기력이 쇠할 만도 하다고.

소나무는 암꽃이 가지 꼭대기에서 피고 수꽃은 가지 아래에서 피기도 하지만 같은 나무의 수꽃은 암꽃보다 일주일 정도 먼저 피고 지기 때문에 다른 소나무의 수꽃과 꽃가루받이를 한다. 소나무는 이런 특징으로 품질 좋은 나무만 자라도록 하여 사람들에게 여러 가지로 도움을 주고 있다.

벼슬 받은 소나무 이야기를 하다 보니 문득 세금 내는 소나무가 떠오른다. 경북 예천군 감천면에 세금 내는 소나무가 있다. 이 소나무는 줄기가 옆으로 뻗어나가는 반송으로 600여 년 전 홍수로 떠내려 온 것을 건져 심었다. 키 10미터에 나뭇가지 폭이 동쪽에서 서쪽 방향으로 32미터, 남쪽에서 북쪽 방향으로 22미터에 이르는 소나무에게 마을에 살던 분이 땅 6,600제곱미터를 물려주고 세상을 떠나자 석평동의 영험 있는 나무라 하여 석송령石松靈이라 하였다. 석송령은 2018년 재산세 토지분으로 87,600원의 냈

고, 석송령장학회를 만들어 고상에서 대학에 신학하는 학생들에게 장학금
도 주고 있다. 지금은 500여 그루의 자녀목을 두고 있어 재산 상속에 많은
어려움을 겪고 있다고 한다던가?

　우리나라에는 천연기념물로 지정된 소나무는 11그루이고, 기념물로 지
정된 소나무는 10그루이다. 그 중 울진에 있는 나이 60여 살에 키 7미터로
나뭇잎색이 황금색이어서 이름 붙인 황금소나무가 있다. 황금소나무는 엽
록소가 없거나 적어서 생기는 세계적으로 희귀한 소나무로 문화재로 지정
된 나무 중에서 가장 나이가 어리다.

　이웃하는 예천 용궁면에 세금 내는 팽나무가 있다. 나이 500여 살에 키
15미터로 1939년 마을 사람들이 팽나무가 노란 꽃을 피우므로 황목근이
라 이름을 짓고 공동으로 마련한 땅 12,232제곱미터를 물려주었다. 황목
근은 2018년 재산세 토지분으로 33,000원의 세금을 냈다. 1988년 봄 황

상주 낙화담 소나무

목근 옆에 어린 팽나무가 싹을 틔워 저절로 자라자 마을 사람들이 따로 화단을 마련하고 이름까지 황만수라 지어 자녀 나무로 키우고 있다. 언젠가는 황만수도 아버지의 유산을 상속 받아 부자가 될 수 있겠지요? 우리나라에서는 3그루의 팽나무와 3곳의 팽나무숲을 천연기념물로 지정하였고 4그루의 기념물이 있다. 그중 가장 젊은 금산 양지리의 팽나무는 연리목으로 유명하다. 연리목連理木은 뿌리가 다른 나무 두 그루가 밑동부터 서로 얽혀 자라는 나무이고, 연리지는 뿌리가 다른 나뭇가지가 서로 붙어서 자라는 나무이다.

>> 상주 첨모재

淸風峻節 篤孝純誠 청풍준절 독효순성
春露秋霜不勝感愴之心 춘로추상불승감창지심

깨끗한 기풍과 드높은 절개
지극한 효심과 맑은 성실함
자애롭고 의젓하고 엄숙한 태도
가슴 깊이 아픔을 이길 수 없구나.

조선통신사

- 안동 의성김씨 학봉종택

안동 서후면에 임진왜란 때 논란의 중심에 섰던 의성김씨 학봉 김성일 선생의 집이 있다. 조선에서는 1590년에 조선통신사를 보내 왜의 사정을 알아오게 하였다. 통신사의 책임자 황윤길과 부책임자 허성은 반드시 왜의 침입이 있을 것이라 하였고, 또 다른 부책임자 김성일은 왜의 침입이 없을 것이라 하였다.

선조 25년(1592) 6월 28일의 조선왕조실록에는 '김성일은 통신사로서 왜에 다녀와서, 왜가 틀림없이 쳐들어오지 않을 것이라고 말 한 것은 그의 지혜가 부족하기 때문인가? 사신으로 같이 갔던 황윤길과 허성은 왜가 틀림없이 쳐들어오거나, 왜가 쳐들어오지 않는다고 확실하게 말하기 어렵다고 하였는데, 김성일만 유독 왜가 쳐들어오지 않을 것이라고 하였으니 정말 이상한 일이다.'라고 쓰여 있다.

왜적이 곧 침입할 것을 예상한 선조 임금은 1592년 4월 11일 55살의 김성일을 경상우도병마절도사로 임명하였다. 김성일은 경상우도병마절도사 본부가 있는 경상도 창원으로 가던 4월 14일, 충주에서 왜적이 침입한

학봉종택 풍뢰헌

것을 알고 부랴부랴 마산에 내려가 전투 상황을 파악할 수 있었다. 4월 17

일, 선조 임금이 통신사로서 거짓으로 보고한 죄를 물어 김성일을 파면시

키고 서울로 잡아오라 하였다. 이 소식을 들은 김성일은 체포 명령이 도착

하지 않았지만 스스로 서울로 올라오는 길을 재촉하였다. 이때 좌의정 유

싱룡은 지금 김성일의 죄를 묻는 것보다 조유사招諭使로 임명하여 백성들이 스스로 일어나 영남지역을 방어하고 왜적을 물리치도록 하는 것이 우선이라는 의견을 선조 임금에게 올렸다. 거짓으로 보고한 죄를 짓고 서울 길을 재촉하던 김성일이 충청도 직산에 이르렀을 때, 우왕좌왕하던 선조 임금은 김성일을 다시 경상우도초유사로 임명하여 경상도로 내려 보냈다.

학봉종택 대문 오른쪽에는 고경명 의병대장 13대 후손의 기념식수 표지석이 서 있다. 어떤 인연이 있어 세웠을까?

의병장 고경명이 60살(1592)에 둘째 아들과 함께 왜적을 물리치려 금산으로 가면서 16살의 막내아들 고용후에게 말하였다.

"너는 어머니를 모시고 경상도 안동 금계촌의 김성일 선생 댁을 찾아가서 난을 피하라. 그 집은 의리가 있는 집이니 난리 중에도 너희들을 그냥 죽게 버려두지는 않을 것이다."

고용후는 50여 명의 가족들과 함께 안동으로 김성일의 집을 찾아가 함께 살았다. 난리 중이라 먹을 것도 변변찮았지만 같이 죽을 먹고 산나물을 먹으면서 고생을 함께했다. 안동 김성일의 집에서 4년 동안 피난하였던 고용후는 가족들과 함께 광주 제봉산 아래로 돌아왔고, 선조 38년(1605) 과거에 합격하여 벼슬이 높아져 종3품 안동부사가 되어 내려와 김성일의 부인과 큰아들들에게 큰절을 올렸다.

"두 분의 은혜가 없었다면 오늘 같이 경사스런 날이 있었겠습니까?"

안동부사 고용후는 두 분을 위해 성성을 다하여 잔칫상을 올렸다. 지금부터 약 400년 전 영남과 호남의 선비들이 보여 주었던 아름다운 이야기인 것이다.

안동 서후면의 학봉종택을 들어서면 사랑채에는 마음이 넓고 쾌활하며 시원스러운 인품을 지녔다는 광풍제월光風霽月, 글을 널리 배우고 예로써 행동하면 도에 어긋나지 않는 참된 깨달음이라는 박약진전博約眞詮, 문충공 김성일 집이라는 문충고가文忠古家, 아름다움이 가득한 집이라는 풍화설월산관風花雪月山館 현판을 걸었다. 별채에는 착한 일을 보면 천둥 번개처럼 빠르게 실천하고, 허물이 있으면 바람에 날려 보내 세상의 풍속을 아름답게 바꾼다는 풍뢰헌風雷軒 현판과, 유물전시관에는 은하수가 밤하늘에 아름답게 펼쳐져있다는 운장각雲章閣 현판을 걸었다.

>> 안동 학봉종택

窒慾如塡壑 懲忿如摧山 질욕여전학 징분여최산

욕심내는 것 막기를 산골짜기 메우듯 꾸준히 하고
화내는 것 다스리기를 산을 무너뜨리듯 빠르게 하라. - 주희

퇴계 선생 태실

– 안동 진성이씨온혜공파 종택

오늘은 퇴계태실을 찾아 안동 도산면으로 들어간다. 우리 동아리가 안동 땅에 들어서면 지겹도록 말하고 들으면서도 낄낄거리고 웃는 이야기가 하나 있다. 오늘도 홍보대사가 이야기를 시작한다.

"형님들, 국수와 국시가 무엇이 다른 줄 알아요?"

"국수와 국시가 다른가?"

"그럼요, 밀가루로 만들면 국수구요, 밀가리로 만들면 국시랍니다."

"밀가루와 밀가리는 어떻게 다른데?"

"밀가루는 봉지에 넣어 팔구요, 밀가리는 봉다리에 넣어서 팔지요."

"그럼 봉지와 봉다리가 다르다고?"

"그럼요, 봉지는 가게에서 팔구요, 봉다리는 전빵에서 팔아요."

"가게와 전빵이 다르나?"

"가게에는 아주머니가 물건을 팔고 전빵에는 아지메가 물건을 팔아요. 형님들 전빵에 한 번도 안 가보셨구나? 이참에 전빵에 가서서 음료수 좀 사주세요."

아주 신바람이 나서 입에서 침까지 팍팍 튀겨가며 이야기를 하니, 또 한 바탕 웃음바다가 되었다.

　홍보대사는 2017년 가을에 일간신문 두 곳과 소년신문 한 곳에서 문화재 동아리 취재를 하며 기사를 낼 때 중간에서 사진 촬영하는 일 등 어려운 일을 도맡아 하였고 인터뷰 중 '몽둥이찜질(?)' 당한 이야기가 기사화되어 화제를 모았다.

　"형님들은 다들 다녀간 곳인데 나는 못 가봤잖아요. 그래서 시간을 내서 혼자 갔었지요. 주차장에 차를 세우고 절집에 올라가 사진 촬영을 허락을 받으려고 스님을 찾았는데 인기척이 없어서 아무도 안 계신 줄 알았지요. 지정 받은 문화재도 많던데요. 그래서 동굴 속에 모신 석불좌상을 보고, 법당 옆에 새긴 마애불상을 살피고 있었지요. 마애불상이 머리와 어깨 윤곽은 제법 뚜렷하지만 앉은 형태는 희미해서 정신없이 들여다보고 있는데, 고함소리와 함께 등이 뜨끔하잖아요. 아야! 소리를 지르며 깜짝 놀라 돌아보니 보살님이 지팡이를 또 휘두르기에 얼른 피하고 살살 빌며 급히 절집을 내려 왔어요. 아마 물건을 훔치러 온 도둑으로 알았나 봐요."

　봉은장로가 한마디 거든다.

　"도둑맞지 뭐, 얼마나 많은 문화재를 카메라에 담아서 집에 가져가는데. 당신 집에 가면 대한민국 문화재가 컴퓨터 속에 가득하잖아?"

　"그건 그렇지요."

　이야기를 듣던 동아리 박물관장이 슬며시 운을 뗀다.

　"우리가 두 번 가봤지만 그 보살님이 어렵게 하시긴 하셨지요. 세 번째 갔을 때는 돌아가셨는지 안 계시고 젊으신 스님이 계시는데 흔쾌히 허락했어요."

천안에 있는 질집을 찾았다가 봉변을 당한 이 이야기는 유명세를 타서 만나는 사람마다 우리에게 몽둥이찜질(?) 당한 이야기를 해달라고 조른다. 이런 일로 인하여 우리는 자연스레 홍보대사로 불렀다.

퇴계태실을 처음 찾던 때가 떠오른다. 대부분의 태실은 독립적인 작은 산봉우리에 있다. 원주에 있는 소선 성종의 딸 태장동왕녀복란태실비도 평지에 있는 것으로 보이나 사실은 태장산이라 불리는 작은 산봉우리였다. 그런데 퇴계태실을 찾고 보니 이황의 할아버지 집 안채에 마당으로 세 면이 쭉 빠져 나온 방이었다. 그리고 퇴계선생태실退溪先生胎室이라 현판을 달아 퇴계 선생이 태어난 방이라는 것을 알리고 있다. 태실은 일반적으로 태를 담아 좋은 자리에 묻은 것으로 알았고 그것을 예상하고 찾은 곳이었다. 그런데 태실은 아기를 낳는 방이란 넓은 뜻으로도 쓰이며 옛 종가들을 이런 집을 따로 갖추고 있었던 것이다.

진성이씨 퇴계 이황 선생은 젊어서 주역이 너무 재미있어서 밥 먹고 잠자는 것을 잊고 공부를 하다가 건강을 해쳐 평생 동안 병치레를 하며 살았다. 34살(1533)에 문과에 합격하여 종9품 승문원 부정자로 벼슬을 시작하였는데 부정자는 서적이나 문장을 다듬는 일을 하였다. 37살(1537)에 어머니가 돌아가시자 삼년상을 치르고, 낙동강 토계에 양진암養眞庵을 짓고 독서에 열심이었다. 48살(1548)에 충청도 단양군수가 되었다가 경상도 풍기로 옮겼으며 주세붕이 세운 백운동서원을 발전시켜 명종 임금에게 소수서원이라는 현판을 받도록 하였다. 성균관 대사성에 오르고 도산서당을 지어 많은 제자들을 가르쳤다. 이황이 세상을 떠나자 그의 제자들은 도산서당 뒤에 도산서원陶山書院을 지어 제사를 모셨다.

광해군 2년(1610)에 이황을 문묘에 모셨다. 이는 공자와 안자, 증자, 맹자, 주자 등과 함께 이황을 제사에 모시는 것으로 우리나라 유학자 최고의 영예에 올랐다. 이때 정치세력의 중심에 있던 정인홍, 이이첨 등 북인北人은 학문적으로 조식의 제자들이었다. 그런데 조식은 노자의 사상을 존중하며 한번도 벼슬을 하지 않았기에 유학의 정통성을 인정받지 못하였다. 그러자 정인홍 등이 43살부터 이황이 벼슬을 내리면 사직하고, 또 벼슬을 내리면 사직하기를 반복한 것은 노자의 사상과 같다고 공격하였다. 그러므로 이언적과 이황의 위패를 문묘에서 내칠 것을 주장하자, 성균관의 유생과 전국의 성리학자들의 성난 벌떼처럼 일어나 반대하였는데 이를 '회퇴변척晦退辨斥'이라 하였다.

이 글을 쓰면서 이황과 관련된 주련을 찾으려 노력했으나 찾을 수 없었다. 성리학에 끼친 공로가 지대하므로 주련 없이도 쓰고 싶었다. 그래서 노송정의 현판을 찾다보니 2013년 1월 한겨울에 촬영한 노송정 사진에 난간을 새로 수리한 것과 함께 주련을 걸은 것이 보였다. 그래서 최근에 이곳을 다시 들렀다.

산남락민山南洛閩 현판에서 낙읍은 정호 · 정이 형제가 살던 곳이고 민중은 주자가 살던 곳으로 소백산 남쪽의 정호 · 정이, 주자와 같이 학문을 이룬 곳이라는 뜻이다. 해동추로海東鄒魯 현판은 노나라에서는 공자가 태어났고 추나라에서 맹자가 태어나 학문적 위엄을 쌓은 것처럼 조선에서 학문적 업적이 버금가는 이황이 태어난 곳이라는 뜻이다. 또 아무도 없는 방안에 혼자 앉아 있어도 양심에 부끄러움이 없도록 하라는 옥루무괴屋漏無愧는 성리학자로서 철저하게 실천하는 모습을 보여 주고 있다. 퇴계의 어머니 박씨 태몽에 공자가 제자들과 함께 집으로 들어오는 꿈을 꾸었다 하

안동 노송정종택 사랑채 현판(위로부터 산남낙민, 해동추로, 옥루무괴)

여 성임문聖臨門이라 하였다.

주련은 노송정에 걸린 현판에서 취한 것으로 노송정 이계양이 청량산 용수사에서 공부하고 있는 두 아들 식과 우에게 보낸 글로 공부는 힘든 일이지만 꼭 이루어야하는 당위성과 효의 근본임을 가르치고 있다. 이계양은 이황의 할아버지이고 아들 식은 이황의 아버지이다. 퇴계태실은 진성이씨 온혜공파종택으로 2018년 이름이 바뀌고 국가민속문화재로 지정되었다.

>> 안동 진성이씨온혜공파 종택

節序駸駸歲暮天 雪山深擁寺門前 절서침침세모천 설산심옹사문진
念渠苦業寒窓下 淸夢時時到榻邊 염거고업한창하 청몽시시도탑변
年將七十世爺孃 日日隣渠望立揚 연장칠십세야양 일일린거망입양
莫嘆如今勤苦業 定知他日孝無疆 막탄여금근고업 정지타일효무강

계절이 빨리 흐르니 벌써 새해가 가깝구나.

깊은 산 절집 문 앞에 눈이 엄청 쌓였겠지?

추운 절집에서 공부하는 너희들을 생각하니

꿈속에서도 때때로 너희 곁은 찾아가는구나.

나이 칠십에 이르는 아버지와 어머니는

날마다 이웃과 함께 장원급제를 바라는구나.

너희가 열심히 공부하는 것을 힘들다 하지마라

먼 훗날 끊임없이 효도하게 됨을 알게 될 것이다.

퇴계 선생 태실 현판

독립운동 5대 가문

- 안동 백하구려

　백두산 기슭의 오두막집이라는 뜻의 백하구려白下舊廬를 찾아 안동 임하면으로 간다. 의성김씨 김대락 선생은 김동삼, 이상룡 등과 함께 민족교육을 위해 노력하였다. 김대락은 66살(1910)에 일본이 강제로 조선을 빼앗자 한겨울에 만삭의 임산부 손자며느리와 손녀딸까지 데리고 만주로 건너가며 눈밭에서 아기를 낳았으니 그 고통을 말해 무엇하랴. 김대락은 일제 식민지에서 증손자들이 태어나면 어쩔 수 없이 일본 백성이 되기 때문에 며느리와 손녀딸을 데리고 간 것이다. 신흥무관학교를 세울 때 모든 재산과 집까지 팔아 사용하였고 1990년 건국훈장 애족장을 내렸다.

　의성김씨 일송 김동삼 선생은 35살(1910)에 나라를 빼앗기자 독립운동을 위해 간도로 건너가 그곳에서 만주지역 독립운동의 주도적 역할을 하였다. 56살(1931)에 일제 경찰에 체포되어 서대문형무소에서 62살(1937)에 순국하였다.

　고성이씨 석주 이상룡 선생은 54살(1911)에 간도로 건너가 신흥무관학교를 세웠다. 서로군정서를 통해 독립군을 기르는데 노력하고 68살(1925)

에 대한민국 임시정부 초대 국무령을 맡았다. 안동 임청각臨淸閣과 모든 재산을 팔아 독립운동 자금으로 사용하였으며 3대에 걸쳐 독립운동을 한 유명한 집안이다.

김해허씨 왕산 허위 선생은 53살(1907)에 일제가 고종황제를 강제로 물러나게 하자 이듬해 경기도 연천에서 의병을 일으켜 의병총대장이 되어 일제의 통감부를 점령하고자 서울의 청량리까지 들어왔으나 뜻을 이루지 못하고 양평에서 체포되었다.

허위는 '나는 한국인이므로 일본인의 재판에 응할 수 없다.'며 재판을 거부하였다. 허위 집안에서는 전 재산인 논과 밭을 팔아 독립운동 자금으로 사용하였고 그 일가와 후손들도 만주로 건너 독립운동에 몸을 바쳤다. 대구 달성공원에 순국 기념비가 있고 서울 청량리에서 동대문까지의 도로를

허위를 기념하여 왕산로(旺山路)라 부른다. 1962년 건국훈장 대한민국장이 내렸다.

우리나라의 독립을 위해 집안의 모든 것을 남김없이 다 바치고 희생한 독립운동 5대 가문이 있다. 이토 히로부미를 사살한 안중근 가문(安重根 家門)이 독립유공자로 15명이 훈장을 받았고, 전국의병연합부대 군사장 왕산 허위 가문(許蔿 家門)은 독립유공자로 14명이 훈장을 받았다. 대한민국 초대 부통령 이시영 가문(李始榮 家門)은 10명이 독립유공자 훈장을 받았고 대한민국 임시정부 국무령 석주 이상용 가문(李相龍 家門)은 9명이 독립유공자 훈장을 받았으며, 대한통의부 위원장 일송 김동삼 가문(金東三 家門)은 5명이 독립유공자 훈장을 받았다. 이러한 가문들의 피와 땀과 눈물이 오늘날 대한민국으로 발전하는 데 큰 밑거름이 되었다는 것을 우리는 가슴속에 꼭 간직하여야 할 것이다.

>> 안동 백하구려

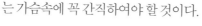
風暖柳常綠 春晴花更濃 풍난류상록 춘청화경농

明理則合天 孝友人間春 명리직합천 효우인간춘

바람이 따뜻하니 버들 잎 항상 푸르고
맑은 봄을 맞으니 꽃이 더욱 아름답구나.
도리를 알면 자연의 이치와 함께하고,
효도와 우애는 사람들에게 봄과 같다네.

안동 백하구려

마을 약속

- 성주 월회당

경상도 성주 벽진면의 월회당月會堂 이야기를 꺼낸다. 남전향약藍田鄕約은 송나라 때 섬서성 남전현에서 여씨 형제들이 약속하고 실천한 것으로 여씨향약이라고도 한다.

성산여씨 여희림은 58살(1538)에 정5품 지평 벼슬을 하였고 성주 수촌리의 젊은이들에게 여씨향약을 교육하기 위해 한 달에 한 번씩 모여 향약 공부를 한다는 월회당을 세웠다. 여씨향약은 네 가지 약속으로 어질고 착한 일을 권하고, 허물과 그른 일을 경계하며, 예의바른 풍속으로 사귀고, 근심스럽고 어려울 때 도우라는 덕업상권德業相勸, 과실상규過失相規, 예속상교禮俗相交, 환난상휼患難相恤이다.

여희림은 여씨향약을 발전시켜 고장 이름을 따 수촌향약樹村鄕約이라 하고 다섯 번째 약속으로 집안에서도 서로 존댓말을 사용한다는 정어상수庭語相守를 더하여 순수한 마을 자치 향약으로 발전시켰다.

주련에 나오는 범중엄은 송나라 관리로서 국립학교를 세워 교육에 앞장서고 개혁정치를 실시한 인물이다. 한번은 아들에게 이웃 고장에 가서 보

성주 월회당

리 거둔 것을 배로 싣고 오라 하였다. 그런데 아들은 돌아오는 길에 친구를 만나 어머니가 돌아가셨는데도 가난하여 장례도 치르지 못하고 있다는 딱한 사정을 듣게 되었다. 그러자 아들은 보리 오백 섬을 실은 배를 친구에게 주고 집으로 돌아와 아버지에게 말씀드렸다.

"돌아오는 길에 친구를 만나 딱한 사정을 듣고 보리를 주고 왔습니다."

"친구에게 보리와 배를 모두 주었니?"

"네, 그리하였습니다."

"참 잘하였구나."

범중엄은 '누구보다도 먼저 걱정하고, 나중에 즐긴다.'는 생각을 실천하였다. 노천은 소동파의 아버지 소순을 가리킨다.

>> 성주 월회당

奉先祖遵晦庵家禮 立宗規用藍田鄕約
봉선조준회암가례 입종규용람전향약

叙昭穆講老泉譜設 敎子孫倣玉山義學
서소목강로천보설 교자손방옥산의학

有田宅依吳州置庄 接賓客誦周詩伐木
유전택의오주치장 접빈객송주시벌목

雖原無事壹月一會 念玆有初以燕以翼
수원무사일월일회 염자유초이연이익

주자의 예법에 따라 조상을 모시고 따르며

남전 여씨가 만든 약속으로 집안을 일으켜라.

소로천이 말한 순서에 따라 조상을 사당에 모시고

남전 동쪽에 사는 옥산사람들의 자식 교육을 본받도록 하라.

논밭과 집을 마련하되 '범중엄'처럼 어려운 사람을 돕고

귀한 사람들이 찾아오도록 고운 말로 손님을 맞이하라.

비록 일이 없어도 한 달에 한 번씩 모이며

자식들이 편안하게 살도록 한 할아버지의 뜻을 간직하라

庭語相守	患難相恤	禮俗相交	過失相規	德業相勸	樹村鄕約

성주 월회당 수촌향약

만권당, 그 다음은?

— 대구 남평문씨 수백당

인수문고, 그리고 또 다음 세기를 준비하는 만권당, 남평문씨가 모여 사는 대구 달성 인흥마을을 찾아간다. 1840년을 전후해 현재의 자리로 이사한 이곳은 3층 석탑이 한쪽에 남아 있어 예전에 인흥사 절집이 있었음을 알려준다. 남평문씨 문영박 선생은 1910년 광거당을 짓고 책을 모으기 위해 많은 사람들의 도움으로 도서목록을 만들어 조직적이고 계획적으로 귀한 책을 중국에서 사왔다. 중국에서 구입한 책은 여객선을 통해 목포로 들여왔다. 그러면 목포에서부터 소달구지를 통해 대구까지 보름에 걸쳐 운반하곤 하였다. 전 재산을 들여 사온 다양한 분야의 책들은 얼추 2만여 권에 이르며 많은 사람들이 광거당廣居堂에 머물며 편안하게 책을 볼 수 있었다. 수백당守白堂에 들어서니 마침 어르신이 나와 계셨는데 카메라를 멘 나를 보고 말씀하신다.

"대문의 거북이를 찍어, 거북이 참 좋아"

"어르신, 대문채에 빗장을 지른 거북이 말씀이지요?"

"그럼, 그렇지, 조각이 우리나라 최고야"

"예, 어르신, 저번에도 촬영했는데 등껍질 문양이 정말 좋아요. 수컷 등껍질에는 하늘을 뜻하는 건괘를 새기고 암컷 등껍질에는 땅을 뜻하는 곤괘를 새겼지요."

"저번에도 왔었나?"

"예, 이번이 다섯 번째이기는 하나 어르신 뵙기는 오늘이 처음입니다. 여기 화단에 있는 머릿돌은 대청마루에 문인석과 관련이 있나요?"

"그렇지, 그리고 사백루와 이청각은 문징명 글씨야. 현판도 잘 썼어."

"문징명은 명나라 사람이지요?"

"그럼, 뒤에 가면 김정희가 쓴 쾌활快活도 있어. 글씨 좋지."

"네, 전에 촬영한 것이 있어서 집에서 여러 번 보았습니다. 그런데 중곡서고는 어르신이 모으시는 책인가요?"

"내가 책을 모으고 있지. 인수문고는 20세기까지의 책을 중심으로 모은 것이라면, 내가 모으는 책은 인수문고 이후의 책들이지. 21세기의 또 다른 만권당萬卷堂을 꿈꾸고 있는데 어렵지 어려워. 똑똑한 후손이 나올라나 모르겠어."

어르신의 마지막 말씀이 수백당 대문에 비치는 저녁노을과 어울려 어딘지 모르게 쓸쓸함이 묻어난다. 일제강점기 당시 만여 권의 책을 소장하고 있던 이곳은 안동 도산서원과 진주유씨 안산 청문당, 고흥유씨 고창 현곡정사와 함께 조선의 4대 만권당이라 불리었다.

오랫동안 마루 밑에 누워 있던 비가 80여 년 만에 햇빛을 보았다. 문수봉 선생 영박송덕비가 그것이다. 수백당 정원 오른쪽 담 밑에 세우고 작은 돌에 글을 해석하였다.

대구 남평문씨 광거당

의로움으로써 이익을 얻고자 하는 것은 참된 의로움이 아니며

어짐으로 명예를 구하는 것은 참된 어짐이 아니다.

일을 꾸미지도, 바라지도 않으면서 어짐과 의로움 실천하니

이 분이 바로 만권당 주인이 아니겠는가?

　문영박은 3·1 운동 이후 전국을 다니며 독립운동 자금을 모아 대한민국 임시정부에 보냈다. 그가 1930년 세상을 떠나자 대한민국 임시정부에서 죽음을 슬퍼하는 글을 보내 위로하였다.

　'우리가 대한민국 임시정부를 세운지 13년이 지났는데 아직도 독립을 이루지 못한 것은 일제가 총칼로 억눌러서 우리를 꼼짝도 못하게 했기 때문이다. 대한민국 임시정부가 세워진 것은 동양의 평화를 새롭게 하고 나

수백당과 광거당에 걸린 현판들

아가 세계 평화를 유지하려 함이다. 돌아가신 분은 임시정부에 많은 돈을 보내 주어 자주 독립을 이루는데 큰 도움이 된 것에 감사드린다.'

대한민국 정부는 문영박 선생에게 1990년 건국훈장 애국장을 드렸다.

청렴결백을 지키는 수백당에는 현판이 많다. 뜻을 높이 받들어 길이 전하는 경유당敬遺堂, 청렴결백을 생각하는 사백루思白樓, 예절, 음악, 글씨, 시, 주역, 춘추의 학문을 뜻하는 유예문遊藝門, 삶이 즐거운 쾌활快活, 마루를 거닐며 청렴을 체득하는 이청각履淸閣 등이 있고 정원에 언제나 당당하며 변치 않고 빛나는 이광원彛光園 표석이 있다.

대구 남평문씨 수백당 주련

　마음이 어질어 넓은 집에 머무는 광거당에는 수석과 묵은 이끼와 연못으로 이루어진 집 수석노태지관濤石老苔池館, 집 주인의 덕행이 고상함을 칭송하는 고산경행루高山景行樓, 게으르지 않고 학문에 열중하는 불권재不倦齋, 가까이 맞는 이친료邇親寮 등이 있고 광거당을 세우기 전 집 이름 용호재龍湖齋 현판도 있다. 수백당의 사백루 아래에는 한 쌍의 문인석文人石이 누워 있다. 문영박이 당신의 묘에 아무것도 세우지 말라는 유언을 하자 미리 준비했던 문인석을 마루 아래 두었고 비 머릿돌은 화단에 두어 그 뜻을 기리는 것이다.

>> 남평문씨 수백당

元公肇始斯仁著 亨道爲通庶類蕃　원공조시사인저 형도위통서류번

物興俱生皆有得 德雖至大不踰閒　물흥구생개유득 덕수지대불유한

수봉 문영박 어르신이 어짊을 펴기 시작하여

도를 뜻대로 이루어 퍼뜨리니 모든 것이 번성하네.

만물을 일으켜 두루 생명을 갖추니 모두가 만족하고

덕은 제일 크다 하나 선비의 한가로움 못 이기는구나.

>> 광거당

洞天窈窕挾一壑而登臨　동천요조협일학이등림

壁藏光明遡千秋於襟抱　벽장광명소천추어금포

樂飛潛之各得上下周流　낙비잠지각득상하주류

觀造化之無窮盈虛來往　관조화지무궁영허내왕

경치 좋고 아늑한 곳에 머물며

깊은 골을 오르내리지만

집안에 감춘 밝은 빛은

영원히 드러나지 않는 기상이라.

하늘을 나는 새와 헤엄치는 물고기는

두루두루 통합을 즐기며

세상 모든 것들이 끝없이

채우고 또 비워지는 것을 보네.

소학동자

- 대구 이로정

    대구 달성군 구지면의 이로정에서 한훤당 김굉필 선생의 흔적을 찾아볼 수 있다. 서흥김씨 김굉필은 41살(1494)에 경상도관찰사 이극균의 추천으로 정6품 형조좌랑이 되었으나 김종직의 제자라는 이유로 평안도 희천으로 귀양을 갔는데 이를 무오사화라고 한다. 김굉필이 관직에 오를 수 있었던 것은 조광조가 실시한 현량과賢良科의 한 방법이었던 것이었다. 김굉필은 희천에서 그를 찾아온 조광조에게 학문을 가르쳐 조선 유학을 잇는 김굉필, 조광조, 이이로 이어지는 기호학파의 맥을 이루었다. 그는 소학을 행동의 바탕으로 하여야 사서삼경을 이해하고 학문을 이룰 수 있다고 주장하였다. 소학小學은 송나라 유자징이 쓴 어린이들을 가르치는 책으로 도덕과 예절을 중히 여겨 충신, 효자 등의 좋은 이야기를 모은 것이다.

    51살(1504) 때, 연산군의 어머니 윤씨가 품위 없는 행동을 자주 한다고 하여 사약을 내린 사건을 연산군이 알게 되자 이와 관련된 많은 사람들을 죽이거나 멀리 귀양 보냈다. 김굉필도 전라도 순천으로 귀양지를 옮겼다가 사약 내리는 일에 찬성하였다 하여 죽임을 당하였다. 그가 귀양살이를 하던 순천에 옥천서원을 세워 제사를 올리고 있다. 갑자년(1504)에 많은 선비들의 죄를 물어 내친 이 사건을 갑자사화라 하였다.

중종 때 학문과 덕행이 높은 김굉필과 정몽주를 문묘文廟에 모셔야 한다는 논의가 있었다.

"우리나라에는 유학을 배우는 사람이 매우 드물었는데 고려 말에 정몽주가 유학을 배워 많은 사람들이 함께 연구하였다. 조선에서는 선비들이 유학을 학문으로만 배우고 실천하는 일에 소홀하여 발전이 더뎠다. 김종직에게 유학을 배운 김굉필은 송나라 유학자들의 가르침을 따르고 실천함에 있어서 정이·정호, 주자와 조금도 다름이 없었다. 김굉필은 유학의 바른 이치를 연구하여 실천한 공이 매우 크고, 그를 공경하는 선비들이 큰 무리를 이루고 있다. 그들 중에는 김굉필의 학문을 본받아 유학의 발전에 공을 세운 자도 여럿 있을 것이니 문묘에 함께 모셔야 한다."

마침내 광해군 2년(1610)에 김굉필을 문묘에 모셨으니, 이는 공자와 안자, 증자, 맹자, 주자 등과 함께 제사에 모시는 것으로 유학자 최고의 영예라 할 만하다.

하동정씨 일두 정여창 선생은 효성이 지극하여 어머니가 전염병에 걸리자 자신도 병에 걸릴 것을 알면서도 정성을 다해 돌보았다. 그러던 중 어머니가 돌아가시자 삼년상을 지내고 악양정에서 많은 공부를 하였다. 41살(1490)에 문과 시험에 합격하여 연산군의 스승이 되었고, 종6품 벼슬 안음현감으로 백성들이 평안하게 잘 다스렸다. 안음현감으로 있으면서 우수한 학생들을 모아 글을 가르쳤고 봄과 가을에는 고장의 어르신을 모시고 경로잔치를 열었다. 49살(1498)에 무오사화에 관련되어 함경도 종성에서 귀양살이를 하며 6년 동안 선비들을 가르치다 세상을 떠났다. 갑자년(1504)

김굉필 선생과 정여창 선생이 공부했던 이로정

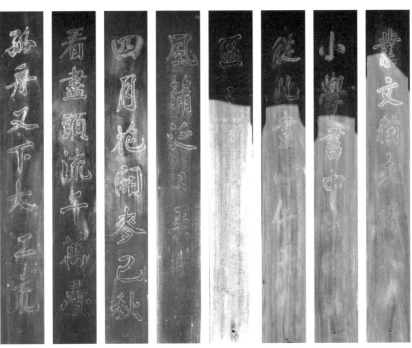

이로정 주련

에는 연산군 어머니 윤씨에게 사약을 내리는 일에 찬성하였다 하여 정여창의 무덤을 파헤치고 목을 베었다.

정여창은 유학의 어짐과 예절 등을 가르치는 논어의 해석에 뛰어났고 사물을 이해하는 방법을 깊이 연구하여 성리학을 철학의 영역으로 넓혔다. 그는 몸가짐을 늘 단정히 하며 섬기는 자세로 학문하는 '성경誠敬'을 삶의 바탕으로 하였다. 그래서 많은 선비들이 그를 존경하고 따르니 정여창을 광해군 2년(1610)에 문묘에 모셨다.

이로정(二老亭은 존경하는 두 분의 큰 스승이라는 뜻으로 김굉필과 정여창이 학문을 즐기던 곳이다. 북두칠성의 밝은 별을 뜻하는 개양문開陽門을 들어서면 이로정과 나란히 제일강산第一江山 현판을 걸었다. 4월에 낙동강 옆 이로정을 찾아가면, 물풀 사이로 강을 오르내리며 산란의 고통에 몸부림치는 잉어의 생동감 넘치는 모습에서 짜릿한 생명력을 느낄 수 있었다. 그런데 요즈음은 물길이 변하여 옛 모습을 볼 수 없으니 이로정을 볼 때마다 마음 한구석이 허전하다. 이로정 주련 일부는 비바람에 훼손이 심해 글씨를 판독하기 어렵다.

>> 대구 이로정

業文猶未識天機 小學書中悟昨非　업문유미직천기 소학서중오작비
從此盡心供子職 區區何用羨輕肥　종자진심공자직 구구하용선경비
風蒲獵獵弄輕柔 四月花開麥已秋　풍포렵렵농경유 사월화개맥이추
看盡頭流千萬疊 孤舟又下大江流　간진두류천만첩 고주우하대강류

학문에서는 하늘의 뜻을 알지 못했는데

소학에서 지난날의 잘못을 깨달았구나.

이제 마음을 다해 자식 된 도리 다하니

좋은 옷과 살찐 말을 어찌 부러워하겠는가? - 김굉필

물 위 부들 잎은 바람 따라 흔들리고

4월의 화개 고을은 보리가 다 익있구나.

두류산 천만 봉을 두루 다 돌아보고

배는 또 섬진강을 따라 홀로 내려가네. - 정여창

왕을 대신한 죽음

>> 대구 신숭겸 장군 유적지

견훤이 신라의 경주를 공격해 경애왕을 죽이고 갖은 행패를 부리며 경순왕을 임금으로 삼고 물러갔다. 이 소식을 들은 고려 태조는 5천여 군사와 함께 달려가 대구 팔공산 동화사 인근에서 견훤의 후백제군과 맞서 싸우다 겹겹이 포위되어 위급한 상황이 되었다. 함께 있던 신숭겸 대장군이 임금에게 다급하게 말했다.

"전하, 견훤의 군사에 포위되어 앞이 보이지 않습니다."

"어떻게 하면 좋겠소?"

"전하, 제가 대왕의 갑옷을 입고서 견훤의 군사들을 한쪽으로 유인하겠습니다. 그러는 동안 병사들의 옷을 입고 이곳을 빠져 나가 후일을 도모하셔야 합니다."

"짐은 신숭겸 대장군의 공을 꼭 보답하리다."

신숭겸이 태조의 갑옷을 입고 백마를 타고 군사를 지휘하자 후백제군이 집중 공격을 하여 장렬히 전사하였고 그의 머리는 후백제군이 베어갔다. 그러는 사이에 고려 태조 왕건은 병졸의 옷으로 바꿔 입고 숨어 있다가 포위를 뚫고 탈출에 성공하였다.

고려 태조 왕건은 전투가 끝난 후 신숭겸의 시신을 찾았으나 머리가 없으므로 이를 안타깝게 여겨 황금으로 머리를 만들어 장례를 치르도록 하였다. 지금도 춘천시 서면 방동리에는 도굴을 막기 위해 봉분을 셋으로 만든 신숭겸의 무덤이 있다. 전하는 말에 의하며 견훤이 고려 태조의 머리가 아닌 것을 알고 버린 것을 장군이 타던 말이 곡성 태안사로 물고 와 스님늘이 수습하여 묻었다는 신숭겸 장군 머리무덤이 있다고 한다.

신숭겸이 고려 태조 왕건을 대신하여 죽은 위왕대사爲王代死는 한나라 유방을 탈출시킨 기신의 동문일사東門一死, 제나라 봉축보가 화천의 물을 떠오게 하여 제나라 경공景公을 탈출시킨 화천지수華泉之水에 견줄 만한 공적이었다.

대구 표충사 전경

대구 동구에 평산신씨 시조 신숭겸 장군이 돌아가신 자리에 피 묻은 갑옷과 피를 머금은 흙을 담아 묻고 돌을 사각형으로 쌓았으며 옆에 순절비를 세웠다. 현종 때 진실한 마음을 드러내 보인다는 뜻으로 표충사表忠祠란 이름을 내렸다. 이곳 지묘동에서 이웃한 평광동에는 공산전투에서 전사한 장군의 공적을 기리는 비를 세웠고 이 비를 기리는 모영재墓影齋가 있다.

>> 대구 표충재

忠義明千古 死生惟一時 충의명천고 사생유일시
文魁詳籍記 武德煥銘鐫 문괴상적기 무덕환명전
一氣貫人天 磅礴山河壯 일기관인천 방박산하장
蒼茫海日懸 창망해일현

충성과 의로움은 오랜 세월 동안 밝고
삶과 죽음은 한 순간의 일이라네. – 고려 예종

문과 장원급제 책에 자세히 기록하고
장군의 덕행도 뛰어나 비에 새겼네.
타고난 기질과 마음은 하늘을 꿰뚫고
씩씩한 기상이 산하에 드높고
바다에 뜬 해는 멀어 아득하구나. – 신기성

>> 대구 모영재

忠義明千古 死生惟一時 충의명천고 사생유일시

표충사 재실 주련

先生節義感人多 頑者廉而隘者和 선생절의감인다 완자렴이애자화
假使當季公不死 半千功業酒如何 가사당계공불사 반천공업내여하
孤忠貫日壯氣成功 고충관일장기성공

충성과 의로움은 오랜 세월 동안 밝고
삶과 죽음은 한 순간의 일이라네. – 고려 예종
선생의 꿋꿋한 태도와 도리는 많은 사람에게 감동을 주었고
완고한 사람을 청렴하게 하고 편협한 사람을 화목하게 하였네.
그 때 신숭겸 장군이 죽지 않았다면
오백년 고려의 번성이 지금과 같을 수 있을까?
외로운 충성은 해를 뚫고 웅장한 기세는 공적을 세웠네.

영천 의병

– 영천 충효재

    영천시 자양면 영천호 옆에 있는 충효재를 찾는다. 영일정씨 정환직 선생은 45살(1888)에 종5품 의금부 도사가 되었다. 의금부 도사는 임금의 명으로 관리들의 잘못된 것을 조사하는 일을 맡아 하였다. 63살(1905)로 중추원의관이 되던 해 일본이 강제로 을사늑약을 맺자 고종황제가 정환직을 불러 비밀 명령을 내렸다. 정환직은 이 명령을 받들어 조선 팔도에서 의병이 일어나도록 각 지역에 사람을 보내 연락하였다. 정환직의 고향에서는 아들 정용기가 산남의진 의병대장으로 활약하였으나 일본군과의 전투에서 전사하였다. 정환직은 아들의 뒤를 이어 산남의진을 지휘하여 영천과 포항, 청송 일대를 중심으로 많은 전공을 세웠다. 산남의진山南義陣은 조령 남쪽의 영남지방에서 일어난 나라를 위하는 마음으로 뭉친 충성스런 의병을 뜻한다. 아버지와 아들의 충성스러움을 기리고자 1923년 검단동에서 충효동으로 이름을 바꾸었고, 1962년 건국훈장 대통령장이 수여되었다.

    호국문護國門을 들어서면 충효재 현판을 중심으로 창렬당彰烈堂과 숭의당崇義堂 현판을 걸었고 뜰 한쪽에 정환직에게 비밀스럽게 명한 짐망화천지수진세비朕望華泉之水傳世碑 글을 돌에 새겼다. 고종 황제가 '화천의 물'을 원한다는 글을 세상 사람들에게 전한다는 글이다. 이는 의병을 일으켜 나라를 되찾고자 하는 고종 황제의 숨은 뜻을 비에 새겨 알린 것이다.

화천의 물에는 다음과 같은 이야기가 전한다. 제나라와 진나라가 전투를 벌이다 제나라가 불리하여 후퇴를 하게 되자 제나라의 봉축보가 숨을 서질게 몰아쉬며 경공頃公에게 말했다.

"임금님! 이러다가 우리 군사들이 모두 다 죽겠습니다."

"그러면 어찌하면 좋으냐?"

"지금은 항복을 하고 다음을 기다려야 하겠습니다."

"그럼 그렇게 하라."

"그러면 저와 옷을 바꿔 입으셔야 합니다."

"그러하마."

"다 입으셨으면 저와 자리를 바꿔 앉고 말고삐를 잡으세요. 그리고 어떻게 하든 이곳을 빠져 나가셔야 합니다."

"내 너의 충성을 잊지 않겠다."

마차가 천천히 달려 화천에 이르자 진나라 장군 한궐이 달려와 임금의 옷을 입은 봉축보를 경공으로 알고 끌어내렸다. 임금의 옷을 입은 봉축보가 말고삐를 잡은 임금 경공에게 표주박을 내밀며 말한다.

"봉축보야, 목이 마르니 물 좀 떠오너라."

고종의 명을 새긴 짐망화천지비

임금 경공이 급하게 표주박에 물을 떠왔다.

"봉축보야, 아무리 급해도 이런 물을 어찌 마시겠느냐? 늦어도 좋으니 화천에 가서 시원한 물을 떠오너라."

표주박을 든 임금 경공은 봉축보의 숨은 뜻을 알고 화천으로 시원한 물을 뜨러 가는 척하면서 그곳에서 달아났다. 한궐에게 잡혀온 봉축보를 본 진나라 임금은 제나라 경공이 아닌 줄 알고 화가 나서 고함을 질렀다.

"너는 누구냐? 이놈을 묶고 목을 베라."

"나는 제나라 재상 봉축보다. 이제까지 자기 임금을 대신해 죽은 신하는 없었다. 그런데 진나라 임금은 나 봉축보를 죽이려 하는가?"

"봉축보는 죽음으로 자신의 임금을 어려움에서 벗어나게 하였는데 내가 그를 죽이는 것은 좋은 일이 아니로구나. 봉축보를 용서하여 신하들의 모범이 되도록 하라."

진나라 임금은 봉축보를 제나라로 돌려보냈다.

주련에 나오는 장원은 오장원五丈原을 의미하며 촉나라 제갈공명이 죽은 곳의 이름이다. 고경은 안고경顏杲卿을 이르는데 당나라 현종의 충신으로 안녹산의 난 때 아우 안진경과 함께 맞서 싸우다 포로로 잡히자 혀가 끊어질 때까지 잘못됨을 꾸짖은 충신이다.

>> 영천 충효재

一家雙節永光春秋 三韓大義匡光靑史
일가쌍절영광춘추 삼한대의광광청사

父爲漢承子爲蜀尙 月暈睢陽星落丈原
부위한승자위촉상 월운휴양성낙장원

영천 충효재

天生忠孝扶綱百世 丑父之忠杲卿之烈

천생충효부강백세 축부지충고향지열

忠孝洞中忠孝齋 後人傳誦史靑鄕

충효동중충효재 후인전송사청향

英靈不死驅風策庭 却腥塵汕日回靑

영령불사구풍책정 각성진산일회청

有是齋其終無國哉 유시재기종무국재

한 집안에 두 분의 절의는 역사에 길이 빛나고

나라를 구하는 큰 뜻이니 역사에 길이 빛나리.

아버지는 한나라를 받들고 아들은 촉나라 받드니

달은 수양산을 물들이고 별은 오장원에 떨어졌네.

하늘이 내린 충성과 효도를 영원히 받들어 잇고

제나라 봉축보의 충성이요, 고경의 위엄이라네.

충효동에 있는 충효재실은

후손들이 고향의 드높은 절개를 칭송하네.

영령들은 죽지 않고 바람과 채찍 몰아 나라 구하니

어지러운 세상을 물리치고 날이 맑아지는구나.

올바른 집이 있으면 끝까지 나라는 있을 것이다.

베트남 이 왕조

– 봉화 충효당

    화산이씨 이장발은 의지가 굳고 부지런하였으며 어머니에 대한 효성이 지극하였다. 19살(1592) 때 임진왜란이 일어나자,

"어머니, 제가 왜적을 물리치고 나라를 지키기 위해 의병이 되어 싸우겠습니다."

"나라를 위한다니 훌륭하구나. 어미 걱정은 조금도 하지 말고 죽을힘을 다해 왜놈을 물리치거라."

    이장발은 의병들과 함께 상주로 달려가 북천에서 왜적과 싸우다 장렬히 전사하였다. 이장발을 모시는 충효당에는 그가 쓴 시가 걸려 있다.

    이장발은 베트남의 이 왕조 후손이다. 베트남 이 왕조는 1226년 트란 왕조에게 권력을 빼앗기자 둘째 왕자 이용상이 배를 타고 바다로 나아가 중국 연안을 거쳐 황해도 옹진군 화산에 살게 되었다. 고려 때 몽골이 침입하자 화산에 성을 쌓고 몽골군을 물리치는 큰 공적을 세워 고려 고종이 황해도 화산 지역을 본관으로 하는 이씨 성을 내렸다.

    베트남 정부에서는 우리나라의 화산이씨 종친들을 초대하여 극진한 대

봉화 충효당

우를 하며 베트남 시민권을 주었고, 주한베트남 대사도 2018년 1월 봉화
군 봉성면의 충효당을 찾아 봉화군과 베트남의 우정을 쌓아가고 있다.

　인근에 있는 경체정景棣亭은 진주강씨 강윤 삼형제의 우애가 돈독함을
기리기 위해 지었다. 현판의 경체는 꽃이 같은 뿌리에서 자라 울긋불긋 함
께 잘 어울리는 것이 마치 형제가 환한 얼굴로 서로 대하는 것과 같다는 의
미이다.

　박물관장과 봉은도사 두 분이 답사할 때였다. 박물관장이 담 옆에서 경

채정 현판을 촬영하다가 한 길이 넘는 연못에 뒤로 넘어졌다. 천만다행으로 두어 아름 넘는 돌덩이들이 흘러내린 사이로 떨어져 다치지도 않고 용케 일어설 수 있었다.

"형, 괜찮아!"

"응, 그런데 아직은 모르겠어."

"그런데 카메라는 왜 그렇게 높이 쳐들어?"

"응, 내가 다치면 집사람이 고쳐주지만 카메라가 깨지면 내가 고쳐야 하잖아."

자신의 몸보다 카메라의 안전을 더 걱정하는 이런 미련한 사람들이 있다.

얼마 지나지 않아 경체정 주련 때문에 나랑 또 가야 했다. 지금은 연못 깊이가 낮아졌고 흘러내린 두어 아름의 돌들도 잘 정리가 되어 있었다.

>> 봉화 충효당

百年存社計 六月着戎衣 백년존사계 육월착융의
優國身空死 思親魂獨歸 우국신공사 사친혼독귀

오랜 기간 조선의 번영을 위해
임진년 유월에 군복을 입었네.
나라를 위한 근심에 몸은 헛되이 죽으나
어버이 못 잊어서 혼백만 홀로 돌아오네.

독도는 우리 땅!

- 울진 대풍헌

울진군 기성면에 바다 바람을 기다리는 집 대풍헌待風軒이 있다. 울릉도와 독도를 순찰하고 관리하던 조선의 수토사搜討使가 바다 바람이 불 때를 기다리던 대풍헌은 구산포에 있다. 그러므로 대풍헌은 조선이 19세기에도 울릉도와 독도를 실질적으로 관리하던 조선의 것임을 증명하는 중요한 문화재이다.

한국국학진흥원의 대풍헌과 관련한 글을 보자.

울진의 월송포 만호와 삼척포진 영장이 번갈아 가며 수토관의 직무를 수행하였다. 수토관은 4척의 배에 80여 명을 태우고 울릉도를 향했으며 심마니도 있어 산삼 등 귀한 약초를 채취하였다. 수토관은 울릉도와 독도의 지형과 생태, 그곳에 사는 사람들을 가구별로 남·여와 나이 등을 조사하였으며 가끔씩 왜倭에서 온 고깃배를 내쫓기 위해 일본어 통역관도 함께하였다. 수토관은 약 열흘을 예정으로 다녀왔는데 그중 대풍헌이 있는 구산포에서 오가며 이틀을 머물렀다. 조선 정부에서는 수토관이 구산포에서 머무는 동안 쓰이는 비용을 울진의 아홉 마을에서 마련하라 하였다. 그런데 언제부터인기 약 100냥의 비용을 구신포에서 모두 부담하게 되어 고장 사람들의 민원이 끊이지 않았다. 그러자 평해군수 심능무가 1866년에 70냥을 주어 부담을 덜었고 뒤를 이은 군수 이윤흡은 관청의 토지 15결에서 나오는 곡물을 팔아 30냥을 마련하여 수토관의 비용으로 사용하도록 정했다. 거기에 2년에 한 번씩 울릉도에 가던 수토관 업무가 백성들의 부담이 심하다 하여 고종 때 3년에 한 번씩으로 바뀌었다. 그러니 일 년에 30냥씩 3년이면 90냥이 되어 구산포 백성들의 부담이 획기적으로 줄어든 것이다. 이들 두 군수의 공덕을 기리기 위해 1870년 영세불망을 나무판에 새겨 대풍헌에 걸었다. 그리고 울진의 각 포구에 들어오는 배에서 세금을 걷어 구산포에서 관리하도록 하였다. 두 군수의 보조금과 토지에서 나온 곡식, 각 포구에서 들어오는 배의 세금을 모아 수토관의 비용을 마련한 것이다.

　이러한 사실을 기록한 대풍헌 완문完文, 울릉도와 독도를 자세하게 조사하는 지침을 기록한 수토절목搜討節目, 영원히 잊지 않아야 할 군수의 공적을 기록한 현판인 영세불망지판永世不忘之板, 기성면 구산동의 집이라는 기

울진 대풍헌

성구산동사箕城龜山洞舍 현판 등을 포함하여 대풍헌을 문화재로 지정하였다. 일본이 독도의 영유권을 가지고 생떼를 부리는 이때, 역사적 사실을 증명하는 중요한 문화재인 것이다. 대풍헌의 주련은 한지에 써서 기둥에 붙였다.

>> 울진 대풍헌

紅日難消頭上雪 黃金都是眼前花 홍일난소두상설 황금도시안전화
天生四時春作首 人間五福壽爲先 천생사시춘작수 인간오복수위선
近水樓臺先得月 地作山川草木月 근수루대선득월 지작산천초목월
人備富貴如將得月 自古英雄浪用兵
인비부귀여장득월 자고영웅랑용병

붉은 해도 머리 위의 하얀 눈을 없애기 어렵고
황금도 모두 다 눈앞에 꽃잎 날리듯 사라진다네. – 홍직필

하늘이 네 계절을 내어 봄을 으뜸으로 삼았고
인간의 오복 중에는 오래 삶을 으뜸으로 삼았네.

물에 가까운 누대가 먼저 달빛을 받고
땅이 두터우니 풀과 나무가 잘 자라네.
사람이 재산과 지위를 힘으로써 얻을 수 있다면
예로부터 영웅은 바다 바람을 다룰 줄 알아야 한다네.

호남 하나

전
라
남
도

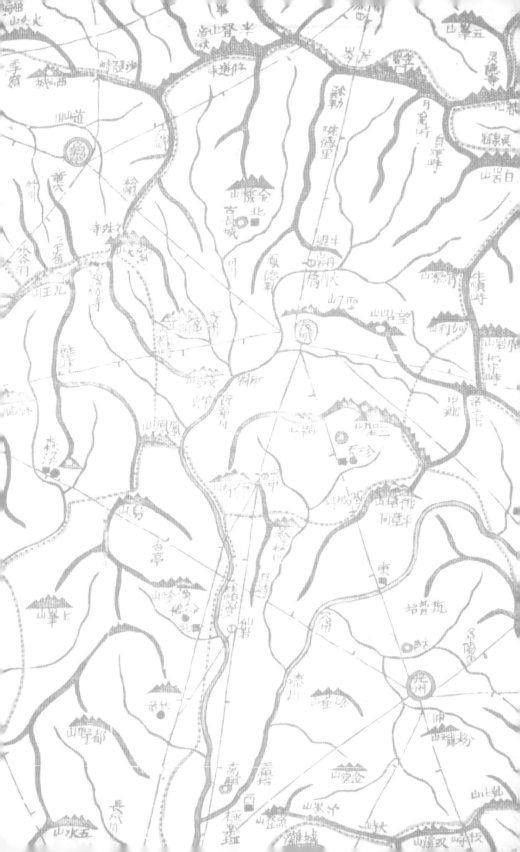

얼음처럼 맑은 달

– 광주 월봉서원 빙월당

　행주기씨 고봉 기대승 선생은 32살(1558)에 과거에 합격하여 종9품 승문원 부정자 벼슬을 하였다. 부정자는 여러 가지 문서나 책의 잘못된 부분을 찾아 바르게 고치는 일을 맡은 관리이다. 기대승은 이황과 8년 동안 편지를 통하여 사단칠정을 주제로 논쟁을 펼친 것으로 유명하다. 사단四端은 측은한 마음, 부끄러운 마음, 겸손한 마음, 옳고 그름을 가리는 마음이다. 칠정四端은 기쁨, 노여움, 슬픔, 두려움, 사랑, 미움, 욕심 등 사람이 가진 일곱 가지 감정으로 서로의 작용에 대한 논쟁이다.

　46살(1572)에 정3품 성균관 대사성에 올랐으나 그해 세상을 떠났다. 선조실록에는 기대승에 대하여 이렇게 쓰고 있다.

　"기대승은 높은 이상을 지니고 있어 일을 처리함에 있어 과감하였으며 좋고 나쁨을 분명히 하였다. 또한 널리 배우되 옛 것을 좋아했으며, 문장도 뛰어나 세상에 드문 인재였다. 그러나 너무 강직하다보니 지나치게 말을 하므로 옛 신하들과 벼슬 높은 사람들에게 미움을 사서 훌륭한 기개를 펴지 못한 것이 매우 안타까운 일이다."

　광주광역시 광산구에 있는 월봉서원을 찾았다. 시냇물을 바라보는 망천
문望川門에 들어서면 빙월당을 마주한다. 빙월당氷月堂은 효종이 고봉에게
내린 제문에서 정금윤옥 수월빙호(精金潤玉 水月氷壺)에서 따왔다. 잘 단
련된 쇠 같고 맑은 옥과 같은 정신과 물속의 달처럼 맑고 투명한 얼음 병과
같은 인품을 지녔다는 의미이다. 경복궁 건청궁 안에 명성황후가 사용하
던 옥호루玉壺樓도 옥으로 만든 호리병 안의 차고 맑은 얼음이란 뜻을 지녔

광주 월봉서원 빙월당

다. 월봉서원은 주련 밑에 한글로 해석한 글을 붙여 찾는 이들이 글을 잘 이
해하고 긍지를 지닐 수 있도록 배려하였다.

　빙월당 주련 중 입실승당入室升堂은 대청에 올라서 방에 들어간다는 뜻
이다. 공자가 제자인 자로의 학문 수준을 '마루에는 올랐으나 아직 방에는
들어오지 못했다.'고 비유한 것으로 학문은 순서에 따라 차근차근 닦아야
유학의 높은 경지에 이를 수 있다는 것이다. 명성재 주련 중 기양명조岐陽鳴

鳥는 주나라의 문왕이 기양에서 나라를 일으켜 백성들이 행복하게 살며 평안해지자 봉황새가 날아와 울었다는 이야기이다. 존성재 주련 중 영평군永平君은 동한東漢의 명明 임금이다. 문왕이 영대를 만들어 하늘의 별자리 등을 살피던 일을 명 임금도 하였다. 벽옹은 주나라 때 세운 대학으로 조선의 성균관과 같다. 서운은 고려 때 천문을 보던 곳으로 조선에서는 관상감이라 하였다. 우리나라에도 경주 첨성대, 창경궁 관천대, 창덕궁 옆에 있는 서울 관상감 관천대가 있어 천문학이 높은 수준으로 발전하였음을 알 수 있다.

>> 광주 빙월당

尋師負級上高庵 揔裏羲光駕走驂 심사부급상고암 창이희광가주참
今若不勤明又此 猪龍他日恨何堪 금약부근명우차 저용타일한하감
三千弟子不爲少 入室升堂有幾人 삼천제자불소위 입실승당유기인
政事文章皆是末 古今唯說德行人 정사문장개시말 고금유설덕행인

책을 지고 스승 찾아 높은 암자 오르니

창문에 비치는 해 그림자 달리는 말과 같네.

오늘 힘쓰지 않으면 내일도 마찬가지

돼지와 용의 다른 날 한탄을 어찌 견디랴

삼천 명의 제자 적은 것이 아니지만

대청에 올라 방에 든 이 몇이나 있을꼬.

정사와 문장 이것 모두가 말단의 공부라

예나 지금이나 오직 덕행 있는 사람을 말하네.

빙월당 주련

>> 명성재

一氣流行天地中 絪緼膠轕何眇綿 일기유행천지중 인온교갈하묘면
善惡感分精侵盪 蒸雲吐氣相縈淀 선악감혜정침탕 증운토기상영선
岐陽鳴鳥久不聞 기양명조구불문

한 기운이 천지 속에 유행하니

엉기고 얽혀 아득하고 멀고나

착함과 나쁨이 서로 만나 정기 움직이니

구름 찌고 기운 토하여 서로 어울린다.

기산의 봉황 울음 오래도록 듣지 못하였네.

>> 존성재

嗚呼此意誰能詮 寥寥僅見永平君 오호차의수능전 요요근견영평군

辟雍禮罷初寅緣 爾來風雨霾且曀 벽옹에파초인연 이래풍우매차예
書雲舊規空存焉 서운구규공존언

아! 이런 뜻을 뉘라서 알겠는가?
적막한 중 겨우 영평 임금을 보았으니
벽옹에서 예절 끝내고 처음 인연 있었네.
근래로는 비바람 어둡고 침침 하였으니
서운관의 옛 규모만 부질없이 남았구나.

>> 장판각

一點靈臺愧不存 向來鸚鵡只能言 일점영대괴불존 향래앵무지능언
如今庶取明誠力 木有深根水有源 여금서취명성력 목유심근수유원

한 점의 마음도 보존치 못함 부끄럽나니
지난날엔 앵무새가 말만 능히 했도다.
이제 거의 밝은 성품의 힘을 취하면
나무엔 깊은 뿌리 물엔 근원 있으리.

금남표해록

- 광주 무양서원

　광주광역시 광산구에 있는 무양서원은《금남표해록》을 쓴 최부를 모신 서원이다. 탐진최씨 최부 선생은 33살(1486)에 과거에 합격하여 정5품 벼슬 홍문관 교리를 거쳐 34살(1487)에 도망간 노비를 잡아오는 일을 맡아 제주도로 건너갔다. 그런데 섣달그믐에 아버지가 돌아가셨다는 소식을 듣고 정월 초하룻날 나주로 돌아오던 중 풍랑을 만나 동중국해를 떠돌다 중국 저장성을 거쳐 조선으로 돌아와《금남표해록錦南漂海錄》을 썼다. 무오사화(1498) 때 김종직과 관련하여 함경도 단천으로 귀양 갔다가 그곳에서 세상을 떠났다.

　1488년 정월 초하루는 비바람에 불고 파도가 심하게 일어 배를 띄울 수 없는 나쁜 날씨였다. 그럼에도 아버지가 돌아가셔서 상복을 입은 최부는 한시라도 빨리 고향으로 돌아가려는 급한 마음으로 강제로 배를 띄웠다. 바다로 나선 최부의 배는 비바람과 파도가 심하게 치는 가운데 더 이상 나갈 수 없자 추자도에 배를 대고 닻을 내려 폭풍이 멈추길 기다렸다. 그런데 그만 세찬 바람과 파도에 닻줄이 끊기고 큰 파도에 휩쓸려 순식간에 먼 바다로 빨려 들어갔다. 배는 세찬 비바람 속에 돛이 부러져 배에 스며드는 물을 퍼내며 간신히 목숨을 부지한 채 망망한 바다를 떠돌게 되었다. 며칠 후, 비바람이 멈추고 파도가 잔잔해지자 배에 탄 사람들을 살펴보니 모두 43명인데, 그중 최부를 보호하기 위해 탄 사람이 36명이나 되었다.

바다에서 고래도 만나고 갈매기를 보며 죽을 고생을 여러 번 겪은 후 마침내 이름 모를 섬에 도착하였다. 물을 마시고 밥을 지으려 할 때 최부가 말했다.

"여러 날 굶었기 때문에 갑자기 밥을 먹는다면 반드시 죽게 될 것이니, 먼저 간장을 마시고 나서 죽을 조금씩 먹어야 한다."

저장성 영파 앞바다에서 도적들을 만났을 때 아랫사람이 말했다.

"상복을 벗고 관복을 입어 조선의 관리로서 위엄을 보여야 합니다. 그래야 우리를 함부로 하지 않을 것입니다."

"바다를 떠돌게 된 것은 하늘이 시킨 일이고, 여러 번 죽을 고비를 넘는 것도 하늘이 시킨 일이다. 부친상을 당한 내가 어찌 거짓으로 행동할 수 있겠는가?"

영파 앞바다에서 식량을 뺏기고 매까지 맞는 수모를 겪으며 우여곡절 끝에 배를 띄울 수 있었다. 그러자 배에 함께 탄 사람들이 말했다.

"뭍에서 제주도로 갈 땐 광주 무등산과 나주 금성산에 제사를 지내고, 제주도에서 뭍으로 나올 땐 이도동의 광양당, 고산리 차귀당, 용담동 내왓당 등에서 제사를 지내고 뱃길을 나섰는데 지금 경차관은 큰소리치며 신을 믿지 않아서 우리가 이렇게 죽을 고생을 하고 있다."

이 이야기를 듣고 여기저기서 불평하며 분위기가 험악해졌다. 다음날, 제법 큰 항구에 닿자 또 아랫사람이 말했다.

광주 무양서원 이택당

"상복을 벗고 관복을 입어 조선의 관리임을 알려야 합니다. 죽음이 코앞인데 무슨 예절을 차립니까? 우선 살고 나서 예절로 장례를 치르더라도 예법에 어긋나지 않을 것입니다."

"상복을 벗고 관복을 입는 것은 부모를 위한 것이 아니다."

낯선 배가 들어오자 저장성 영파 사람들은 '왜구가 쳐들어 왔다'고 관가에 보고했다. 그리고 최부 일행의 목을 베어 상금을 탈 생각으로 그들을 배 안에 가두었다. 최부는 이상한 느낌이 들어 배에서 몰래 나와 명나라 관청을 찾아가 자신이 조선의 관원임을 알리고 이곳에 온 까닭을 설명하며 도와줄 것을 부탁하였다. 최부 일행은 명나라 관청의 도움으로 북경을 목적지로 하여 수천리 길을 이동하게 되었다. 북경으로 가는 길목마다 명나라 관리들은 최부가 상복을 벗지 않고 장례 예절을 지키는 것을 신기하게 보았다. 그래서 가는 곳마다 사람들이 많이 모이자 북경의 자금성에까지 알려져 명나라 영종 황제로부터 선물을 받게 되었다.

명나라 황제가 있는 자금성에 들어가 관리를 만났다.

"황제폐하를 뵙게 되면 큰 상을 내릴 것이니 관복으로 바꾸어 입어야 합니다."

"나는 상복만 겨우 입고 바다로 나와서 다른 옷은 없고 또 상을 당하여 다른 옷을 입는 것도 예절에 맞지 않습니다."

"명나라에서는 상복 차림으로 황제폐하를 뵐 수 없습니다. 그러니 상복을 벗고 황제폐하의 은혜에 보답하며 절해야 합니다."

"조선에서는 부모의 장례는 정성을 다해야 하는데 화려한 옷을 입으면 부모님을 위한 일에 어긋나니 어찌 상복을 벗을 수 있겠습니까?"

"당신이 초상집에 있다면 당신의 아버지가 귀중하지만 지금은 명나라 황제폐하의 은혜를 생각하여야 합니다. 명나라에서는 황제폐하께서 선물을 보내면 초상 중이더라도 반드시 옷을 갈아입고 대궐에 들어와 절하고 나와서 상복을 다시 입습니다. 당신은 여기서 관복을 입고 들어가 절을 하고 다시 이곳에서 상복을 입으면 됩니다."

최부는 어쩔 수 없이 명나라 황실의 예절을 따르게 되었다.

최부 일행은 제주도를 떠나 136일 동안 8,800여 리를 거쳐 무사히 돌아와 조선 선비의 학식과 행동을 명나라 사람들에게 알리고 그들의 풍습을 기록한 책을 쓰니 이것이《금남표해록》인 것이다.

무양사武陽祠는 굳세고 보배로운 햇빛이라는 뜻으로 광주의 옛 이름 무진에서 따온 것이다. 호남지역 향교의 특징은 강당과 사당이 마주하고 있는 것으로 이택당과 무양사가 바로 그러하였다. 이택당以澤堂에는 여택당麗澤堂이란 현판도 걸었는데 여러 개의 못물이 오가며 맑아진다는 뜻으로 친구들과 함께한다는 의미는 같다. 늘 정확하게 하라는 유정유일惟精惟一

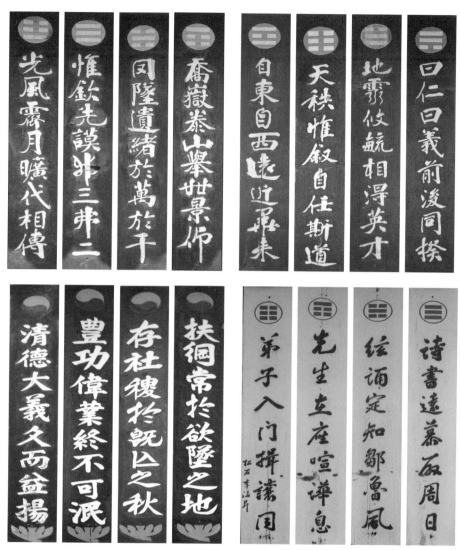

주역의 괘를 새긴 낙호재와 성지재 주련(위)
태극과 주역의 괘를 새긴 무양사와 서원 밖 주련(아래)

과 크고 강하며 마음이 곧은 기운이라는 태화원기泰和元氣 현판도 함께 걸
었다. 끝없이 노력하는 성지재誠之齋에는 형제의 우애가 좋으며 높은 관직
에 오르리라는 자형황률紫荊黃栗과 때를 놓치지 말고 부지런히 공부를 하

라는 급시면학及時勉學 현판을 걸었다. 공부는 즐거운 것이라는 낙호재樂乎齋에는 봄날의 산은 꽃을 피워 멀리 향기를 보낸다는 춘산방화春山芳華와 평상에 앉아 단풍을 구경한다는 노상추수老床秋樹 현판이 있다. 무양서원은 주련 밑에 한글로 해석한 글을 붙여 찾는 이들이 서원을 잘 이해하고 긍지를 지닐 수 있도록 배려하고 있다.

그런데 이곳에는 연꽃을 새긴 돌, 탑의 지붕돌 등을 주춧돌로 사용했는데 아마 절집을 옮겨와 지은 것은 아닐까? 주련 중 장사는 고창군 무장읍의 옛 이름으로 무장현감을 지낸 유희춘으로 해석하였다. 소무는 소무목양蘇武牧羊을 이른다. 오경박사는 시·서·주역·예기·춘추 등 다섯 가지 경전에 능통한 분을 두어 제자를 가르치고 유교를 보급하는 제도였다. 청나라 건륭황제가 지은 시는 모두 34,160여 수로 중국에서 가장 많은 시를 남겼으며 세계적으로도 가장 많은 시를 쓴 사람이라 한다.

무양서원의 동쪽은 앞부분이 사다리꼴 모양과 둥글게 된 뒷부분을 붙이고 둘레에 물길을 파놓은 모양이 허리가 잘록한 장고를 닮았다 하여 장고분이라 이름하였다. 장고분長鼓墳은 둥근 부분에 시신을 모셨으며 영산강 유역과 함평, 해남에도 있다.

>> 광주 무양사

明洞治牧仗義松岳 乙巳網羅皆知宗匠
명동야목장의송악 을사망라개지종장

志邁義農韜跡光山 長沙芬苾大振文風
지매희농도적광산 장사분필대진문풍

扶綱常於欲隆之地 存社稷於旣亡之秋

부강상어욕추지지 존시직어기망지추

豊功偉業終不可泯 淸德大義久而益揚

풍공위업종불가민 청덕대의구이익양

瀋陽抗節蘇武畵圖 海東有光乾隆詩句

심양항절소무화도 해동유광건륭시구

跋涉死地亦能華國 力扶大義竟成仁域

발섭사지역능화국 역부대의경성인역

고려 길재와 이색은 개성에서 선비의 의로움 지켰고

1927년에 누구나 아는 성리학의 스승들을 이곳에 모셨네.

복희와 신농 황제에 뜻을 두니 광산 고을이 자취 감추었고

무장현감 유희춘을 모시니 글을 존중하는 풍습이 퍼지는구나.

도덕이 땅에 떨어진 이때 삼강오륜을 세우고

나라의 존망이 중요할 때 왕실을 굳게 지키네.

넉넉한 공과 큰 업적은 사라 지지 않고

맑고 어진 성품과 큰 의로움은 오래도록 알려진다네.

심양에서 보인 꼿꼿한 태도는 '소무'의 초상을 그렸고

조선에도 빛나는 글 있으니 청나라 건륭황제 시와 같네.

죽음을 밟고 헤치며 다니면서도 조선의 이름을 빛냈고

큰 의로움 세워 어짊을 실천하는 나라로 만들었네.

>> 서원 밖 주련

詩書遠慕殷周日 絃誦定知鄒魯風 시서원모은주일 현송정지추노풍

先生在座呵譁息 弟子入門揖讓同 선생재좌휜화식 제자입문읍양동

시와 글은 멀리 은나라와 주나라의 것을 따르고

악기와 노래 소리는 맹자와 공자가 즐기던 것이라네.

선생님이 계시면 시끄럽게 않게 조용히 하고

학생들이 공부하러 오면 서로 인사하며 도와준다네.

>> 이택당

不顯元精五星南聚 用扶吾道百川東流

비현원정오성남취 용부오도백천동류

采術規模金管銀管 會同朋友南蘭北蘭

채술규모금관은관 회동붕우남란북란

淵源有來洙泗濂洛 講誦無斷禮樂詩書

연원유래수사렴락 강송무단예악시서

크고 맑은 별 다섯이 남쪽으로 모이니 좋은 일이 있고

우리의 유학은 모든 하천이 동쪽으로 흐르듯 함께 한다네.

모아서 쓴 글들은 서로서로 문화가 잘 어울렸고

같은 생각을 한 친구들이 남쪽과 북쪽에서 모여든다네.

유학 근원은 공자로부터 주돈이와 정호, 정이 형제로 이어졌고

예절과 음악, 시와 글씨 등 익히고 외우는 것이 끊임없이 이어지네.

>> 이택당 밖

松寒竹翠四時感觀 山高水長一辭歎詠
송한죽취사시감관 산고수장일사탄영
永世克禋丹心靡懈 俊義相襲靑域以寧
영세극인단심미해 준의상습청역이령

겨울도 변치 않는 대나무와 솔의 푸름을 늘 바라보며
강보다 길고 산보다 높음을 한마디로 감탄하여 노래하네.
정결히 제사 지내는 일은 정성을 다해 어긋나지 않게 하고
뛰어난 인물의 의로움을 이어받아 조선이 평안하게 되었네.

>> 이택당 안

絺帳千秋煤化墨 篝燈弍壁夜數年 치장천추매화묵 구등일벽야수년
三代威儀同此席 五經博士擬前與 삼대위의동차석 오경박사의전여

칡껍질로 짠 도포는 오래되어 먹처럼 검었고
한쪽 벽의 호롱불은 몇 년의 밤을 지냈는가?
하, 은, 주나라의 훌륭한 문화가 함께 하였으니
오경박사들이 이를 본떠 더욱 발전시키는구나.

>> 성지재

曰仁曰義前後同揆 地靈攸毓相得英才
왈인왈의전후동규 지령유육상득영재

天秩惟叙自任斯道 自東自西遠近畢來

천질유서자임사두 자동자서원근필래

어짊과 의로움은 선배와 후배가 지키는 것이고

좋은 땅에서 서로 뜻이 맞는 뛰어난 인재 기르네.

하늘의 질서에 법이 있으니 유학의 도리를 스스로 지켜

동쪽과 서쪽, 가깝고 먼 곳에서 공부하는 사람들이 모인다네.

>> 낙호재

喬嶽泰山擧世景仰 同墜遺緒於萬於千

교악태산거세경앙 동추유서어만어천

惟欽先謨弗三弗二 光風霽月曠代相傳

유흠선모불삼불이 광풍제월광대상전

태산 같이 높은 산처럼 세상 사람들이 존경하고

남겨 주신 배움을 천년만년 동안 함께 전하리.

선생의 가르침을 존경하여 다른 길로 가지 말고

맑은 날 바람과 달처럼 세상에 없으시니 대대로 전하네.

>> 삼오문

天下共由之路 古今同得之理 천하공유지로 고금동득지리

하늘 아래 사람들이 같이 가야 할 길은

예나 지금이나 함께 터득한 도리이라네.

술 취한 노래

- 광주 취가정

빛고을 광주 북구 충효동에 '술 취한 노래' 현판을 건 취가정醉歌亭이 있다. 의병장 김덕령의 이야기다. 광산김씨 충장공 김덕령은 26살(1592)에 임진왜란이 일어나자 형과 함께 고경명 의병부대에 참가하였다.

"우리가 모두 의병으로 나가면 아프신 어머니를 누가 돌보겠는가?"

"막내 덕보가 돌보겠지요."

"덕보에게만 맡겨 놓기가 마음이 놓이지 않는구나."

"그러면 어떻게 하지요?"

"내가 의병으로 나가고 네가 아프신 어머니를 돌보는 것이 어떻겠니?"

"네, 형님 말씀에 따르겠습니다."

그래서 김덕령은 집으로 돌아와 어머니를 모셨다. 27살(1593) 때 어머니가 세상을 떠나 삼년상을 치르는 중 담양부사 이경린과 장성현감 이귀, 매부 김응회의 권유로 담양에서 의병 수천 명을 모아 일어나니 전라도관찰사가 추천하여 의병부대를 충용군, 김덕령을 충용장이라 하였다. 또한 전주에 있던 세자 광해군에게서 나는 호랑이라는 뜻의 익호장군翼虎將軍이

란 이름을 받고, 선조로부터는 달리는 수레에 뛰어오른다는 초승장군超乘
將軍이란 이름을 받았다. 28살(1594) 때 각 지역의 의병을 김덕령의 충용
군에 속하도록 하니 그의 용맹은 더욱 높아졌으며 경상도 고성으로 들어
온 왜적을 물리쳤고, 거제도의 왜적을 공격할 때 앞장서서 큰 공을 세웠다.

30살(1596)이 되던 해 7월 충청도 부여에서 반란을 일으킨 이몽학의 무
리들이 그들의 우두머리가 김덕령이라 거짓말을 하여 선조 앞으로 끌려갔
다. 김덕령은 자신이 이몽학의 반란과 아무런 관련이 없음을 주장하였으
나, 역적의 무리들 말을 믿는 선조가 6차례에 걸쳐 모진 고문을 하였고 그
고문의 결과로 죽었다.

역적의 무리들이 이름난 의병장들을 모함하였는데 이를 진실로 알고 의
병장 볼기를 치고 주리를 틀어 죽이니 '의로움'의 명분을 잃은 의병들은 뿔

뿔이 흩어저 고향으로 돌아갔다. 그리고 이듬해 정유년 왜적이 쳐들어오자 남원을 비롯하여 전주 등 호남지역이 쑥대밭이 되었다. 이때 홀로 된 김덕령의 부인 홍양이씨는 시누이 남편 김응회 가족과 함께 왜적에게 쫓겨 험하디 험한 담양 추월산의 보리암으로 피하다 수십 길 낭떠러지로 몸을 던졌다. 1840년에 담양부사 조철영이 보리암으로 들어가는 아찔한 바윗길의 비탈진 바위 여섯 곳에 걸쳐 '김충장공 딕령 부인홍양이씨 만력정유 왜적순절처 몰후 224년 경자'라고 새겼다.

이곳 추월산 보리암 순절처를 이제야 오른다. 담양호 주차장에서 빤히 올려다 보이니 얼마나 걸리랴 싶어 관리하시는 분께 물으니 넉넉잡아 1시간 30분이란다.

"무슨 시간이 그렇게 걸릴라고? 40분이면 오를 수 있을 거야."

신소리를 하고 걷는데 처음부터 오르막길이 시작되더니 급기야 급경사인 나무 계단을 오르는데, 두어 칸 오르고 숨 돌리고 두어 칸 오르고 숨 돌리길 반복한다. 숨이 턱까지 차고 정신이 하나도 없는데 홍보대사 하는 말이 기막히다.

"아니 형님들은 답사 경력 삼사십 년이라면서 이렇게 힘든 곳만 남겨놨어요? 후배 생고생하라고? 힘 좋고 젊을 때는 승용차로 편한 곳만 다니셨구나."

홍보대사가 웃기에 나도 따라 웃었다. 그러고 보니 근래에 오른 지리산 법계사, 해남 대흥사 북미륵암, 한 여름날의 경주 남산 종주, 짧지만 가파른 괴산 각연사 통일대사승탑 등을 떠올려 보니 그럴 만도 하다는 생각이 들었다.

충장공 김덕령 장군을 기리는 취가정

김덕령은 현종 때 억울함이 풀렸고 숙종 때 정2품 병조판서로 벼슬을 올렸으며 정조 때 충장공이라 시호를 내렸다. 그리고 김덕홍, 김덕령, 김덕보 형제와 부인 흥양이씨 등의 충, 효, 열을 기리기 위해 정려를 내리고 마을 이름을 충효리라 바꾸었다. 광주광역시에서는 가장 번화한 거리를 충장로라 하여 그를 기리고 있다.

충효동에는 나이 400여 살에 키 10미터의 왕버들 세 그루를 천연기념물로 지정하여 보호하고 있다. 세 그루 모두 가슴 높이 둘레가 6미터를 넘어 실제로 보면 엄청난 굵기에 뒤틀린 모습이 괴이하였다. 천연기념물로 지정한 왕버들은 청송 관리 왕버들, 김제 종덕리 왕버들, 청도 덕촌리 털왕버들, 광주 충효동 왕버들군 등이 있다.

청송 부곡동 왕버들은 나이 300여 살에 키가 19미터로 제일 컸으나 2002년 태풍 루사에 의해 큰 피해를 입어 2002년 11월 천연기념물에서 해제되었다. 그 해 태풍이 지나간 뒤 찾으니 마을 앞 냇가에 쓸려 있던 그 모습이 사라져가는 식물문화재에 대한 안타까움을 더 한다. 취가정 안에 취시가 현판과 네 기둥에 주련을 걸었고 뜰에 취시가 비를 세웠다.

>> 광주 취가정

聲聞于天 忠貫日月 성문우천 충관일월
氣壯山河 醉歌於地 기장산하취가어지

하늘 향해 조용히 노래하니
진실한 마음은 해와 달을 꿰뚫었네.
기운은 산과 강에 넘쳐나니

이 땅이 취하도록 노래하는구나.

>> 취시가

醉時歌此曲無人聞 我不要醉花月 취시가차곡무인문 아불요취화월
我不要樹功勳 樹功勳也是浮雲 아불요수공훈 수공훈야시부운
醉花月也是浮雲 醉時歌無人知 취화월야시부운 취시가 무인지
我心只願長劍奉明君 아심지원장검봉명군

취할 때 부르는 노래 듣는 사람 없네.
나는 꽃과 달을 보고 취함도 바라지 않고
나는 공적을 세움도 바라지 않네
공적을 세우는 것도 뜬 구름이요
꽃과 달을 보고 취하는 것도 뜬 구름이네.
취할 때 부르는 노래 아는 사람 없네.
내 마음은 장검으로 훌륭한 임금께 보답만 하고 싶네.

옥구슬 소리

– 담양 명옥헌 원림

    전라남도 담양의 명옥헌 원림을 찾는다. 나주오씨 오희도 선생은 41살 (1623)에 문과에 합격하여 임금의 명령을 문서로 작성하는 정8품 벼슬 예문관 검열에 올랐으나 그해 겨울 병으로 세상을 떠났다. 그는 부모님을 잘 모시고 형제간에 우애가 깊어 호남에서 이름이 높았다. 인조가 능양군이라 불리던 시절에 광주의 고경명 후손을 방문하였는데 그의 추천으로 오희도를 찾았다.

    오희도 아들이 정자 터에 연못을 파고 소나무와 목백일홍을 심었다. 그리고 정자 오른쪽 위에 또 작은 연못을 만드니 냇물이 바위를 감돌아 흐르는 그 소리가 구슬이 부딪히는 소리 같다 하여 송시열이 명옥헌鳴玉軒이라 글을 써 바위에 새겼다. 명옥헌은 네모난 연못 가운데 동그란 섬을 만들고 주변에 나무를 심었는데, 옛 사람들의 하늘은 둥글고 땅은 네모지다는 천원지방天圓地方의 생각을 담았다.

    우리나라 정원에는 임금의 정원 원림苑林과 선비들이 만든 정원인 원림園林이 있다. 옛날에는 개인의 소유물이라 하더라도 임금이 한 번이라도 사용하면 임금의 것이 되었던 시절이리 능양군이 다녀간 뒤 임금이 되었기에 명옥헌 원림鳴玉軒苑林은 나라 동산이라는 뜻의 원림苑林을 사용하게 되었다. 우리나라에 문화재로 보호하고 있는 정원은 담양 독수정 원림, 장흥 용호정 원림과 부춘정 원림, 화순 임대정 원림, 순천 초연정 원림, 보길도 윤선도 원림, 예천 초간정 원림, 안동 만휴정 원림, 장성 요월정 원림 등이 있다.

명옥헌 초입의 산자락에 자라는 나이 600여 살에 키 31미터에 이르는 은행나무는 능양군이 이곳에 올 때마다 말고삐를 매었던 나무다. 우리나라에서는 은행나무를 천연기념물 23그루, 시도기념물 33그루로 지정하여 보호하고 있으며 청백리 맹사성이 공부하였다는 아산 맹씨 행단은 은행나무를 포함하여 사적으로 지정하였다. 세종 때 정3품 벼슬을 받은 양평 용문사 은행나무는 나이 1,100여 살에 키가 42미터로 가장 크다. 모양이 가장 아름다운 원주 반계리 은행나무, 안동댐 수몰로 20억 원을 들여 뿌리 전

담양 명옥헌

담양 명옥헌 주련

체를 15미터 들어 올린 안동 용계리 은행나무, 성균관 유생들이 가을이면
은행 열매에서 고약한 냄새가 공부를 방해하자 임금이 호통을 쳐서 열매
를 맺지 못하도록 성전환시킨 서울 문묘 은행나무, 부부가 서로 이별한 강
화 불음도 은행나무도 있다. 불음도 은행나무는 800여 년 전 큰 홍수로 황
해도 연안군 호남리에 있던 부부 은행나무 중 수나무가 떠내려 와 불음도
에 닿으니 마을사람이 그곳에 심어 자란 것이다. 북한에서도 암나무는 문
화재로 지정하여 보호하고 있다.

명옥헌 정자 안에는 심고三顧 현판을 걸었다. 이는 중국의 유비가 제갈량의 초가를 세 번이나 찾아가 자신의 큰 뜻을 말하며 그를 모셨다는 삼고초려三顧草廬에서 나온 것이다. 능양군도 유비처럼 오희도를 세 번씩이나 찾았다는 의미이다. 주련 중 원세개의 시는 하얼빈에서 이토 히로부미를 사살한 안중근의 장한 절개를 기려 쓴 것이다.

>> 담양 명옥헌 원림

玉輦一游非好事 太平風月與民同 옥련일유비호사 태평풍월여민동
萬古消磨應是夢 人生老在不知中 만고소마응시몽 인생노재부지중
身在三韓名萬國 生無百歲死千秋 신재삼한명만국 생무백세사천추
百川逝意慾歸海 萬樹生心畢境花 백천서의욕귀해 만수생심필경화
傳承舊院花應落 世守先塋草必荒 전승구원화응락 세수선영초필황
時來天地皆回力 運去英雄不自謀 시래천지개회력 운거영웅부자모
舊交皆是歸山 新少無端隔世 구교개시귀산 신소무단격세
嗟乎天地間後孫 知我平生者有誰 차호천지간후손 지아평생자유수
山野草木年年綠 世民英雄歸不歸 산야초목년년록 세민영웅귀불귀
節義高秋霜雲底 對花猶道是吾師 절의고추상운저 대화유도시오사

임금이 수레 타는 것은 즐기려는 것이 아니고
태평스런 모습을 백성들과 함께 하려 함이라. – 이지저
예로부터 가는 세월은 모두 꿈과 같다더니
인생은 나도 모르는 사이에 늙어만 가는구나. – 박죽서
조선 사람으로서 그의 이름을 세상에 알렸고

살아 백년 없지만 죽음으로서 영원히 빛나네. – 원세개

냇물이 흐르는 것은 바다로 돌아가려 함이고

나무가 자라는 뜻은 꽃을 피우고자 함이라네.

글방 옛터에 꽃은 피고 하였고

대대로 보살핀 무덤은 풀이 쇠었으리. – 강항

때를 만나 하늘과 땅이 함께 도와주지만

운이 다하니 훌륭한 사람도 어찌할 수 없구나. – 전봉준

옛 친구들은 모두 인생을 마감하였고

젊은이들과는 사귈 기회가 없어 세상과 멀어지네.

슬프구나! 세상의 후손들이여

내 한 평생을 누가 알아주겠는가? – 김병연

산과 들의 풀과 나무는 매년 변함없이 푸른데

백성들과 함께 사는 훌륭한 사람은 돌아가기 어렵다네.

꿋꿋한 태도와 의로움은 가을 하늘처럼 높고

꽃을 대하는 것이 사람의 도리와 같아 나의 스승이라네.

새우젓 장수

– 광주 병천사

충주지씨 지웅현 선생은 일제강점기에 병천사를 세워 가난한 학생들이 먹고 자며 공부하도록 하였다. 전라도 고흥의 소록도에서 한센병 환자를 위한 병원을 짓는데 거금 1만원을 기부하였는데, 당시 큰 교회 한 동을 지을 수 있는 큰돈이었다. 또 보부상들을 위해 방을 내어 놓는 등 호남에서 의로운 일을 많이 하였다. 그중 서원 앞에 있는 새우젓 행상 모자 비를 보며 '충주지씨 대종보'에 실린 '김정호의 광주 역사산책'을 떠올린다.

담양군 대전면 중옥리에 살던 지웅현이 33살(1900) 때, 새우젓을 가지고 다니며 파는 어머니와 아들이 집에서 며칠 동안 머물다 가져온 짐을 맡겨 놓고 나간 뒤 십 여일이 지나도 돌아오지 않았다. 그런데 새우젓 행상이 맡겨둔 짐에서 썩는 냄새가 나서 열었더니 새우젓 8말과 쌀 닷 되, 목화 다섯 근이 있어 이것을 잘 말려 보관하였다. 그러고도 한 달이 지나도 소식이 없자 '이원 오전'에 물건을 팔아 현금으로 준비하였다. 몇 달이 지나도록 소식이 없자 지웅현은 새우젓 등을 돈으로 바꿔 한 달에 '서푼'씩 이자를 놓아 6년 동안 길렀더니 원금과 이자를 합해 10원 97전 6리로 불어났다.

제하상모자비

지웅현은 이 돈으로 담양군 대전면 중옥산리 앞뜰에 있는 '논 1말 5되직
이'를 사서 마을에 맡기고 매년 서른 섬의 수확량 중에서 '한 섬'을 소작료
를 받았다. 지웅현은 새우젓 행상 어머니와 아들이 죽었다고 생각하고 집
을 나간 10월 15일을 기려 소작료로 제사를 지냈다. 지웅현이 51살(1918)
때, 중옥산리 마을 앞에 이 사실을 기록한 비를 세우고 이를 잊지 않은 증표
를 삼기로 하였다. 새우젓 행상 비는 광주광역시 서구 금호동에 병천사를
세우면서 담양에서 이곳으로 옮긴 것이다.

　하늘의 바른 도리를 지킨다는 병천사秉天祠 존심당存心堂에는 은행나무
정자라는 의미의 행정杏亭과 추운 겨울에 소나무와 대나무의 푸르름이 빛
난다는 한송죽寒松竹 현판을 걸었다.

>> 광주 병천사

正其衣冠 尊其瞻視 정기의관 존기첨시
潛心以居 對越上帝 잠심이거 대월상제

의관을 바르게 하고
시선을 공손히 하네.
마음을 가라앉히고 머물며
하늘을 대하듯 지극히 공경하라. – 주자

>> 제하상모자비

祭鰕商母子碑 제하상모자비
隱溔澤深 陰万惠行 은요택심 음만혜행
豈徒口碑 惟宜刻石 기도구비 유의각석
參奉池應鉉 施惠碑 참봉지응현 시혜비

새우젓 행상 모자를 제사하는 비
못이 깊고 넓은 것을 감추고
남모르게 온갖 도움을 주었네.
사람들이 뜻을 모아 비를 세워
의로운 일을 돌에 새기네.
참봉 지응현이 은혜를 베풀어 도움을 준 비

봉황은 늙어도

- 화순 최경회 장군 사당

해주최씨 최경회 선생은 36살(1567)에 과거에 합격하여 정6품 벼슬 성균관 전적으로 책을 관리하는 일을 하였다. 최경회가 장수현감으로 있으며 논개를 알게 되었고 무장현감으로 옮길 때 논개와 함께 하였다. 종3품 벼슬 담양부사로 있던 60살(1591)에 어머니가 돌아가셔 고향인 화순에서 삼년상을 치르던 중 임진왜란이 일어났다. 그래서 500여 명을 모집하여 고경명 의병장에게 보냈으나 금산전투에서 모두 전사하였다. 그러자 최경회는 상복을 입고 의병을 일으켜 전주와 남원으로 들어오는 왜적을 막고 전주의 우지치에서 큰 승리를 거두었다.

1592년 10월, 진주성에서 큰 전투가 일어나 그곳으로 가려하였다. 그러자 의병들이 만류하며 말하였다.

"왜적의 군사력이 막강한데 우리 고장을 지켜야지 진주로 가면 어떻게 합니까?"

"호남도 우리 땅이요, 영남도 우리 땅인데 의로움으로 뭉친 우리들이 어찌 멀고 가까움을 가리겠는가?"

진주성에서 순절한 충의공 최경회 사당

최경회는 의병들을 설득하여 진주성 가까운 곳에서 큰 전투의 승리를
도왔다.

1593년 6월, 종2품 경상우도병마절도사 최경회가 진주성에 있을 때 10
만여 명의 왜적이 진주성을 공격해왔다. 김천일, 황진, 고종후 등과 있는
힘을 다하여 막아 내었으나 결국 진주성이 함락되고 의병장들은 남강으로
몸을 던졌다. 이때 진주성 전투에서 성을 지키던 군인과 의병을 비롯하여
백성들까지 대부분 전사하였다.

화순 다지리에 있는 최경회 부조묘를 찾았다. 낮은 곳에 딸린 집 한 채 없
이 덩그마니 놓인 사당에는 부조묘 현판을 걸었다. 조묘는 5대 할아버지부
터 그 위의 할아버지 위패를 모시는 집인데 부조묘不祧廟는 조묘로 옮겨 모
시지 않고 계속해서 제사를 올린다는 뜻이다. 어림하여 살피니 부조묘보
다 위쪽에 있는 집이 재실인가 싶어 문을 밀고 들어서니 오른쪽 건물에 강

의재 현판을 걸었다. 글을 가르치는 강의재講義齋와 마주한 집은 관리인이 살고 있는가 보다. 강의재가 사당보다 위에 있는 것은 아마도 화순군 한천면에 있었던 것을 이곳으로 옮길 때 변형된 것 같아 아쉬움이 들었다. 다행인 것은 화순군 동면에 충의사를 세워 호국정신을 기리고 있다는 것이다.

>> 화순 최경회 장군 사당

白首枳棘蒼松歲寒 成仁取義笑指長江
백수지극창송세한 성인취의소지장강

降自南嶽克生東邦 應時抱材混世含光
항자남악극생동방 응시포재혼세함광

봉황은 늙어도 탱자와 대추나무에 깃들지 않고
소나무는 추운 겨울에야 돋보이네.
어짐을 이루고 의로움을 취했으니
웃으며 남강을 가리키는구나.
남쪽나라 왜의 항복 받고
승리하기 위해 조선에 태어났네.
어지러운 때 품은 큰 뜻 감추었다가
때맞춰 가진 재주를 발휘하였다네.

어르신과 맞절을?

- 고흥 향교

　서울에서 고흥이 어디인가? 몇 차례 시간을 내어 간다고 해봐야 토요일 아니면 일요일이니 늘 고흥향교의 문은 잠겨 있었다. 특히 주련이 제법 여러 장 걸려 있어 그 아쉬움은 더욱 크다. 오늘은 마음먹고 고흥향교 전화번호를 여기저기 수소문하여 어렵사리 전화를 걸었다. 전화기 너머로 들여오는 목소리에 강직한 기운이 느껴진다. 주련을 찾고자 하는 목적을 말씀 드리니 늘 좋으시다 하신다. 이참에 토요일 아침 6시에 박물관장과 함께 출발하였다. 중간에 전화 한번 드리고 향교에 도착하니 어르신 세 분이 갓을 쓰신 도포 차림으로 문을 활짝 열고 맞아 주신다. 이뿐 아니라 전교실로 올라 연세 지극한 어르신과 맞절 인사를 올린다. 이렇게나 법식을 가리시는 어른들께 황공하기 이를 데 없다. 명함을 올리고 몇 마디 말씀 중에 음료를 내주시고 고흥향교를 자랑하시며 효를 실천하는 기로연행사도 여시고 매월 초하루와 보름에 대성전에 향을 올린다며 여러 가지 자료도 주셨다. 30여 년 만에 처음 들여다 본 고흥향교와 참으로 고마운 어르신들을 뒤로 하고 고흥 무열사를 찾아가는 길에 운전하는 박물관장이 한 말씀 하신다.

고흥향교 외삼문

"음료수라도 한 박스 사 가지고 올 걸 그랬나 봐요. 어르신들께서 너무
친절하게 대해 주시니 딸랑 카메라 메고 빈 몸으로 온 것이 미안하네요."

말해 무엇 하랴! 생각 깊지 못한 나를 탓한다.

고흥 두원면 무열사는 진무성 장군을 모신 곳이다. 여양진씨 진무성 장
군은 27살에 이순신 장군의 지휘관으로 옥포와 사천 해전에서 공을 세웠
다. 특히 통영 삼덕 앞바다 당포해전에서 왜적 장수 목을 베고 적함을 격침
시키는 등 큰 공을 세웠다. 34살(1599)에 무과에 합격하고 부산첨사를 거
쳐 종3품 구성부사에 올랐으며 선무원종공신 1등에 뽑혔다. 65살(1630)
에 진무성이 남긴 용사일기龍蛇日記는 임진왜란이 일어난 임진년과 다음해
인 계사년에 있던 일을 일기 형식으로 쓴 것으로 이순신의 난중일기와
함께 임진왜란의 모습을 살필 수 있는 중요한 역사적 사료이다.

뜰에는 진무성의 동상과 순절비가 있고 한 단을 높인 곳에 위치한 무열

사武烈祠에 군세고 용감하게 싸운 초성을 모셨다.

임진왜란의 공신 임명에 관하여 선조실록은 이렇게 기록하였다. 서울에서 의주까지 임금을 따르며 지킨 신하를 호성공신扈聖功臣으로 하여 3등급으로 나누어 뽑고, 왜적을 물리치고 식량을 모았으며 명나라 군사들이 조선에 오도록 노력한 신하 등을 선무공신宣武功臣으로 하여 3등급으로 나누어 뽑았다.

호성공신 1등은 이항복, 정곤수 등 2명, 2등은 김응남, 이호민, 이원익, 윤두수, 유성룡, 신잡 등 29명, 3등은 정탁, 유희림 등 55명을 뽑았다. 호성공신은 모두 86명으로 3등 호성공신에 내시 24명, 마부 6명, 허준 등 의관 2명이고, 심부름하던 신하도 2명이나 뽑혔다.

선무공신 1등은 이순신, 권율, 원균 등 3명, 2등은 신점, 권응수, 김시민, 이정암, 이억기 등 5명, 3등은 이운룡, 정기원, 유사원, 고언백, 기효근 등 18명이 뽑혔다.

1등 공신에게는 본인과 부모, 처자에게 관리의 등급을 세 단계 올려주고, 본처가 낳은 맏아들이 세습하여 녹봉을 받게 했다. 또 호위병 10인과 노비 13구, 하인 7인, 곡식 2천여 섬을 생산하는 토지 150결, 당시의 한옥 한 채 값어치로 추정되는 10냥과 말 1필을 주었다.

2등 공신에게는 본인과 부모, 처자에게 관리의 등급을 두 단계 올려주고, 본처가 낳은 맏아들이 세습하여 녹봉을 받게 했다. 또 호위병 6인과 노비 9구, 하인 4인, 곡식 천여 섬을 생산하는 토지 80결, 은 7냥, 말 1필을 주었다.

3등 공신에게는 본인과 처자에게 관리의 등급을 한 단계 올리고, 본처가 낳은 맏아들이 세습하여 녹봉을 받게 했다. 또 호위병 4인과 노비 7구, 하

고흥향교 동재

고흥향교 명륜당 및 전교실 주련

인 2인, 곡식 900여 섬을 생산하는 토지 60결, 은 5냥, 말 1필을 주었다.

논과 밭의 1결은 일반적으로 300두를 생산하는 면적을 이르기 때문에 토지의 좋고 나쁨에 따라 편차가 크므로 면적을 구체적으로 나타내기 어렵다. 그래서 편의상 1결은 15섬의 곡식을 생산하는 면적으로 이해를 돕고자 어림한 것으로 절대적인 것이 아니다.

선조가 내린 공신과 관련된 문화재로 보물 1476호 김시민 선무공신교 서는 충북 괴산의 종가에 전해오다가 일제강점기에 없어져 그 행방을 몰랐으나 2005년 일본의 한 고미술상 경매에 나와 알려지게 되었다. 마침 해외 반출 문화재 관련 방송 프로그램 등이 전국적 모금 운동으로 1억 3,000만원을 모아 정당한 가격을 지불하고 다시 사들여 2006년 7월 29일 국립 진주박물관에 영구 보존하도록 하였다.

공신에 관한 기록을 담당하던 관리는 이런 글을 남겼다.

"임진왜란으로 종묘와 사직이 뒤집혀 임금이 피난하였고 왜적이 서울에 있는 선릉과 정릉을 파헤치는 못된 짓을 했으며 백성들도 큰 고통을 받았다. 다행히 명나라의 도움으로 조선이 다시 새로워졌으니, 신하들의 공적이 있고 없음을 논의하여 알맞은 상을 주어야 한다. 그러나 호성공신을 80여 명이나 뽑았는데 그 가운데 내시가 24명이고 하인들이 20여 명이나 되는 것은 문제가 있는 것이다."

신하들은 선무공신록에 의병장들이 빠진 불합리한 점을 강력하게 이야기하였다. 그러자 선조 38년(1605) 4월 16일, 선무원종공신이라 하여 9,060명을 뽑았다.

"나라를 일으키는 일에 힘을 썼으니, 임금이 작은 공적이라도 은혜를 베풀려 한다. 왜적이 날뛰어 서쪽으로 임금이 피난하였으니 고달픈 피난길에 임금과 신하가 이슬 맞던 일을 어찌 말로 다 하겠는가. 부모 같은 명나라가 우리를 구해 주었고, 모든 신하들이 난리를 평정하여 서울로 돌아온 공적이 있다. 그래서 여기에 기록하여 공적의 크고 작음에 따라 구분하였으니 그대의 자손들은 만세토록 평안을 누릴 것이다."

1등은 고경명, 곽재우, 진무성, 최경회, 황진 등 559명 모두에게 벼슬을 한 등급씩 높이고, 부모에게도 벼슬을 내렸다.

2등과 3등도 모두 벼슬을 한 등급씩 높였다. 지은 죄가 있어 벼슬을 하지 못하는 사람은 다시 벼슬길에 나아가도록 하였다. 벼슬에서 물러난 사람은 다시 벼슬을 주고 첩의 자식은 양반과 같이 벼슬할 수 있도록 하며, 관청이나 집에 있는 종은 그 신분을 벗도록 하였다. 공개적으로 큰 죄를 지은 사람은 천천히 벼슬을 마련해 주었다.

매년 3·1절만 되면 건국훈장 중 3등급인 독립장을 받은 유관순 열사의 훈장 등급을 올려야 한다고 주장한다. 어린나이에 조선 독립을 위해 옥에서 일본 경찰의 모진 고문으로 순국한 유관순 열사는 3·1 운동의 상징적 인물이기 때문이다. 그래서 드디어 3·1운동 100주년인 2019년 3월 1일에 우리나라 최고 등급인 건국훈장 대한민국장을 또 내렸다. 현재 1등급을 받은 분들은 대부분 임시정부에 참여했거나 해외에서 무장독립투쟁을 한 공적이 있고 3·1 만세 운동이나 나라 안에서 활동한 독립운동가들은 대부분 2등급이나 3등급을 받았다.

건국훈장은 대한민국의 건국에 공로가 뚜렷하거나 국가의 기초를 공고히 하는 데 공적이 뚜렷한 사람에게 수여하는 대한민국의 훈장으로, 대한민국 정부수립 이후 2017년 1월까지 독립유공자로 건국훈장을 수여받은 사람은 1등급 대한민국장 30명, 2등급 대통령장 93명, 3등급 독립장 806

명, 4등급 애국상 3,886명, 5등급 애족장 5,016명 등 9,831명이다. 또한 대한민국 건국에 공이 있었으나 일본제국주의 침략과 약탈 정책을 지지하거나 옹호하고 적극적으로 따른 사실이 드러난 사람은 '일제강점기 반민족행위 진상규명에 관한 특별법상 친일반민족행위자'로 지정하여 20명의 건국훈장 자격을 빼앗기도 하였다.

문화재를 찾아다니다 보니 이런 기막힌 일도 경험하였다. 2007년 10월 촬영한 사진에 의하면 대전광역시 동구 홍도동은 독립운동가 김태원(金泰源, 1900~1951)이 태어나 어린 시절을 보낸 곳으로, 1963년 3월 1일 그가 건국훈장 독립장을 받았다 하여 1997년 문화재자료 제41호로 지정하였다. 그 후 2016년 여름에 다시 찾았는데 집으로 들어가는 입구를 찾을 수 없어 몇 차례 주변을 맴돌다 돌아왔다. 이상한 생각이 들어 찾아보니 가짜 유공자로 밝혀져 2015년 9월 대전광역시 문화재자료에서 해제한 것이었다. 대한민국 정부에서는 독립을 위해 무장 항일투쟁을 하다 평양형무소에서 순국한 평안북도에서 태어난 김태원(1902~1926)에게 건국훈장 독립장을 추서하였는데 어찌된 일인지 훈장과 그에 따른 예우는 대전에서 태어난 이름이 같은 다른 사람에게 지급되었고 그의 집이 문화재로 지정되기에 이른 것이었다.

>> 고흥 고흥향교

道喪千載聖遠言湮 不有先覺孰開我人
도상천재성원언인 부유선각숙개아인

書不盡言圖不盡意 風月無邊庭草交翠
서부진언도부진의 풍월무변정초교취

사람의 도리 잃은 지 천년이 되고 빼어난 이는 멀고 말도 없어졌네.

먼저 깨치신 분이 아니었으면 누가 우리들을 깨우쳐줄까?

글은 말을 다 담지 못하고 그림은 뜻을 다 담지 못하네.

맑은 바람 밝은 달 끝이 없는데 마당의 풀은 어우러져 푸르네. - 주돈이

>> 동재

揚休山立玉色金聲 元氣之會渾然天成

양휴산립옥색금성 원기지회혼연천성

瑞日祥雲和風甘雨 龍德正中厥施斯普

서일상운화풍감우 용덕정중궐시사진

온화하고 산처럼 우뚝하며, 옥빛에 종소리처럼 쟁쟁하니

원기가 한데 모이어, 온전히 자연스럽게 이루어졌네.

경사스런 날의 구름과 부드러운 바람, 때맞춰 내리는 비

사람됨이 크고 바르고 알맞으니 그 베풂이 두루 미치네. - 정호

>> 서재

規圓矩方繩直準平 允矣君子展也大成

규원구방승직준평 윤의군자전야대성

布帛之文菽粟之味 知德者希熟識其貴

포백지문숫 속지미 지덕자희숙식기귀

컴퍼스는 둥글고 자는 반듯하고, 먹줄은 곧고 수평기는 평평하니
진실로 학식과 덕망이 높으신 분이며 펼쳐 크게 이루셨네.
문장은 옷감 같이 귀하고 인품은 콩과 조처럼 이로우니
그 덕을 아는 이 드물어 누가 그것이 귀함을 알겠는가? – 정이

>> 전교실

早脫孫吳晚逃佛老 勇撤皐比一變至道
조태손오만도불로 용철고비일변지도

精思力踐妙契疾書 訂頑之訓示我廣居
정사력천묘계질서 정완지훈시아광거

詩書禮樂千年地　孔孟程朱百世師
시서예악천년지 공맹정주백세사

天挺人豪英邁盖世 駕風鞭霆歷覽無際
천정인호영매개세 가풍편정무람무제

手探月窟足躡天根 閒中日月靜裡乾坤
수탐월굴족섭천근 한중일월정리건곤

젊어서 손자, 오자의 병서를 좋아했고 늙어서는 부처와 노자를 멀리하고
용감하게 스승의 자리를 걷어치우고 한 번 변하여 도리에 이르렀네.
정밀하게 생각하고 힘써 실천하여 오묘한 깨달음을 즉시 글을 썼으며
어리석음 바로잡는 글의 가르침은 나에게 넓은 자리를 보여 주었네. – 장자

시와 글씨, 예절과 음악이 천년을 이어오는 이곳에

공자와 맹자, 정호 · 정이 형제와 주자는 성리학의 영
원한 스승이라네.
하늘이 내린 훌륭한 인물이라 뛰어난 재능은 세상 멀
리 덮었고
바람 타고 천둥과 번개 채찍질 하니 끝없이 두루 다
보았구나.
손은 달의 굴을 더듬고 발은 하늘의 뿌리를 디뎠으니
세월을 넘나드는 가운데 고요함 속에서 하늘과 땅을
보았다네. – 소옹

>> **고흥 무열사**

忠貫日月 氣壯山河 충관일월 기장산하
功盡一世 名傳千秋 공진일세 명전천추

진실한 마음은 해와 달을 꿰고
높은 산, 긴 강보다 기세가 웅장하네.
평생을 다하여 공을 세웠으니
그 이름 영원히 빛나겠구나.

>> **저존재**

忠信但將爲己任 行藏終自有天知 충신단장위기임 행장종자유천지
守家法齋明盛服 忠孝傳家子又孫 수가법재명성복 충효전가자우손
衣冠繼世文兼武 遵聖訓詩書禮樂 의관계세문겸무 준성훈시서례악

고흥 무열사

진실한 마음과 믿음은 장차 자신을 위해 맡기고

드러나고 감춤은 스스로 하늘에 있음을 알았네.

몸과 마음을 깨끗이 하고 예복을 갖춰 제사 올리고

진실한 마음과 효를 이어오는 후손들이네.

글과 무예를 겸하여 대대로 벼슬을 이으며

빼어나신 분의 시와 글, 예절과 음악을 따르네.

공자가 조선으로

– 곡성 도동묘

　　곡성 오곡면에 안향을 모시는 도동묘道東廟가 있다. 공자의 도가 중국의
동쪽인 우리나라로 옮겨와 공자를 모시고 안향과 함께 제사하는 곳이라
하여 도동묘라 한다. 순흥안씨 회헌 안향 선생은 18살(1260)에 문과에 합
격하여 여러 벼슬을 하였으며 47살(1289)에 원나라에 갔다가 주자의 글을
모은 책을 읽고 깊이 감동하여 직접 글을 쓰고 주자와 공자의 초상을 가지
고 왔다. 58살(1300) 때 자신의 집과 남녀 노비 각 100구를 성균관에 기증
하고 장학재단으로 섬학전을 두었다. 62살에 성균관에 공자를 모시는 문
묘가 완성되자 원나라에서 구해온 공자와 제자들의 초상과 제기와 악기,
유교 경전 등을 기증하였고, 종1품 도첨의중찬으로 벼슬을 마쳤다. 원나라
의 지배를 받으며 다른 나라와 어려운 외교관계를 맺던 시기에 새로운 학
문의 도입을 통해 고려의 발전을 꾀한 우리나라 최초의 성리학자로 고려
충숙왕 6년(1319)에 문묘에 모셨다. 이는 공자와 안자, 증자, 맹자, 주자 등
과 함께 안향을 제사에 모시는 것으로 우리나라 유학자 최고의 영예에 오
른 것이다.

곡성 도동묘

    우리나라는 2019년에 소수서원, 남계서원, 옥산서원, 도산서원, 필암서원, 도동서원, 병산서원, 무성서원, 돈암서원 등 9개의 서원이 세계문화유산으로 등재되었다. 조선의 첫 서원은 백운동서원으로 중종 때 풍기군수 주세붕이 지역민과 함께 존경하는 안향 선생을 모시고 제사 올리며 선생의 학문과 품성을 본받기 위해 영주 순흥의 숙수사 절터에 세웠다. 풍기군수 이황은 임금으로부터 소수서원紹修書院의 이름과 함께 서원을 운영하는 데 필요한 물질적인 도움을 받았다. 소수서원의 이름은 '유교 경전을 열심히 공부하여 안향 선생처럼 훌륭한 사람이 되자.'는 뜻이다. 나라에서 운영하는 향교는 유교 경전을 공부하는 것은 서원과 같으나 대성전에 공자와 중국의 저명한 유학자, 우리나라의 큰 스승 18분을 모시고 제사 올리는 것이 큰 차이점이다.

선조 때부터 여기저기 많은 서원들이 세워져 여러 가지 문제를 일으키자 숙종 때 부터 영조 때까지 천여 곳이 넘는 서원을 없앴으며 정조와 철종도 서원에 경제적 지원을 중단하였다. 그러자 괴산의 화양서원처럼 서원의 운영에 필요한 돈을 일반 백성들에게 부담시켜 큰 민원을 일으키기도 하였다.

1871년 고종 때 서원에 모신 분들의 공적을 다시 평가하여 정리하고 모시는 분의 고향이나 큰 공적이 있는 고장 등 한 곳만 남겼다. 이런 기준으로 한 곳씩 남기니 모두 47곳이 남았다. 선비들이 공부를 할 수 있는 서원은 27곳, 제사만 모시는 사우祠宇는 20곳이었고 그중 11곳은 북한에 속한다.

중국의 서원은 성리학자뿐만 아니라 다양한 학문의 큰 스승들을 함께 모시고 제사를 올렸다. 학생들은 다양한 학문을 공부한 스승과 함께 토론을 하고 스스로 학습하는 비판적 사고능력을 길렀다. 일본은 절에서도 성리학을 가르치는 등 조선이나 중국처럼 서원 모습을 찾을 수 없으며 일정한 형식에 구애받지 않았다.

조선의 서원은 유학의 이념을 예를 통하여 생활하고 풍속으로 지속시킨 공적과 함께 일정한 형식을 갖추고 있다. 그래서 스승에게 제사 올리는 공간을 매우 중요시 하고 제사 방법도 형식화된 부분도 있다.

안동지역에 '400여 년을 내려오는 병호시비屛虎是非'가 있는데 이는 병산서원과 호계서원 사이의 다툼이란 뜻이다. 호계서원을 짓고 이황을 첫 스승으로 모시고 류성용과 김성일 중에서 누구를 두 번째 스승으로 모시는가 하는 문제로 류성룡 제자들과 김성일 제자들 사이에 논쟁이 있었다. 류성룡은 정1품 영의정 벼슬이고 김성일은 종2품 경상우도병마절도사 벼슬이므로 관직이 높은 사람이 먼저라고 주장하였고 김성일이 나이가 네

살이나 많으니 나이가 우선이라 주장하였으나 벼슬의 품계를 기준으로 류 성룡을 두 번째 스승으로 모시게 되었다. 1800년대 들어 다시 문제가 제기되어 풍산류씨와 의성김씨 문중이 서로 맞부딪히자 풍산류씨 문중에서 호계서원에 모시던 류성룡의 위패를 병산서원으로 옮겼고, 그 후 호계서원은 고종의 서원 정비 정책에 의해 없어졌지만 '병호시비'는 계속되었다.

최근에 경상북도에서는 호계서원을 복원하기 위한 조건으로 안동 선비들에게 두 번째로 모시는 스승을 합의하도록 하였고 2013년 류성룡을 두 번째, 김성일을 세 번째 모시는 것으로 합의하여 400여 년간 끌어온 논쟁을 마무리 짓게 되었다.

>> 곡성 도동묘

日暖庭花粧淺綠 夜涼山月送微明 일난정화장천록 야량산월송미명
自喜軒窓無俗韻 亦知草木有眞香 자희헌창무속운 역지초목유진향
地偏已屬東西路 天濶長園遠近山 지편이속동서로 천활장원원근산

날씨가 따뜻하니 뜰의 꽃은 얇은 비단 갈아입고
서늘한 밤 산 위에 뜬 달 희미한 빛 보내는구나. - 안향
처마의 창문 고상한 품위 없음을 스스로 즐기고
또한 풀과 나무도 고유한 향이 있음을 아는구나. - 주자
외진 곳 동서 방향으로 난 길에 내가 있는데
하늘이 툭 트이니 가깝고 먼 산이 동산 같구나.

태를 묻은 무덤

- 곡성 용산재

평산신씨 시조 신숭겸 장군은 전남 곡성 구룡산의 정기를 받고 태어났다. 이곳 목사동면의 용산재는 고려태사장절신공개국공신단高麗太師壯節中公開國功臣壇이라 상돌에 새긴 신숭겸 장군의 태무덤이 있다. 신숭겸은 신라의 정치가 어지러울 때 궁예가 나라를 세우자 그의 지휘관이 되어 많은 공을 세웠다. 그런데 궁예가 백성들에게 못된 정치를 하자 배현경, 복지겸 등과 함께 왕건을 임금으로 모셨다.

곡성 용산재 광장에는 왼손에 칼을 집고 선 늠름한 모습의 신숭겸 동상이 있고 아래에 충렬도와 사안도를 새겼다. 충렬도忠烈圖는 팔공산 전투에서 태조의 갑옷을 입고 앞장서 적진으로 들어가는 모습을 새긴 것이고 사안도射雁圖는 기러기를 쏜 그림이다. 고려 태조가 황해도 삼탄으로 사냥을 갔을 때 한낮에 기러기 세 마리가 날았다.

"누가 저기 세 번째 기러기 왼쪽 날개를 맞추겠는가?"

"전하, 제가 쏘아 보겠습니다."

"와! 살을 맞았다!"

"신장군의 활솜씨가 내단하구려."

신숭겸이 선뜻 나서 명한 대로 맞혔더니 태조가 신申씨 성을 내리고 평산 지역을 다스리도록 하였다.

고려 예종이 평양의 팔관회에서 두 인형이 관복을 입고 말을 타고 뛰어다니기에 물었다.

"서기 말을 탄 인형은 무엇인고?"

"저 인형은 신숭겸과 김락 장군으로 대구 팔공산 전투에서 견훤과 싸우다가 태조대왕을 대신해서 죽은 장군들입니다. 그래서 태조께서 팔관회에서 두 장군을 위로하려고 인형을 만들어 관복을 입히고 앉혔더니 살아 있는 것처럼 술도 마시고 춤도 추었습니다. 그래서 지금도 팔관회에서는 말을 탄 인형을 만들어 함께하고 있습니다."

"그럼 두 장군을 위로하는 노래를 지어야겠다."

곡성 용산재

고려 예종은 신숭겸과 김락 장군의 충절을 신하와 백성들이 본받도록 향가와 한시로 도이장가를 지었다.

이웃한 오곡면 덕산에는 신숭겸 장군의 제사를 모시는 덕양사가 있다.

>> 곡성 용산재

存亡係大義 不媿俯仰間 존망계대의 불괴부앙간

賢將死一節 聖祖統三韓 현장사일절 성조통삼한

若無必殉國 麗遺有誰還 약무필순국 려유유수환

삶과 죽음의 순간에 행한 큰 의로움은

굽어보나 우러러보나 부끄럽지 않고

뛰어난 장군은 죽음으로써 사람의 도리를 지켰고

빼어난 조상은 삼한을 통일하셨네.

만일 고려를 위해 목숨을 바치지 않았다면

누가 고려의 문화를 꽃피게 하였을까?

>> 진덕재

見二功臣像 汎瀾有所思 견이공신상 환란유소사

公山蹤寂寞 平壤事留遺 공산종적막 평양사유유

두 공신의 인형을 보노라니

저절로 눈물이 흘러 넘쳐나네.

팔공산의 옛 자취는 아득하건만

그대들 기리는 풍습 평양에 전하네. -고려 예종

>> 모충재

忠義明千古 死生惟一時 충의명천고 사생유일시
爲君躋白刃 從此保王基 위군제백인 종차보왕기

충성과 의로움은 오랜 세월 동안 밝고
삶과 죽음은 한 순간의 일이라네.
임금을 위하여 목숨을 바치니
이로써 나라의 터전을 보존하였네. - 고려 예종

모충재 주련(좌)과 진덕재 주련(우)

쌀 담긴 항아리

- 구례 운조루

    문화류씨 류이주 선생이 종4품 낙안군수로 있을 때 금가락지가 떨어진 모습이라는 금환낙지金環落地의 집터를 보아 두었다가 종3품 벼슬 평안도 용천부사로 있을 때 집을 지었다. 류이주는 나이 들어 돌아온 집이라는 귀만와歸晚窩 현판을 사랑채에 걸고 드러나지 않게 인품을 닦는다는 암수재闇修齋는 큰아들 공부방으로 삼았다. 안채는 대청을 중심으로 벽에 민화를 그렸으며 섬돌에 돌확을 두어 물그릇 구실로 삼았다. 재미있는 것은 대청 왼쪽으로 뽑아낸 누각 아래에 여자용 소변기를 두어 담 밖으로 내어 항아리에 고이도록 한 것이다. 이와 유사한 화장실 시설은 경북 봉화 계서당 종택에도 있다. 계서당 사랑채 2층 누각 한쪽에 칸막이를 두어 남자들이 소변을 볼 수 있도록 하고 누각 아래에 소변을 받는 항아리를 두었다.

    구례 운조루雲鳥樓 하면 생각나는 것은 타인능해와 섬돌아래 굴뚝이다. 누구나 열 수 있는 타인능해他人能解는 한 달에 쌀 두 가마 반씩 나무 항아리에 채워, 1년 동안 서른 가마의 쌀을 소비하였다. 이웃의 가난한 사람들이 어려울 때 쌀을 가져가 끼니를 잇도록 한 것으로 집안사람 누구와도 마주치지 않도록 세심하게 배려하였다.

섬돌 아래 굴뚝을 두라는 것은 주춧돌 아래로 굴뚝을 낸 것으로 밥 짓는 연기가 오르면 가난한 마을 사람들이 상대적으로 빈곤감을 느낄 것을 배려한 것이다. 지금도 사랑채와 안채 등 섬돌 아래 사각형의 굴뚝을 여러 개 볼 수 있다.

지리산 자락에 있는 운조루가 동학농민운동, 6 · 25 전생 등 230여 년의 힘든 역사의 현장을 온전히 지탱할 수 있었던 것은 집 주인이 지닌 타인능해와 섬돌 아래 굴뚝의 배려가 아니었을까?

운조루 유물전시관으로 종손 분이 안내하시는데 말씨가 몹시 어눌하고 몸이 굼뜨다. 30여 년 전 떼도둑이 들어 유물들을 모조리 훔쳐갈 때 망치로 머리를 맞아 죽음의 문턱을 드나들며 2년여 병원 생활을 하셨단다. 안타까움을 가슴에 머금고 그래도 그만하시길 다행이라는 생각을 했다. 그러고 보니 봉화금씨 군위공종택은 비어 있는 집이지만 사랑채 첫머리에 〈여러 차례의 도난으로 아무것도 없습니다. 제발 부탁입니다. 목조 문화재에 손상이 가는 일이 없도록 적극 협조해 주십시오. 또한 모든 출입자에게 CCTV 녹화촬영을 실시합니다.〉란 빛바랜 현수막을 봉화군 문화재 지킴이 이름으로 걸었다. 또 의성 소계당小溪堂은 〈도선생, 가져갈 물건 없음. 좀도둑 10여 차례 왔다 갔음〉이란 글을 대문을 마주한 벽에 도배를 하였다. 집은 사람이 살아야 숨을 쉬고 오래 갈 텐데, 사람까지 해치는 도둑이 들면 어떻게 자손들이 생명의 위협을 느끼면서 문화적 자부심을 가지고 옛집에서 살 수 있을까? 더욱이 시골집에 살고 계시는 분들은 대부분 나이 많으신 부모님이신데 자식인들 그 걱정이 오죽할까?

운조루의 솟을대문에는 류이주가 함경도 삼수에서 맨손으로 잡았다는

구례 운조루의 안채(상)와 암수재(하)

호랑이 뼈를 걸어 조상의 용맹을 기리고, 소의 코뚜레와 말뼈를 걸어 잡귀가 들어오는 것을 막았다.

운조루란 이름은 도연명의 귀거래사 중에서 따온 것으로 '구름 속의 새집'을 뜻하며 사랑채 옆 누각에 걸었는데 지금은 안채에 걸었다. 영화 '임은 먼 곳에'를 촬영하면서 옮긴 것이란다.

>> **구례 운조루**

學而時習之不亦悅乎 학이시습지불역열호

有朋自遠方來不亦樂乎 유붕자원방래불역낙호

배우고 나서 늘 솜씨 있게 다시 해 보는 것이 기쁘지 않은가?

뜻을 같이 하는 친구가 먼 곳에서 나를 찾아오니 즐겁지 않은가?

나라의 부름

- 구례 석주관

구례에서 하동으로 흐르는 섬진강에 양쪽의 산이 처박히듯 내리꽂힌 곳에 돌기둥으로 빗장을 질렀다고 하는 석주관石柱關, 토지면 송정리에 구례 석주관칠의사묘가 있다. 선조 31년(1598) 8월, 남원성과 전주성 공격을 목적으로 왜적이 구례로 들어오려 하자 왕득인의 의병이 석주관을 지키다가 장렬히 전사하였다. 11월 이정익, 한호성, 양응록, 고정철, 오종, 왕의성 등이 수백 명의 의병을 모아 화엄사의 승병과 군량미 103석의 지원을 받아 다시 석주관을 지켰다. 다음해 봄 왜적의 공격에 맞서 왕의성이 이끄는 의병은 산 정상에 진을 치고 양응록 등 다섯 의병장과 화엄사 승군이 좌우로 나누어 석주관 아래 계곡을 사이에 두고 진을 쳤다. 치열한 전투가 진행되었지만 밀려드는 왜적을 감당하지 못하고 왕의성 의병 중 일부만 살아남았고 협곡을 사이에 두고 치열한 전투를 벌였던 다섯 분의 의병장과 의병 3,500여 명, 승병 153명이 모두 장렬히 전사하였다.

의병들이 전사한 지 200여 년 지난 1804년에 순조 임금이 왕득인을 비롯한 석주관을 지키다 순국한 일곱 분 의병장에게 각각 정5품 사헌부 지평

구례 석주관 칠의각

벼슬을 내렸다. 그리하여 구례 석주관에는 의로운 선비 일곱 분을 모신 칠의사가 있다. 사당 맞은편에 칠의사 묘가 있고 옆으로 난 돌계단을 한 번에 오르면 칠의단과 정유전망의병추념비丁酉戰亡義兵追念碑가 있고 비의 뒷면에 글을 새겼다.

석주관에서 순국한 의병들을 기리는 추념비

>> 구례 석주관

魂兮來江水湛湛 歌以侑白石齒齒 혼혜래강수담담 가이유백석치치

短壘荒碑山雨綠 崩沙斷戟土花腥 단루황비산우록 붕사단극토화성

영혼이여! 강으로 오는 데 물이 깊고

노래로 위로함에 흰 돌만 줄지어 있네.

작은 산성 거친 비석엔 산비 내려 푸르고

무너진 모래 부러진 창끝 곰팡이만 슬었네. – 황현

>> 정유전망의병추념비

爲國應募僧侶何擇 血流成川爲碧爲赤

위국응모승려하택 혈류성천위벽위적

爲主忘身與僮之織 片石追銘千秋不泐

위주망신여대지직 편석추명천추불륵

나라 위한 일에 어찌 스님인들 가리겠는가?

피가 흘러 내를 이루니 푸른 물이 붉게 되었네.

임금 위해 몸 바치는 것은 백성들이 할 일이니

돌 조각에 지난 일을 새기니 영원히 전하리라.

김을 기르다

– 광양 인호사

    김해김씨 김여익 선생은 35살(1640)에 광양의 태인도에 들어가서 20여 년을 살며 밤나무 가지로 김 양식하는 방법을 발명하였다. 김의 원래 이름은 해의였으나 '김'으로 바뀐 것은 김 양식을 처음 발명한 김여익의 성을 따라 붙인 것이다. 광양 인호사를 방문한 날 때마침 출근하는 해설사를 만났는데 반갑게 맞아 주시며 김역사관과 유물전시관을 열어 친절하게 설명해 주셨다. 영모재 재실에 걸린 주련에 대해 말씀드리니 다른 분께 해석을 부탁하여 알려 주신단다. 명함을 드리곤 잊고 있었는데 얼마 후 해석해 주신 글을 사진으로 찍어 휴대폰으로 보내 주신 고마운 분이다.

    광양 옥룡사지로 가는 중에 기막힌 보물을 만났다. 2009년 5월 4일 그 큰 나무의 가지가 축 처져 부러질 듯 덕지덕지 하얗게 달라붙은 흰 이팝나무 꽃을 마주한 경이로움은 아마도 평생을 함께 하리라. 천연기념물로 지정된 광양 이팝나무는 키 18미터로 꽃이 먼저 피고 잎이 나중에 나오므로 꽃이 필 때 나무 전체가 온통 흰색으로 덮인 모습이 이밥, 하얀 쌀밥 같다고 하여 그런 이름이 붙었다. 실제로 가장 잘 피었을 때 그 모습을 만나면 백

광양 유당공원 이팝나무

광양 인호사 영모재

설기를 한 판 한 판씩 가지가지마다 두둑하게 올려놓은 것 같은 환상을 갖게 한다. 한동안 이팝나무 꽃필 때를 맞춰 양산, 김해, 순천, 고창 등을 봄마다 몇 해를 다녀 봤으나 감동이 그에 미치지 못하였다. 고창의 이팝나무 꽃을 보기 위해 부산에서 새벽같이 와서 한없이 한없이 바라만 보다 오후에 부산으로 가신다는 그분의 모습은 매우 행복해 보였다. 우리나라 이팝나무는 일곱 그루가 천연기념물로 지정되어 있으며 개인적으로 고창 중산리 이팝나무가 나무 모양이 좋아 으뜸이고 사진 촬영하기도 안성맞춤이라고 본다.

>> 광양 인호사

仁湖伴鷗寓樂居 始殖海衣又發名 인호반구우락거 시식해의우발명
海衣而俾世人頌 以調滋味謂罕事 해의이비세인송 이조자미위한사
世人溫古呼金名 세인온고호김명

인호에 와서 갈매기를 벗 삼아 즐겁게 살면서
김 양식 방법을 최초로 발명하여 보급하였으며
이야기를 들은 사람들의 칭송이 자자하게 높았네.
김으로 맛을 내게 하였으니 참으로 드믄 일이라
세상 사람들은 김여익의 성을 따서 김이라 불렀네.

스님도 나라 위해

- 여수 충민사

    전라좌수영이 있던 여수를 찾는다. 아니 이순신의 대표적인 흔적을 찾는다는 것이 옳을 것이다. 삼도수군통제영의 세병관과 함께 조선 3대 목조건축물 중 하나인 전라좌수영의 진남관은 길이 54미터 건물에 68개의 기둥을 세워 지붕을 받치고 있다. 진남관은 남쪽의 일본을 쳐들어오지 못하게 힘으로 억눌러 평화롭게 한다는 뜻으로 충남 홍성의 해미읍성처럼 우리나라 대부분의 남문에 진남문이라 이름을 붙인다. 여수는 선조 26년(1593)부터 5년 동안 이순신의 어머니와 부인이 살던 곳이고, 이항복이 글을 지은 통제이공수군대첩비가 있다. 여수시 고소동 통제이공수군대첩비는 일제강점기 1942년 여수경찰서장이 비각을 헐고 대첩비와 타루비를 서울로 옮긴 것을 광복 후 경복궁에서 발견하여 다시 옮겨 온 것이다. 여수 타루비는 선조 36년(1603)에 전라좌수영 관군들이 이순신을 기려 세웠다. 타루비墮淚碑는 비를 보며 눈물을 뚝뚝 흘린다는 뜻이다. 진나라 장수 양호가 백성들을 평안하게 잘 다스렸기에 그 공적을 기려 양양 백성들이 세운 것도 타루비로 양양태수 양호를 그리워하며 눈물을 뚝뚝 흘렸다고 하였다.

여수 덕충동에 이순신 장군을 맨 처음 모신 충민사가 있다. 선조 34년 (1601)에 신하로서 목숨을 다해 나라의 큰 근심을 없앴다하여 충민사忠愍 祠라는 이름을 내렸다. 이때부터 이순신은 '충민공'으로 불렸는데 이를 애석하게 여겨 인조 21년(1643)에 충무공 이름을 따로 내렸다. 지금도 남해 충렬사에 가면 사당을 중심으로 좌우에 충민공비와 충무공비가 함께 있는 모습을 볼 수 있다.

여수 덕충동 충민사에는 주련이 걸려 있지 않으나 충민사 옆 석천사 의 승당義僧堂에 한글 주련을 걸었다. 이 절은 임진왜란과 정유재란 때 300여명의 승병을 지휘하여 이순신을 도와 큰 공을 세운 옥형과 자운스님이 세우고 충민사 뒤 돌 틈에서 샘물이 솟아오른다 하여 석천사라 이름하였다. 두 스님은 이순신의 인품과 충절을 잊지 못해 충민사 옆에 절을 세우고 제사를 올렸다. 절집에는 그 집에 모시는 부처님이나 보살에 따라 각각의 특징이 있는 글을 나무판에 새겨 기둥마다 걸었다. 종과 북이 있는 곳에도 걸었는데 하나같이 한자로 되어 있어 그 의미를 알기 어려웠으나 요즈음은

여수 충민사

석천사 의승당 주련

주련 아랫부분에 한글로 해석한 글을 붙여 많은 사람들의 이해를 돕고 있다. 드물기는 하지만 구례 연곡사 관음전처럼 한글로 글을 지어 걸은 절집이 나타나고 있는데 이곳 석천사 의승당은 한글과 한자를 함께 사용한 주련을 걸었다.

>> 여수 석천사 의승당

옥형 자운 두 큰 스님 삼백여 의승군

임진 정유 왜란에 온 중생 허덕일 제,

연꽃 잡은 손으로 호국의 기치 들어

왜인의 침략 야욕 파사현정 하셨네.

충무공 순국하여 호국의 용이 되시고

의승군 대승의 얼 등불 되어 빛나네.

왜적의 귀신들

- 순천 충무사

    여수에서 순천으로 나오면서 이순신 장군이 왜의 귀신을 내쫓았다는 순천 해룡면 충무사를 찾았다. 충무사 맞은편 순천왜성은 선조 31년(1598)에 조선·명나라 연합군과 왜적이 최후의 결전을 벌여 많은 왜적들이 죽은 곳이다. 이때 죽은 귀신들이 밤마다 나타나 마을 사람들을 괴롭히니 이순신의 위패를 모시게 되었다. 그 뒤로는 왜적 귀신이 나타나지 않아 마을 사람들이 평안한 생활을 할 수 있었다.

    순천왜성은 육지와 연결된 부분의 땅을 파서 바닷물이 드나들도록 만들고 다리를 놓아 성을 방어할 때 육지쪽 다리를 끌어올리도록 만든 성이다. 이곳을 처음 답사한 때는 황량한 겨울이라 맞은편 광양에서 불어오는 거친 바람을 맞으며 갈대 샛길을 걸어 왜성을 올랐는데 지금은 갯벌을 막아 웅장한 현대제철 순천공장과 율촌산업단지가 들어섰으니 옛 모습을 찾을 수가 없다. 나오는 길에 검단산성에 올라 순천왜성을 산기슭 너머로 살피던 당시 조선군의 심정을 되새겨 보았다.

    순천왜성에 머물고 있던 왜적은 왜로 돌아가기 위해 사천과 남해, 부산

閣四劫其彌師
凛千古與如生
歲風雲之雅量
鍾山河之間氣

功盖宇宙
忠貫日月
餗域揚威
龜船仗靈

충무사 영당 및 관리실 주련

등시에 있는 왜적의 전함 500여 척을 남해대교 부근으로 불러 200여 척의 조선·명나라 연합군과 치열한 싸움을 벌였는데 이를 노량해전이라고 한다. 조선·명나라 연합군은 적함 200여 척을 격침시켰고 100여 척을 붙잡았으나 나머지 적함을 뒤쫓던 이순신이 관음포 앞바다에서 총탄을 맞았다. 임진년 부산진성 전투로 시작된 왜의 조선 침략은 정유재란으로 이어지고 이순신의 숙음을 맞이한 노량해전으로 모든 것이 끝났다. 이순신은 처음에 남해 충렬사에 임시로 묘를 만들었다가 선조 32년(1599) 충청도 아산으로 옮겼고 현재 남해 충렬사 뒤뜰에는 산소의 모습만 남겼다.

주련 중 관리사에 나오는 접역鰈域은 우리나라 바다에서 가자미가 많이 난다고 하여 붙은 조선의 또 다른 이름이다. 접鰈은 중국의 동쪽바다에 사는 전설적인 외눈박이 물고기이다. 접은 눈이 한쪽에만 있어 암수가 짝을 이루어 함께 다녀야 먹이사냥을 할 수 있기 때문에 부부 사이가 좋음을 비유하거나 신하가 임금에게 충성하는 마음을 비추어 표현하기도 하였다. 조선은 스스로 전설적인 물고기와 비슷한 가자미 이름을 사용하여 명나라를 지극히 섬긴다는 것을 밝힌 것이다. 충무사 재실에는 거북선과 충무공이 긴 칼을 잡고 시름에 잠긴 모습과 말달리는 그림을 흙벽에 그렸다.

>> 순천 충무사

誓海魚龍動 盟山草木知 서해어룡동 맹산초목지
水國秋光暮 驚寒雁陣高 수국추광모 경한안진고
憂心輾轉夜 殘月照弓刀 우심전전야 잔월조궁도

바다에 맹세하니 어룡이 움직이고

산에 맹세하니 초목이 아는구나.

섬 많은 바다 가을빛 저물고

찬 서리 내리니 기러기 떼 높이 나네.

나라 걱정에 잠 못 드는데

새벽달이 활과 칼을 비추네. -이순신

>> 관리실

龜船伏靈 鰈域揚威 구선장령 접역양위

忠貫日月 功盡宇宙 충관일월 공진우주

거북선은 귀신같은 무기로

조선의 바다에서 위력을 발휘하였네.

진실한 마음은 해와 달을 꿰뚫을 만하고

조선을 구한 공적은 우주가 다하도록 빛나네.

>> 영당

鍾山河之間氣 蔵風雲之雄畧 종산하지간기 세풍운지웅략

凜千古其如生 閱丙劫其彌仰 늠천고기여생 열병겁기미앙

여러 세대를 통하여 보기 힘든 뛰어난 기품

영웅이 큰 뜻을 품고 힘을 펼치는 뛰어난 경륜

오랜 세월 꿋꿋하게 남은 생을 지내고

남쪽을 부지런히 지키니 더욱 우러러 보이네

>> 재실

敬藏俎豆蠲潔 謹具芬苾馨香 경장조두견결 근구분필형향
崇報百世無替 遺物千秋有光 숭보백세무체 유물천추유광

삼가하고 정갈하게 제사 음식 마련하고
은은한 향으로 향기로운 제사를 모시네.
높으신 은혜와 공적을 영원히 알리고
장군이 남기신 유물은 오래오래 빛나리.

사라지는 휴게소

– 장흥 사인정

　영광김씨 김필 선생은 수양대군이 임금에 오르자 벼슬을 사직하고 장흥 읍 송암리에 정자를 짓고 신하로서 절개를 지켰다. 사람들은 그가 세운 정 자를 정4품 사인 벼슬을 따서 사인정舍人亭이라 하였고 정자에는 세종대 왕의 글과 김필의 글을 걸었다. 사인정 옆에 대한민국 임시정부 주석 김구 가 쓴 제일강산이라는 글자를 바위에 새겼다. 이 글씨는 일제강점기 일본 경찰의 감시를 피해 상해임시정부로 망명하려 할 때 사인정에서 하룻밤을 지내며 남긴 것이라고 한다.

　사인정 주련은 다른 곳의 주련과 구별되는 특징을 지니고 있다. 시우반 청時雨半晴 주련 머리에는 세종대왕, 본 글 옆에 어제연구御製聯句라 새겨 세 종대왕의 지은 글임을 알렸다. 나란히 걸은 모운초권暮雲初捲 주련 머리에 는 김필, 본 글 옆에 연구라 하여 세종대왕의 글과 짝하는 글임을 알리고 있 다. 앞에 있는 네 장의 주련도 설암공 김필(雪巖公 金珌)과 예종 때 영의정 벼슬에 오른 만절당 박원형(晩節堂 朴元亨)이 한 수씩 주고받으며 짝하여 지은 것임을 사인정 안에 건 설암공여동지연구雪巖公與同志聯句 현판을 통해 알 수 있다. 산정의 대포서원에는 민안부, 정봉주 등 8명이 고려 임금을 생각하며 한 문장씩 지은 만월대 연구滿月臺聯句 현판이 걸려 있다.

이십여 년 전 겨울, 해남을 찾으려 강진에서 하루를 자고 다음날 아침 창문을 여니 온 천지가 하얗게 눈이 쌓였다. 일기예보를 보니 해남은 하루 종일 눈이 온단다. 눈 내리는 날씨에 미끄러운 눈길을 헤치며 다닐 생각을 하니 앞이 캄캄하였다. 순간 여수기상관측소가 생각나서 전화를 걸었다. 여수는 눈이 오지 않았고 낮에도 눈이 내릴 기미가 없다고 친절히 알려주신다. 우리는 갈 길을 바꿔 여수로 가고자 하였다. 강진에서 2번 국도를 타고 장흥, 보성, 벌교를 거쳐 여수 흥국사로 들어갈 생각이다. 장흥에서는 사인정, 보성 득량에서는 열화정, 벌교읍에서는 홍교를 찾아볼 생각도 했다. 아침 일찍 장흥 가는 2번 국로 옆 송암리에서 눈 쌓인 사인정을 오르고 아침을 먹기 위해 다리 건너 주유소 옆 휴게소를 찾았다.

"사장님! 아침식사 되나요?"

"어찌꺼라, 요즘 장사가 안돼서 식사는 안 하는데요."

신안에서 부산까지 연결하는 고속국도 같은 2번 국도가 탐진강 건너편으로 새로 나는 바람에 구불구불 옛길을 찾는 자동차들이 뜸해지자 휴게소에서 식당을 운영하지 못하는 것이다. 오늘 아침은 굶었다 생각하고 문을 닫고 나가려는데 등 뒤로 사장님 목소리가 들린다.

"잠깐 자리에 앉으시소. 아무리 장사가 안 되야도 우리 집에 온 사람을 박절하게 내 보낼 순 없어라우. 남정네들이 아침부터 굶어서야 쓰것소? 라면이라도 끓일 깨 자리에 앉으시소."

"사장님, 고맙습니다."

싹싹한 전라도 사투리에 여사장님의 마음씀씀이가 남도를 찾을 때면 스

장흥 사인정

멀스멀 떠오르는 것은 어쩐 일일까? 새 길이 나면서 길가에 있던 친숙하고 향토색 짙은 휴게소들은 소리 소문 없이 사라져갔다. 천둥산 박달재 휴게소가 그렇고 설악산 한계령 휴게소가 그러하며 고속국도 대관령 휴게소 또한 그러하다.

>> 장흥 사인정

時雨半晴人半醉 暮雲初捲月初生
시우반청인반취 모운초권월초생

내리던 비 반쯤 개이니 사람들도 반쯤 취하고
 - 세종대왕
저녁 구름 막 걷히니 달이 솟아오르네. - 김필

地坼天浮海 山回水抱城 지탁천부해 산회수포성
山色晴繞樹 潮聲暮撼城 산색청요수 조성모감성

땅이 열리고 하늘은 바다에 떠 있으며 – 김필
산을 돌아든 물은 성을 휘감았네. – 박원형
산은 맑게 개어 나무에 둘러 있고 – 박원형
바닷물 소리는 저녁 때 성을 흔드네. – 김필

새싹 돋우는 비

– 해남 녹우당

　해남윤씨 고산 윤선도 선생은 30살(1616)에 이이첨 등 조식의 제자들을
중심으로 한 북인의 횡포를 막아야 한다는 글을 광해군에게 올렸다가 귀
양살이를 하였다. 42살(1628)에는 봉림대군과 인평대군의 스승이 되었고
49살(1635)에 벼슬을 물리고 고향으로 내려 왔다. 병자호란이 일어나자

해남 녹우당 전경

해남에서 의병을 모으고 곡식을 모아서 뱃길 따라 깅화도에 이르러 인조가 청나라에게 항복하였다는 소식을 들었다. 그래서 평생 벼슬길에 나서지 않을 결심으로 51살(1637)에 제주도로 떠났다. 제주도 뱃길 중 보길도의 경치가 너무 아름다워 부용동이라 이름 짓고 그곳에서 머물렀다. 여기서 바닷가 마을을 배경으로 한 노래를 짓고 어부사시사라 하였다. 어부사시사는 봄, 여름, 가을, 겨울 어부들이 고기잡이를 위해 배를 띄우고 낯을 올리고 돛을 달고 노를 젓다가 다시 돛을 내리고 닻을 내려 배를 뭍으로 붙이는 모든 과정을 노래한 것이다.

윤선도가 54살(1640)에 꿈속에서 황금 자물쇠로 잠근 궤짝인 금쇄석궤金鎖錫櫃를 얻은 곳과 똑같은 곳을 찾아 연못을 만들고 정자를 짓고 정원을 가꾸어 금쇄동이라 하였다. 그리고 이곳에서 '내 벗이 몇이나 하니 수석과 송죽이라'로 시작되는 오우가를 지었다. 윤선도가 72살(1658) 때, 스승인 윤선도가 멀리 해남에 있으면 임금을 충분히 보필하기 어렵다고 하여 서울에서 가까운 수원에 효종이 집을 지어 주었다. 다음해 효종이 숨을 거두자 종4품 부호군으로서 임금의 왕릉 만드는 일을 맡았다. 그리고 장례 절차에서 자의대비가 삼년 동안 상복을 입어야 한다며 서인의 송시열과 맞서다 실패하고 74살(1660)에 함경도 삼수에서 혹독한 추위와 함께 6년 동안 귀양살이를 하였다. 그리고 79살에 다시 광양으로 옮겼다가 81살(1667)에 귀양에서 풀려났다.

푸른 새싹이 막 돋을 때 내리는 고마운 비를 뜻하는 녹우당綠雨堂 현판 옆에 늘 곧고 강직한 선비라는 운업芸業 현판이 함께 걸려 있다. 해남 연동리 녹우당은 효종이 윤선도에게 지어준 수원의 집을 뜯어서 바닷길로 옮겨와 다시 맞춘 것이다. 이곳에 처음 집을 지은 윤효정은 삼개옥문적선지가三開

獄門積善之家로 불렸다. 마을 사람들이 가난해서 세금을 내지 못하고 관아에 끌려가 옥살이를 하면 윤효정은 딱한 사정을 알고 세 번씩이나 세금을 대신 내 옥에서 풀려나게 하였다. 주련 중 상재桑梓는 뽕나무와 가래나무를 뜻하는데 조상 대대로 살아온 고향을 의미한다.

녹우당 뒤 덕음산에는 윤효정의 무덤이 있고 '뒷산의 바위가 보이면 마을이 가난해진다'하여 늘 푸른 비자나무를 심어 숲을 보호하였다. 나이 530여 살의 400여 그루가 모여 자라는 비자나무의 열매는 우리 몸속의 회충을 없애거나 변비 치료제로 쓰였다. 천연기념물로 지정된 비자나무는 강진 삼인리, 진도 상만리, 사천 성내리 비자나무 등 세 그루이고, 숲으로는 해남 연동리, 장성 백양사, 고흥 금탑사, 제주 평대리, 화순 개천사 비자나무 숲 등 다섯 곳이다. 나이 600여 살에 키는 12미터에 이르는 진도 상만리 비자나무가 우리나라에서 가장 크고 오래 되었다.

>> 해남 녹우당 추원당

陰騰在上斧堂占吉 賢仍代作遺訓益明
음등재상부당점길 현잉대작유훈익명

齊盛有所芬苾妥安 敬祖敦宗花樹生香
제성유소분필타안 경조돈종화수생향

一山楸栢永戒勿剪 敎子訓孫淵源有素
일산추백영계물전 교자훈손연원유소

古里桑梓式敬相傳 蓮峯是處隱於漁樵
고리상재식경상전 연봉시처은어어초

獄門屢開厚蔭不斬 先生之風山高水長

어초은 윤효정 선생을 기리는 녹우당 추원당

옥문루개후음불참 선생지풍산고수장

하늘과 땅 기운 모이는 덕음산 자락에 무덤 만드니
뛰어난 후손들이 가르침을 이어 받아 밝음을 더하네.
정성을 다한 제사 음식 올리니 향기롭고 평안하시고
조상을 받들고 가문을 중시하니 문중이 날로 발전하네.
덕음산에 심은 비자나무는 절대로 베지 말고 잘 가꾸고
자식과 후손들을 가르쳐서 근본을 잘 갖추도록 한다네.

조상 계신 옛 마을을 대대로 이어받아 높이 받드니
연꽃봉우리 이곳에 숨어 고기 잡고 나무하며 산다네.
여러 번 베풀어 옥문을 연 조상의 덕은 끊임없으니
윤효정 선생 인품은 산보다 높고 물보다 길게 흐르네.

호남 수묵화

– 진도 운림산방

진도 의신면 칠전리 학계철비를 봉은장로와 함께 찾아간다. '십만분의 일' 도로지도에 의지하며 칠전리 마을에 들러 마침 경운기에 모를 싣고 가시는 어르신을 뵙고 길을 묻는다.

"어르신, 칠전리 학계철비를 보려면 어디로 가야 합니까?"

"아! 그거시, 그거시 말이여"

"여기에 그림으로 그려 주셔도 됩니다."

"글씨마려, 일루 쭉 가서 마리시, 다리 건너고 산길로 들면 된다 마리시."

"예, 고맙습니다."

무슨 말씀인지 대충 파악하고 마을 동쪽 산 밑으로 들어간다. 다리 건너고 산길 나오고 길은 점점 더 좁아지고 마침 모내기철이라 길옆 도랑에는 물이 찰랑찰랑 흘러간다.

"잠깐 세워 봐요. 내려서 찾게."

"조금 더 가서."

"어! 어!"

그만 운전석 쪽으로 차가 쑥 기울어 버렸다. 내려 보니 도랑 옆에 쌓은 돌이 차량의 무게에 내려앉으면서 바퀴가 빠진 것이다. 이를 어찌할꼬? 봉은 장로는 보험회사와 통화를 하는데 일요일인지라 진도읍에는 견인차도 없단다. 봉은장로는 바지를 걷고 도랑에 들어가 작기를 써서 올리려 하나 받침돌이 오히려 덕 보겠다며 물 밑으로 자꾸자꾸 가라앉는다. 봉은장로가 애쓰는 모습을 뒤로하고 그곳을 빠져 나왔다. 마을 큰길까지 걸어가서 지나가는 자동차나 트랙터를 잡아올 생각이다. 이런저런 생각에 잠겨 걷는데 눈이 번쩍 뜨이는 것이다. 미처 생각지도 못한, 논에 모를 나르는 트럭이 눈앞에 들어 왔다. 나도 모르게 발걸음이 빨라지며 그곳 분위기를 파악하니 농촌에서 보기 드문 장정 대여섯이 있다.

　　"좀 도와 줄 수 있어요?"

　　"무슨 일인데요?"

　　"승용차가 빠졌어요."

　　"어디 있어요?"

　　"저 위쪽 산 아래."

　　"어떻게 거기까지 갔어요?"

　　"학계철비 찾아 왔다가 길을 잘못 들었어요."

　　"학계철비는 이쪽인데, 애들아 가보자."

　　칠전리 청년들이 트럭에 오르자 나도 따라 화물칸에 뛰어올랐다. 개선장군마냥 어깨를 으쓱거리며 봉은장로 앞에 나타났다. 그리고 칠전리 청년들이 활약을 펼친다.

　　"앞바퀴가 물에 빠졌네."

　　"트럭으로 끌어서 나와야 하지 않을까?"

진도 운림산방

"앞을 한 번 들어보자. 모두 이리 와서 들어 봐."

"하나, 둘, 셋!"

앞이 번쩍 들린 차가 쭈뼛거리며 뒷걸음을 친다. 나도 모르게 박수가 절로 나온다.

"고맙습니다. 고맙습니다."

고마운 마음에 오 만원을 내미니, 칠전리 청년들은 손사래를 친다.

"이거 받으면 우리 아부지헌티 혼나요."

휭 하니 트럭을 타고 내려간다. 너무나 고마운데 보답할 방법이 없다. 바르게 자란 고마운 청년들이었다. 차를 몰고 의신면의 운림산방으로 향하면서 누가 먼저랄 것도 없이 칠전리 청년들을 독수리 오형제라 부르며 칭찬에 여념이 없다. 1980년대 유행한 만화영화 독수리 오형제는 악당들을 민나면 변신하어 물리지는 정의의 특공대였다. 독수리 오형제가 변신하여 승용차를 번쩍 든 것은 지구를 지킨 공적에 비해 조금도 부족함이 없다며 서로서로 이죽거리며 운림산방 주차장에 들어섰다.

양천허씨 소치 허련 선생은 31살(1839) 때 초의선사의 소개로 김정희에게 글과 그림을 배워 호남을 중심으로 하는 남종화南宗畵를 완성하였다. 그는 시와 글씨와 그림에 뛰어났으며 마르고 갈라진 듯 붓놀림을 구사하여 산수화를 많이 남겼다. 41살(1849) 때 무과에 합격하여 정2품 지중추부사 벼슬에 올라 헌종 앞에서 직접 그림을 그리기도 하였다. 운림산방은 49살(1857) 때 고향으로 들어와 작품 생활을 하던 곳이다. 양천허씨 사당인 사천사斜川祠와 허련의 초상을 모신 운림사雲林祠가 남아 있다.

>> 진도 운림산방

施爲要似千匀弩 磨淬當如百煉金 시위요사천균노 마쉬당여백련금
大烹豆腐瓜薑菜 高會夫妻兒女孫 대팽두부과강채 고회부처아녀손
且呼明月成三友 好共梅花住一山 차호명월성삼우 호공매화주일산

행동을 할 때는 삼만 근 나가는 쇠뇌 같이 하고
갈고 닦기는 쇠를 백번 두드리듯 하여야 한다네.
가장 좋은 것은 두부, 오이, 생강과 나물 반찬이고
제일 아름다운 모임은 부부, 아들딸, 손자들의 모임이라네.
또 밝은 달을 부르니 맑은 바람과 함께 셋이 친구 되고
서로 좋아서 매화와 같이 산다네.

운림산방의 '대팽두부과강채' 주련은 간송미술관의 소장품과 같이 본글 옆에 따로 도움을 주는 글까지 새겼다.

>> 운림사

五畝種竹五畝執蔬 半日靜坐半日讀書
오무종죽오무예소 반일정좌반일독서
唯愛圖書兼古器　且將文字入菩提
유애도서겸고기 차장문자입보리

다섯 이랑은 대 심고 다섯 이랑은 채소 가네.
한나절은 명상하고 한나절은 책을 보네.
오로지 그림과 책을 사랑하되 옛 물건도 좋아하며
또한 불교 경전을 읽고 깨달음의 경지에 이른다네.

>> 사천사

春風大雅能容物 秋水文章不染塵 춘풍대아능용물 추수문장불염진
秋水纔深四五尺 綠陰相間兩三家 추수재심사오척 녹음상간양삼가

군자는 봄바람같이 온갖 것을 품어야 하고
글은 가을철의 물처럼 맑고 깨끗하여야 한다네.
가을 물은 깊어도 겨우 너 댓 자
녹음 사이로 보이는 건 겨우 두세 집

此爲村夫子第一樂上樂 雖腰間斗大黃金印

차위촌부자제일락상락 수요간두대황금인

食前方丈侍妾數百 能享有此味者幾人

식전방장시첩수백 능향유차미자기인

爲 古農書 七十一果 위고농서칠십일과

이것이야말로 촌 노인의 즐거움 중에 제일이라

비록 허리춤에 한 말의 황금도장을 차고

밥상 앞에 시중드는 여인이 수백 명 있다고 하더라도

능히 이런 맛을 누릴 수 있는 사람이 몇이나 될까?

촌 노인에게 써 준 글 일흔한 살 과천

운림산방 주련

늙고 병든 암소

– 영암 부춘정

 4월 초파일, 부처님 오신 날 새벽에 길을 나서 안성 칠장사로 간다. 약속한 곳에서 만나 이야기꽃을 피우며 서초 나들목을 통해 경부고속국도를 오른다. 언젠가부터 괘불탱에 빠져 청원 안심사, 천안 광덕사, 상주 북장사 등 매년 부처님 오신 날에 절집을 찾았다. 괘불탱掛佛幀이란 평소에는 괘불함에 넣어 대웅전이나 극락전 등에 보관하다가 부처님 오신 날이나 절집의 생일날에 젊은이 10여 명이 힘을 모아 괘불대에 거는 엄청 큰 걸개그림이다. 그래서 요즈음은 절집에도 젊은이들이 귀해 괘불탱을 거는 일도 어렵다고 스님들은 말씀하신다.

 이런 저런 이야기를 하다 안성 나들목을 빠져 나가 통행료를 내려하는데 아뿔싸! 이야기에 빠져 서울에서 출발지 통행증을 뽑지 않고 그냥 통과한 것이다. 1985년 여름 친척들과 휴가를 마치고 영동고속국도를 통해 서울로 돌아올 때, 새말 요금소에서 통행료를 내고 영수증을 받지 못했던 실수가 주마등처럼 떠올랐다. 영동고속국도에 차량 정체가 너무 심해서 곤지암으로 해서 서울에 들어올 생각으로 이천 나들목으로 나오면서 통행료

영수증을 못 받은 사실을 알게 된 것이다. 그때는 목직지까지 통행료를 먼저 지불하던 그런 시절이었다.

"어디서 출발하셨습니까?"

"강릉에서 출발했습니다."

"그럼 주유소 영수증이나 주차장 영수증이 있습니까?"

"네, 강릉시 공영주차장 영수증이 있습니다. 그런데 새말에서 영수증을 받지 못했습니다. 전화로 확인 좀 부탁합니다."

"네, 기다리세요."

"담당자와 통화를 하였는데 그런 사실이 없답니다."

"우리는 분명히 못 받았습니다."

"그럼 여기에 사유서를 쓰고 새말부터 이천까지 통행료를 지불하시면 됩니다."

"통행료를 두 번이나 내고 사유서도 쓰고 아무튼 고맙습니다."

홍보대사가 관리사무소를 찾아 일을 처리하는 동안 승용차 안에서 꿀 먹은 벙어리처럼 말도 못하고 애타게 기다렸다. 결국 서울에서 출발 한 것이 인정되어 서울 안성간 통행료를 관리사무소에 지불하고 나왔다. 문화재 길잡이를 하면서 이 일은 아직도 두고두고 이야기하는 단골 이야깃거리가 되었다.

우리가 오늘 만나러 가는 칠장사 오불회괘불탱은 길이 6.6미터, 폭 4미터로 비로자나불, 석가모니불, 노사나불, 약사불, 아미타불 등 다섯 부처를 함께 그린 걸개그림으로 선조 임금의 두 번째 왕비 인목왕후의 도움으로 인조 때 완성한 것이다. 이 외에도 인목왕후가 자신의 어려운 상황을 비유한 한시를 써서 보낸 것이 지금은 보물로 지정되어 있다. 선조의 입장에서

영암 부춘정

는 인목왕후仁穆王后이고 광해군의 입장에서 보면 새 어머니이므로 인목왕
대비仁穆王大妃라 하였다.

　월사 이정구가 쓴 글에는, 조선시대는 양반의 자녀라도 정식 부인이 아
닌 첩의 자녀로 태어난 사람을 서자庶子라 하였다. 서자는 벼슬에 오를 수
없고 재산을 물려받거나 제사를 모실 때에도 집안에서 차별 하였다. 광해
군 5년(1613) 서얼 차별에 불만을 품은 양반집의 서자 7명이 어울려 문경
새재에서 은銀을 팔고 사는 상인을 죽이고 재물을 빼앗다가 붙잡힌 일이

있었다. 그런데 이때 예조판서 이이첨이 죄를 지은 서자들을 꾀어 영창대군을 임금으로 모시기 위한 돈을 마련하기 위해 저지른 일이라고 거짓 자백하게 하였다. 이 일로 인목왕후의 아들이자 광해군의 동생인 영창대군은 강화도 섬으로 귀양 가고 인목왕후의 아버지이자 영창대군의 외할아버지인 김제남은 사약을 받고 죽었다. 강화로 귀양 간 영창대군은 이듬 해 9살로 이이첨의 명을 받은 강화부사에 의해 쪄 죽임을 당한다. 영창대군을 방안에 가두고 부엌 아궁이에 불을 계속 지펴 방바닥을 뜨겁게 달구니 발을 딛고 서 있을 수조차 없고 사우나보다 더 뜨거웠다. 그래서 영창대군은 문살에 매달려 살려달라고 애원하며 울부짖다 지치고 힘이 빠져 뜨거운 방바닥을 뒹굴뒹굴 뒹굴다 쪄 죽임을 당한 것이다. 이이첨은 임진왜란 때 광릉참봉으로 왜적에게 빼앗길 위기에 처한 세조의 초상화를 구한 공적으로 선무원종공신 1등에 뽑히고 벼슬도 높아진 인물이다.

　이루 말할 수 없는 아픔을 가슴에 간직한 인목왕후는 영창대군을 성남시 남한산성 아래에 묻었다. 그리고 아들의 넋과 아버지의 억울함을 위로하고자 백운대사가 있는 칠장사와 인연을 맺게 되었다. 있을 수 없는 일을 겪은 인목왕후는 궁중의 어른으로서 광해군의 정치를 비판하는 일이 잦아지게 되었다. 그러자 아들과 아버지가 역모 혐의로 죽임을 당한 역적의 어머니이고 딸이라 하여 광해군 10년(1618)에 덕수궁의 석어당에 가두었다.
그리고 인목왕후의 아버지 김제남의 시신을 무덤에서 꺼내 목을 베었다.
비록 임금을 직접 낳은 어머니는 아니라 하더라도 자식이 부모에게 벌을
내릴 수 없다는 것이 유학의 기본 이념이기 때문에 이는 중종반정의 으뜸
되는 구실이 되었다. 현재의 영창대군의 묘는 성남시 도시개발 사업으로
1971년 안성으로 옮긴 것이다.

영암 망호리 부춘정을 찾는다. 진주강씨 강한종 선생은 69살(1618) 때
광해군이 인목왕후를 덕수궁 석어당에 가두자 이는 임금으로서 잘못된 것
이라 지적하며 종5품 판관 벼슬을 벗고 고향으로 내려와 월출산 마주 보는
곳에 부춘정을 세웠다.

부춘정富春亭은 엄자릉이 밭 갈고 낚시하며 숨어 살던 부춘산에서 따온
이름이다. 중국에서 농사를 짓거나 고기를 낚으며 살던 유명한 사람은 강
태공과 제갈량, 엄자릉이 있다. 그러나 강태공도 제갈량도 벼슬길에 나섰
지만 끝까지 시골에 남았던 사람이 엄자릉뿐이다. 그래서 중국에는 그가
살던 곳을 부춘산, 낚시하던 곳을 엄릉여울이라 하였다. 엄자릉은 한나라
광무제가 된 유수와 함께 공부하였으나 그가 황제 자리에 오르자 시골로
숨었다. 한나라 광무황제는 그를 찾으려 애쓰던 중 한 노인이 양가죽을 입
고 여울에서 낚시하고 있다는 말을 듣고 찾아가 여러 차례 청하여 궁궐로
모셨다.

광무황제가 벼슬을 내리자 엄자릉이 답하였다.

"옛날에 요 임금이 나라를 맡아 달라고 허유에게 말하자 그는 곧 바로 냇
가에 가서 귀를 씻었습니다. 선비는 굳은 의지와 절개가 있으니 강제로 할
수는 없습니다."

그 후 엄자릉은 부춘산에 들어가 다시는 나오지 않았다. 장흥 탐진강 부춘정과 화순의 부춘정은 엄자릉이 살던 부춘산을 본 따 이름을 붙였다. 주련 중 필로는 필운재 이항복을 이른다.

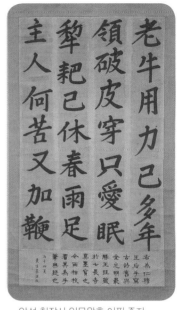

안성 칠장사 인목왕후 어필 족자

>> 칠장사 인목왕후 어필

老牛用力已多年 領破皮穿只愛眠
노우용역이다년 영파피천지애면
犁耙已休春雨足 主人何用苦加鞭
여파이휴춘우족 주인하고우가편

늙은 소가 힘을 쓰던 때가 이미 오래 되었고
목은 허물고 가죽은 찢기어 잠만 자려 하는구나.
쟁기질 써레질도 끝난 이때 봄비마저 흡족한데
주인은 어찌하여 채찍질로 또 아픔을 주려는가?

>> 영암 부춘정

桐江七里富春亭 年修不替古家聲 동강칠리부춘정 연수불체고가성
蘋風蘆月古今中 淸翁大德千姝嫌 빈풍노월고금중 청옹대덕천추혁
有釣當從淸渭釣 皐孤嚴子是姜公 유조당종청위조 고고엄자시강공
弼老遺風百世淸 肯構丕承先世業 필로유풍백세청 긍강비승선세업

동강의 칠 리 여울에 있는 부춘정

꾸준히 학문을 갈고 닦음은 옛 가문 명성이라네.

예부터 물풀에 바람 일고 갈대밭에 달이 뜨니

청렴한 어르신의 큰 사람됨은 오랜 세월 빛난다네.

낚시를 하는 사람들은 맑은 위수에서 낚시 하고

언덕에 혼자 낚시하는 엄자릉이 바로 강태공이라네.

이항복 선생의 청렴한 전통은 영원히 맑고 밝게 전하고

조상들의 업적을 이어받아 크게 가업을 잇는다네.

송골매 두 마리

- 영광 이규헌 가옥

전주이씨 이천우 장군은 이성계의 형 이원계의 아들로 왜구 토벌에 공을 세우고 조선 건국에 참여하여 개국원종공신에 뽑혔다. 제1, 2차 왕자의 난 때 태종을 도와 좌명공신 2등에 뽑히고 이듬해 완산지역을 다스리는 완산부원군에 올랐다. 완산은 백제 때 전주를 부르던 이름이다.

"완산부원군이 나라를 위해 큰 공을 세웠는데 아직 보답을 못하였으니 좋은 논과 노비를 상으로 드리겠소."

"대왕마마, 큰 상은 받기 어려우니 송골매 두 마리를 주십시오."

태종이 초상과 함께 송골매 두 마리를 그려 내리니 이를 보존하기 위하여 긴 밭이랑처럼 오래오래 이어지라는 뜻의 묘장영당畝長影堂을 세웠다. 그리고 좌명공신에 뽑힌 글과 태종과 함께 제사 모시는 글도 돌에 새겼다.

>> **태종이 좌명공신으로 뽑은 글**

의로움으로 질서를 바로 잡는 것은 신하가 할 일이고 그 공적을 예의로 보답하는 것은 임금이 해야 할 일이다. 지난번에 못된 신하들이 나이 어린

방석을 세자로 세우고 본 부인의 아들과 작은 부인의 아들이 질서를 어지럽혀 형제간의 분란을 일으켰다. 그래서 완산부원군이 의로움을 떨치고 일어나 본 부인의 아들과 작은 부인 아들의 질서를 바로 잡았다. 그 결과 나라와 왕실이 안정을 찾게 되었으니 이는 완산부원군의 큰 공적이라.

또 못된 신하들이 형제간에 서로 미워하도록 분란을 일으켰으나 완산부원군이 이를 평정하여 형과 아우의 질서를 다시 세웠다. 형님인 정종께서 이러한 일들을 생각하고 동생인 나를 세자로 책봉하셨다. 그리고 임금의 자리를 물려주시니 조선왕조의 기틀을 보존하고 본처의 아들로 임금을 이을 수 있었다. 이는 인품이 부족한 나 혼자 이룰 수 있는 것이 아니라 완산부원군이 목숨을 다해 나를 도왔기에 이룰 수 있었다. 그래서 완산부원군의 공적에 보답하고자 밭과 땅에 노비를 함께 내리니 조선 왕실을 위해 더욱 충성하도록 하라.

영광 이규헌 가옥 안채

영광 묘량면 영양리 이규헌 가옥 대문에 숙종 때 효자 이상호의 정려를 걸었고 옆에 임진왜란 당시 영광읍성 수비를 책임진 영광수성장 이광응의 집이라 알리고 있다. 사랑채와 안채 사이에 당당한 내삼문을 세웠는데 양반 집에 내삼문을 세운 구조는 서원이나 향교 이외의 다른 곳에서는 볼 수 없다. 임진왜란 때 의병청으로 사용했던 사랑채는 영광읍성을 수비하기 위한 의병들이 모여 스스로 읍성을 지킬 계획을 세웠다. 서로서로 착함을 권한다는 상선당相善堂에는 주련을 해석한 현판까지 걸어 찾는 사람들의 이해를 돕는 친절함을 보였다. 부조묘不祧廟 주련에 임금과 관련된 글은 붉은색을 썼고 주련 머리에 연꽃과 잎을 새겨 품위를 더했다.

>> 영광 이규헌 가옥 상선당

澗谷高人在 幽閑臥草廬　간곡고인재 유한와초려
明窓疎竹下 無語對琴書　명창소죽하 무어대금서

산골에 고귀한 분계시니
한가롭게 초가에 누워 계시네.
밝은 창, 트인 대 숲 아래
말없이 책과 거문고 마주하시네. – 박광일

>> 안채

種豆南山下 草盛豆苗稀　종두남산하 초성두묘희
侵晨理荒穢 帶月荷鋤歸　침신이황예 대월하서귀
道狹草木長 夕露霑我衣　도협초목장 석로점아의

依粘不足惜 但使願無違 의점부족석 단사원무위

남산 아래에 콩 심으니
풀은 무성하고 콩 싹은 드문드문,
새벽에 일어나 김을 매주고
달빛 띠고서 호미를 메고 돌아오네.
좁은 길에 풀과 나무들이 자라니
저녁 이슬이 내 옷을 적시네.
옷 젖는 것이야 아까울 것 있으랴만
그저 곡식만 잘 여물었으면. −도연명

>> 영광 양도공 부조묘

御賜九字遺像儼然 享太宗廷不祧之典
어사구자유상엄연 향태종정부조지전

임금이 내린 아홉 글자가 영정에 엄숙하게 쓰여 있고
태종의 공신당에 모셨고 사당에 영원히 머무는 은혜 입었네.

盡忠定社日月有光 勇冠三軍聖諭極矣
진충정사일월유광 용관삼군성유극의
不受田民使無失德 願得禽玩可知諷規
불수전민사무실덕 원득금완가지풍규
扶正斥邪春秋大義 謁夫子廟斯道有傳

영광 양도공 부조묘

부정척사춘추대의 알부자묘사도유전

충성 다하여 조선을 안정시키니 해와 달의 빛이 있고

용맹이 삼군의 으뜸이라 하던 임금의 가르침이 지극하네.

토지와 노비를 받지 않고 사람됨을 잃지 않게 하였고

송골매 얻기를 원하니 비유를 들은 그 말뜻을 알겠구나.

바름을 존중하고 간사함을 멀리하니 역사에 큰 의로움이고

공자 사당에 참배하여 빼어나고 뛰어난 가르침 전하였구나.

산 사람의 도리

- 영광 침류정

영광 불갑면의 침류정은 '돌을 베개 삼고 흐르는 물에 양치질 한다'는 침석수류枕石漱流에서 이름한 것이다. 진나라 손초가 고향으로 가며 왕제에게 말한다.

"물 베고 돌로 양치질이나 해야지."

"돌 베고 물로 양치질이나 해야지가 맞아."

"내가 물을 베려는 것은 세상에 찌든 귀를 씻으려 함이요, 내가 돌로 양치질 하려는 것은 세상에 물든 치아의 때를 갈아 내려 함이라네."

고흥류씨 류익겸 선생은 임진왜란이 일어나자 의병들이 먹을 쌀을 모아 고경명과 곽재우 의병장에게 보냈고, 선조가 피난한 의주까지 뱃길로 쌀을 보냈으며, 영광 읍성 방어를 위해 영광수성장 이광은의 사랑채에서 선비들과 함께 하였다.

선조 30년(1597) 9월 16일 이순신의 귀신같은 작전으로 통쾌한 승리를 거둔 명량해전은 서해를 통해 강화도를 거쳐 서울로 들어오려는 왜적의 작전을 통쾌하게 격파한 것이다. 그러나 이순신은 도망간 왜적이 다시 공격해 오면 이길 수 없다고 판단하고 13척의 배를 보호하기 위해 그날로 시해로 후퇴하여 신안군에 있는 당사도와 어의도에서 식량과 물을 싣고 뱃길을 서둘러 영광군의 칠산 앞바다를 지나 9월 21일 군산의 선유도에 머물렀다.

명량해전에서 크게 패한 소식이 알려지자 육지의 왜적은 수군과 함께 조선 수군에게 보복하기 위해 해남, 무안, 영광으로 올라오면서 마을을 불태우고 백성들을 잔인하게 칼질하거나 포로로 잡으며 9월 27일 칠산 앞바다까지 올라왔다.

왜적들이 몰려온다는 소식에 류익겸은 뱃길로 군산으로 가려다 영광 칠산 앞바다에서 뱃길이 막히자 여섯 식구가 몸을 묶어 바다로 뛰어들었다.

"의롭지 못하게 사느니 죽음으로 사람의 도리를 지키는 것이 낫다. 우리

영광 침류정

식구가 다 죽으면 조상 제사는 누가 지내는가? 둘째 류오는 살아서 조상 제사를 지내라. 산 사람도 사람의 도리요, 죽은 사람도 사람의 도리다."

할아버지의 초상을 모시고 있던 둘째아들 류오의 가족은 왜적의 포로가 되어 오사카와 마주한 시코쿠 지방의 도쿠시마성으로 끌려가 온갖 고생을 하였다. 한때는 할아버지 초상까지도 빼앗겼으나 목숨을 걸고 다시 찾아와 아침저녁으로 정성을 다해 제사를 올렸다.

류오는 선조 32년(1599)에 고향으로 돌아와 부모님의 삼년상을 치르고 할아버지의 초상을 침류정枕流亭 옆에 모셨다.

400여 년 만에 돌아온 매화도 있다. 서울 남산의 안중근 기념관 앞에 백매와 홍매 각각 1그루인 와룡매가 그 주인공이다. 와룡매臥龍梅는 임진왜란 때 창덕궁에 자라던 매화를 왜적들이 가져가 일본의 마츠시마 서암사에 옮겨 심어 400여 년 간 희고 붉은 색의 꽃을 피워 아름답기로 유명하였다. 일본의 서암사 주지 스님이 일본 침략으로 인해 조선에서 수많은 사람이 죽거나 다친 것에 대해 용서를 구하는 마음으로 안중근 의사 숭모회에 와룡매 자목子木을 보내겠다는 의견을 냈다. 그래서 1999년 3월 26일, 400여 년 만에 고국으로 돌아와 안중근의사 기념관 앞에 심었다. 사람뿐 아니라 나무도 모진 수모를 겪었으리라.

>> 영광 침류정

亭枕寒流人枕響 涓涓如作怨尤聲 정침한류인침향 연연여작원우성
時情愴攘深憂國 島寇狂侵輦守城 시정창양심우국 도구광침공수성
壯志期盟就義死 憤心何忍共讐生 장지기맹취의사 분심하인공수생
一家投海恨無極 六口同舟意不輕 일가투해한무극 육구동주의부경

改觀增輝先祖烈 移營可見後昆誠　개관증휘선조열 이영가견후곤성
登臨且莫凡欄視 留在忠魂故有名　등림차막범란시 유재충혼고유명

정자는 흐르는 물 베고 사람은 물소리 베고
졸졸졸 흐르는 물소리 슬퍼하며 원망하누나.
나랏일 뒤숭숭하고 어지러우니 걱정이 깊어지고
왜놈이 미쳐 날뛸 때 성문을 굳게굳게 지켰다네.
마음속 품은 웅장한 뜻 맹세코 의로움 위해 죽고
원통하고 분한 마음 원수와 함께 어찌 살 수 있는가?
한 집안 바다에 몸을 던지니 원통함이 끝이 없고
여섯 식구가 같은 배를 탈 때 그 뜻이 있었다네.
정자를 고치니 나라를 위한 조상들이 더욱 빛나고
옮겨 지으니 자손들의 열렬한 마음이 보이는구나.
이곳에 오르면 정자를 함부로 하지 말고 뜻을 살피라
진실한 마음의 넋이 있으니 예부터 이름난 정자라네.

죄인의 수레

– 영광 내산서원

    이웃한 쌍운리에 강항 선생을 모시는 내산서원이 있다. 진주강씨 수은 강항 선생은 27살(1593)에 문과에 합격하여 정6품 형조좌랑 벼슬에 올랐다. 강항은 정유재란 때 호조참판의 종사관으로 남원에서 군사들과 의병들이 먹을 쌀을 모으고 보내는 일을 하였는데 남원성이 왜적에 함락되고 영광이 왜적에게 점령당하자 가족과 함께 뱃길로 군산에 가려다 칠산 앞바다에서 붙잡혔다. 왜장이 강항에게 물었다.

    "이순신은 지금 어디에 있는가?"

    "장군은 군산 앞바다 선유도에 계신다. 그리고 충청도 태안에 명나라 군함 1만여 척이 바다에 가득한데 빠른 배들은 벌써 선유도에 들어와 있다."

    왜적들은 겁을 먹고 뱃길을 돌려 멀리 진해 안골포로 도망하였다. 왜로 끌려간 강항은 마침 성리학을 공부하던 후지와라 세이카를 만나 학문적 교류를 통하여 일본 성리학 발전에 엄청난 영향을 주고 34살(1600)에 조선으로 돌아왔다.

    강항은 약 2년 8개월 동안 포로로 잡혀가 끌려온 조선 백성들의 고통과

영광 내산서원 강당

왜의 풍습 등을 기록하고, 전쟁에 대비해야 할 비책을 일기 형식으로 기록하여 건거록巾車錄이라 하였다. 건거란 죄인이 타는 수레라는 뜻이다.

강항의 제자 윤순거가 건거록을 발간할 때 제목을 간양록看羊錄이라 하였다. 간양은 소무목양蘇武牧羊에서 나온 것으로 '소무가 양을 기른다.'는 뜻이다. 소무는 한나라의 사람으로 흉노에 사신으로 갔다가 붙잡혀 큰 움 속에 갇혀서 혹독한 굶주림에도 굴복하지 않고 한나라의 신하로서 굳건한 태도를 보였다. 그러자 흉노 추장이 숫양 댓 마리를 주면서 말하였다.

"이 양들이 새끼를 낳으면 너희 나라로 보내주마."

"어찌 숫양이 새끼를 낳을 수 있습니까?"

"그것은 네가 알아서 해라."

그러면서 엄청나게 추운 바이칼 호수로 귀양 보냈다. 소무는 먹을 것이 없어 들쥐의 구멍을 파고 그 안에 있는 풀과 열매를 먹으며 19년을 살다 한나라로 돌아온다. 이때부터 간양看羊은 충성스런 신하의 상징이 되었다.

내산서원 강당 주련

내산서원 강당에는 일곱 장의 주련이 걸려 있으나 세 장밖에 해석하지 못해 영광군 이곳저곳에 수소문했지만 해석할 방법을 찾지 못했다.

>> 영광 내산서원

七歲孟子史幼誦 칠세맹자유유송
千板看羊裔遺功 천판간양예유공
赫明仁義永無窮 혁명인의영무궁

일곱 살 어린나이에 맹자를 잠깐 보고 모두 외웠고
간양록 목판 일천 장은 후손들에게 남긴 큰 업적이구나.
어짐과 의로움으로 밝힌 세상은 끝없이 이어질 것이라네.

호남 들

전
라
북
도

풍패지관

- 전주 오목대

전주 객사에는 풍패지관豊沛之館이란 큰 현판을 걸었는데 이는 조선 태조의 고향이라는 뜻이다. 한나라 고조 유방은 회남왕의 반란을 진압하고 돌아가는 길에 강소성 풍읍 패현의 고향에 들러 어른들과 친척들에게 큰 잔치를 벌이고 대풍가를 불렀다. 풍패는 풍읍 패현을 의미하며 임금이 태어난 고향을 뜻한다. 전주 오목대 안에는 2004년에 쓴 대풍가 현판도 걸려 있다.

전주 한옥마을을 내려다보는 교동 야트막한 언덕에 오목대가 있다. 고려 우왕 때 삼도도순찰사 이성계가 아기발도의 왜구를 크게 물리치고 개성으로 올라가던 중 전주에 들러 고장의 친지들에게 잔치를 벌이고 대풍가를 불렀다. 조선을 세운 후 정자를 짓고 오목대梧木臺라 이름 하였다. 오동나무는 천년을 지나도 변함없이 가락을 지닌다는 동천년고항장곡桐千年古恒藏曲에서 따와 태조가 부른 대풍가를 변함없이 오랫동안 간직하자는 뜻을 포함하고 있지는 않을까? 조선을 세운 태조 이성계는 함경도 영흥에서 태어났지만 전주이씨의 발상지로 조상들이 대대로 살던 곳이다. 그래서 전주를 강소성 풍읍 패현에 비유해서 전주성 남문을 풍남문豊南門이라 하고 없어진 서문을 패서문沛西門이라 하였다.

전주 객사의 현판 '풍패지관'

그럼 아기발도의 왜구를 무찔러 없앤 황산전투는 어떠했을까? 고려 우왕 6년(1380) 군산 앞바다로 들어온 왜구의 배 500여 척은 최무선이 발명한 화포에 불타고 물에 잠겨 도망갈 길이 막히자 육지로 올라와 금산, 옥천을 거쳐 추풍령을 넘어 함양으로 오는 동안 마을을 불태우고 백성들에게 함부로 칼을 휘두르는 등 온갖 못된 짓을 다하며 바다로 달아나려 하였다. 삼도도순찰사 이성계는 왜구를 무찌르기 위해 남원에서 운봉으로 군사들과 함께 여원치에 오르는데 갑자기 안개가 끼어 한치 앞을 볼 수 없었다. 그때 할머니 한 분이 나타나 말하였다.

"이성계 장군이십니까?"

"예, 그렇습니다."

"왜구를 물리칠 방도를 알려 줄 터이니 이르는 대로 꼭 하셔야 합니다."

"말씀대로 따르겠습니다."

"운봉의 고남산에 군사들을 배치하고 참을성 있게 기다리다 달뜨는 날을 택하여 전투를 시작하세요. 그리고 왜구가 마구 밀고 들어와도 절대로 후퇴하지 말고 하루를 잘 버티면 반드시 이길 수 있어요."

말을 마치자 할머니가 사라지고 안개도 걷혔다. 이상한 생각이 들었지만 이성계는 운봉의 고남산에 군사들을 배치하였고 왜구는 인월의 금대산에서 서로 맞섰다. 이성계는 달이 뜨는 날 전투를 시작하여 하루 낮을 싸웠으나 어느 한쪽으로도 기울지 않았다. 그런데 갑자기 왜구가 한쪽으로 거칠게 밀고 들어오는 것이었다. 너무 사나운 기세로 들어오자 순간 후퇴를 생각했으나 할머니 말씀이 생각이나 끝까지 믿고 버텼다. 얼마 후, 달이 뜨자 왜구의 장수가 나타났는데 갑옷을 입고 투구를 썼으며 목가리개, 얼굴가리개 등을 하여 활을 쏠 곳이 없었다. 그래서 이성계가 왜구 장수의 투구꼭지를 맞추어 땅에 떨어뜨리자 부하가 곧이어 얼굴을 활로 쏘아 말에서 떨어뜨렸다. 장수를 잃은 왜구들은 크게 패해 우왕좌왕 도망하여 말 1,600여 필을 얻는 큰 승리를 거두었다. 이때 시냇물이 붉은 핏물이 되어 흐르고 냇가의 큰 너럭바위가 붉게 물들었으므로 이를 피바위라 하였다.

이성계는 안개 속에서 나타난 할머니에게 감사하는 마음으로 여원치에 있는 큰 바위에 마애불상을 새기고 정성을 다한 예를 올렸다. 고종 38년(1901)에 운봉현감이 마애불 옆에 바위 글을 새겨 이성계 장군의 마음을 전하였다.

태조가 왜구를 크게 무찌른 업적을 기리기 위해 선조 10년(1577)에 황산대첩비를 세우고 고종 19년(1882)에 어휘각御諱閣을 세웠다. 그러나 일제강점기 비문을 쪼아 대첩비를 폭파하였다. 폭파된 비문을 모아 한 곳에 거두고 파비각破碑閣을 세웠다. 어휘각은 황산대첩이 있는 다음해 이성계, 변안렬, 우인열, 이원계, 박임종, 도길부, 홍인계, 임성미 등의 이름을 바위에 새겨 이들의 공으로 큰 승리를 거둔 것을 기록한 것이다. 그러나 황산대첩비를 파괴할 때 바위 글씨를 쪼아내 지금은 그 흔적만 남아 있다.

한편 이성계는 전주에서 개성으로 올라가는 길에 성수산 상이암을 찾아

기도를 올렸다. 고려 태조가 이곳에서 기도하여 임금이 될 계시를 얻고 기쁨을 감추지 못해 환희담歡喜潭이라 글을 새긴 바위가 있다. 그 바위 아래에서 목욕을 하고 기도를 하다 깨달음을 얻어 삼청동이라 돌에 새기니 무지개가 오르며 어디선가 소리가 들렸다.

"이성계 장군은 성수만세를 누리리라"

그 소리가 세 번이나 들렸는데 성수만세聖壽萬歲는 '임금님 오래오래 사세요'라는 뜻이다. 산과 물, 기운 등 세 가지가 맑은 곳이라 하여 삼청동三淸洞이라 글을 새긴 바윗돌은 집을 지어 보호하고 있고 환희담은 칠성각 앞에 놓여 있다.

상이암에서 기도를 마치고 개성으로 가던 이성계는 진안 마이산을 보고 깜짝 놀랐다. 두 귀가 쫑긋한 것이 꿈에 산신령에게 금으로 된 자, 금척을 받은 곳과 닮았기 때문이다. 금척金尺은 죽은 사람을 자로 재면 살아나고, 어려운 사람이 소원을 빌면 이루어지는 신비한 능력이 있는 자였다. 이를

전주 오목대

기념하여 마이산 태극전에는 흰색 옷을 입은 마이산 산신령이 무릎을 꿇은 이성계에게 금척을 주는 그림을 모셨고, 해와 달과 다섯 봉우리 그림인 일월오봉도日月五峰圖는 금척을 받을 때 마이산을 모습을 그린 것이다.

>> 전주 오목대

淸風明月不用竭 高山流水情相投 청풍명월불용갈 고산유수정상투
花香鳥語是詩情 山花水鳥皆知己 화향조어시시정 산화수조개지기

맑은 바람과 밝은 달은 마르지 않고
흐르는 물과 높은 산은 서로 통하는구나.
꽃향기와 새 울음소리가 시를 읊는구나.
야생화나 물새들도 모두 나의 친구라네.

>> 전주 오목대 대풍가

大風起兮雲飛揚 대풍기혜운비양
威加海內兮歸故鄕 위가해내혜귀고향
安得猛士兮守四方 안득맹사혜수사방

큰 바람이 일어나니 구름이 날리었도다.
위엄을 천하에 떨치고 고향에 돌아왔네.
어떻게 용맹한 장사를 얻어서 나라를 지킬까.

효자! 효자들

- 전주 회안대군묘 광감재

회안대군 방간은 35살(1398) 때 동생 이방원과 함께 정도전 등을 없앤 제1차 왕자의 난을 평정하여 정사공신 1등에 뽑혔다. 37살(1400) 때 제2차 왕자의 난을 일으켜 동생 이방원에게 패하고 귀양살이를 하였다.

전주 금상동에 있는 회안대군 묘는 부인 묘를 아래에 두어 한 줄로 썼는데 후손 중에 대대로 임금이 나올 명당이라 하였다. 그래서 무덤에서 조금 올라 간 곳에 땅을 파고 인분을 묻고 불을 지펴 산의 혈맥을 끊었다. 지금도 이곳에 오르면 '혈맥을 끊은 흔적'이란 표지가 있다.

회안대군 재실인 광감재曠感齋는 세상에서 둘도 없는 지난 일을 생각한다는 뜻이고 옆에 회안대군의 셋째 아들 금성군의 금성재가 있다. 금성재金城齋에는 맹종설순과 왕상빙리 그림을 흙벽에 그렸다. 아마도 아들 금성군의 효성을 알리고자 한 것이리라.

맹종은 오나라 사람으로 부모를 지극 정성으로 모셨는데 오랜 병을 앓고 계신 어머니가 한 겨울에 갑자기 죽순을 먹고 싶다고 하였다. 그래서 맹종은 대나무밭으로 갔으나 눈이 잔뜩 쌓여 죽순을 구할 수 없는 안타까운 마음에 눈물을 뚝뚝 흘렸다. 그러사 하늘이 감동하였는지 눈물이 떨어진 곳에 눈이 녹으며 죽순이 돋아 올라 이것을 가져다 요리하여 드리니 어머니의 병이 나았다. 그래서 사람들은 눈 속에서 눈물을 흘려 죽순을 찾았다 하여 맹종설순孟宗雪筍이라 한다.

진나라에 살던 효자 왕상은 추운 겨울 어머니가 잉어를 먹고 싶다고 하셔서 강으로 나갔으나 얼음이 너무 두껍게 얼어 깰 수가 없었나. 그래서 왕상은 몸으로 얼음을 녹이려고 옷을 벗고 얼음 위에 누웠는데 얼마나 지났을까 얼음이 녹으면서 물속에서 잉어 두 마리가 얼음 위로 뛰어올라와 이를 가져다 요리를 하여 어머니께 드렸다고 하여 왕상빙리王祥氷鯉라 한다.

우리나라 강릉 땅에도 한 겨울에 잉어를 구한 이성무 효자 이야기가 전한다. 나이 많으시고 몸이 약한 어머니가 병환이 심해져 정신을 잃었다. 그러자 4형제는 향불을 피우고 하늘에 빌었다.

"어머니 병환이 낳으시고 오래 사시도록 우리들의 목숨과 바꿔 주세요."

정신을 잃은 어머니가 잠시 후 깨어나서

전주 회안대군묘 광감재

"아들 형제의 효성이 지극하니 하늘이 벼슬을 내릴 것이고, 나도 오래 살 것이라 산신령이 말하더구나."

얼마 후, 어머니가 잉어 요리가 먹고 싶다고 하였으나 추운 겨울이라 잉어를 구할 방법이 없었다. 이성무와 형제들은 혹시나 잉어를 구할 수 있을까 하여 호수로 나갔으나 얼음이 꽁꽁 얼었다. 형제들은 얼음 위에 무릎을 꿇고 앉아 기도를 하였다.

"신령님! 제발 잉어를 잡아 어머니 병을 낳게 해 주세요."

그러자 앉았던 자리의 얼음이 저절로 녹으면서 잉어 두 마리가 뛰어올랐다. 이성무가 얼른 잉어를 잡아 요리를 하여 어머니께 드렸다. 태종이 이성무 형제가 어머니를 지극 정성으로 모시는 것을 알고 태종 17년(1417) 4형제에게 효자정려를 내리고 이성무에게 정6품 사헌부 감찰 벼슬을 내렸다. 이성무는 향현사에서 강릉 12현 중 한 사람으로 제사를 모시고 있다.

회안대군 광감재 주련은 청색 바탕에 글씨를 흰색으로 입혔으며 주련머리를 연꽃모양으로 잘랐다.

>> 전주 광감재

華閥永傳靑史上 精靈完在白雲中　화벌영전청사상 정령완재백운중
層巒拱揖護明堂 宅地水究田鼠陽　층만공읍호명당 택지수구전서양
春露秋霜增感慕 千枝萬葉裸楚香　춘로추상증감모 천지만엽나초향
春雨穉霜不忍心 朝香夕酌雉忘意　춘우추상불인심 조향석작치망의
曠感齋高德蔭長　광감재고덕음장

지체 높은 가문 역사 위에 영원히 전하고

신령스런 주상의 기운이 흰 구름 속에 머무네.

층층이 쌓인 돌이 마주하고 보호하는 곳으로

집의 땅은 물을 구하고 밭의 쥐는 볕을 쪼이네.

봄 · 가을에 제사를 지내니 받드는 마음이 사무쳐

큰 나무의 잎처럼 많은 후손들이 향을 피우네.

봄비 내리고 가을 서리 내리며 남을 측은히 하는 마음

아침에 향 사르고 저녁에 술잔 올려 조상을 잊지 않으니

광감재의 지극한 사람됨이 길이길이 전하는구나.

>> 영당

松柏誇於千古節 山川擁護萬年基 송백궁어천고절 산천옹호만년기

弦望晦朔焚香裡 春夏秋冬省掃才 현망회삭분향리 춘하추동성소재

솔과 잣나무는 영원히 변치 않는 꿋꿋함이고

산과 냇물이 영원히 보살펴 주는 곳이로구나.

보름과 초하루 또 그믐날 향 피우는 속에서

봄, 여름, 가을, 겨울 내내 청소하며 보살피네.

맹종설순과 왕상빙리의 고사를 그린 금성재 벽화

개머리산

- 남원 죽산박씨 종택

    남원에 호랑이 닮은 산이 있어 예부터 큰 불이 자주 일어나고 호랑이 피해를 많이 입기에 산 이름을 개머리산으로 바꾸어 견두산犬頭山이라 하였다. 그리고 광한루원 등에 호랑이 돌을 세워 견두산을 향하게 하였다. 그런 견두산 정상의 큰 바위에 남원을 바라보는 마애불을 새겼다. 아무래도 호랑이의 피해를 막기 위한 마애불로 생각되어 산에 올라 확인하기로 하였다. 4월 첫 토요일 오전에 우리나라에서 가장 먼저 심었다는 나이가 1,000살이 넘은 구례 계척마을 산수유나무의 흐드러지게 핀 꽃을 넋놓고 바라보다가 퍼뜩 정신이 들었다. 딸랑 작은 생수병 하나 들고 카메라 메고 봉은장로와 둘이서 밤재터널 옆 빈터에 승용차를 세우고 음수대에서 500*ml* 귀한 물통에 물을 가득 채워 출발한다.

    "30분이면 가요. 지금 11시니까 12시면 돌아오고 12시 30분에 남원에서 점심을 먹을 수 있어요."

    "희망대로 되면 좋지요."

    오늘도 봉은장로는 내 말이 미덥지 않은가 보다. 허긴 마음 급한 내가 15

남원시와 구례의 경계를 이루는 견두산

분이라 하면 곧 한 시간이란 공식을 대입하고 또 그것이 맞아떨어지니 할
말이 없기는 하다. 견두산 정상에 가까이 이르니 호랑이 머리 모습의 바위
가 우뚝 솟아 북쪽을 바라본다. 그렇구나! 이래서 호두산이라 하였구나. 가
까이 다가가니 호랑이가 한 눈에 남원시를 물끄러미 바라보고 있고 그 아
래에 마애불을 새겼다. 근처에 절집이 있었다고는 하나 결국은 호랑이 때
문에 이 높은 곳에 불상을 새긴 것이다. 오르고 내려가고 앞서며 오가는데
3시간, 허기를 심하게 느낄 정도로 엄청 배가 고팠는데 목마름은 말해 무
엇 하리오. 봉은장로를 뵐 면목이 없다. 우리는 남원에서 오후 2시 40분에
정말 맛있는 자장면 한 그릇을 후딱 먹어 치웠다.

　죽산박씨 박문수 선생은 고려 왕조에서 정1품 우정승을 하였으나 조선
왕조가 들어서자 부인에게 말했다.

　"우리 문중은 고려에서 벼슬한 집안으로 이름이 나 있어 고려 왕조를 위

해 의롭게 죽는 것이 옳은 일입니다. 그러니 부인은 고향으로 내려가 조상의 제사를 받들고 자손들이 끊이지 않도록 하시오."

박문수 후손들은 남원시의 남쪽인 수지면 초리에서 호랑이 울음이 들린다 하는 호음실로 이사하였다. 종가 정문은 삼강문 현판과 정려를 걸었다. 임금과 신하, 어버이와 자식, 남편과 아내 사이에 지켜야 할 도리를 다시금 생각하고 고려 충신 두문동 72현 중 최고였던 박문수를 모시고 제사 모시는 집이라 적혀 있다.

몽심재가 높게 보이는 정원 오른편으로 큰 바위가 있다. 바위에 새긴 주일암主一岩은 마음이 하나로 모여 완전한 한 마음의 상태를 잇는다는 뜻이고, 미타기적彌他基適은 완전한 마음을 항상 유지한다는 의미이다. 본심을 간직하고, 본성을 기르는 것이 하늘을 섬기는 것이라는 존심대存心臺, 마음이 편해지는 집이라는 정와靖窩, 천길 푸른 낭떠러지로 조심하고 또 조심해야 한다는 천창애千蒼厓 글을 새겼다. 연못으로 물이 들어와 고인다는 정축淳瀦과 얼음이 얼은 냇가를 조심조심 건너가라는 임리臨履의 글도 새겼다.

사랑채는 현판 옆 기둥에 주련 2장을 걸고 맨 끝 글자 몽夢과 심心두 글자를 이어서 몽심재夢心齋라 이름 하였다.

>> 남원 죽산박씨 종택

隔洞柳眠元亮夢 격동유면원량몽
登山薇吐伯夷心 등산미토백이심

마을을 등진 버드나무는 도연명의 꿈을 꾸려 잠자고
산에 오르니 고사리는 백이의 마음을 드러내는구나.

動靜無違 表裡交正 동정무위 표리교정

正行以躬 潛心以居 정행이궁 잠심이거

움직임과 고요함이 한결같고 겉과 속을 바르게 하라

자신의 몸을 바르게 움직이고 마음을 고요히 가라앉힌다.

>> 부조묘 삼문

不事二君曰忠　불사이군왈충

行見中外曰顯　행견중외왈현

두 임금을 섬기지 않는 것을 '충'이라 하고

몸가짐이 안팎으로 드러남을 '현'이라 한다.

충현공 박문수 부조묘

열 명의 스승

- 남원 십로사

    남원 대강면의 십로사十老祠는 수양대군이 임금에 오르자 벼슬을 그만
두고 남원, 전주, 순창 등으로 내려가 농사를 짓고 시를 지으며 굳은 절개를
지킨 김박, 설산옥, 설존의, 신말주, 안정, 오유경, 이윤철, 장조평, 조윤옥,
한승유 등 열 분을 모셨다. 남원 대강면의 십로사는 흥성장씨 장조평의 후
손들이 조상들의 뜻을 기려 철종 때 세웠고 고창 덕천사는 옥천조씨 조윤
옥 후손들이 순조 때 세웠다.

    신숙주의 동생 신말주가 71살(1499) 때 단종을 기리는 아홉 분의 노인
을 초대하고 이를 기념하여 신말주가 직접 각각의 초상을 그리고 글을 써
서 한 본씩 나눠 가진 것이 십로도상권十老圖像卷이다. 오랜 세월이 지난 후
이 그림이 신말주의 후손에게 전해졌으나 그림을 알아보기 어려웠다. 김
홍도가 이를 바탕으로 그린 십로도상첩은 현재 호암미술관에서 소장하고
있다. 흥성장씨 문중에서 관리하고 있는 십로사 흙벽에는 나귀를 타거나
산속에 사는 청색 도포를 입은 분들을 표현한 그림을 넣었다. 강당에는 왼
쪽에 남포에 날리는 눈발의 남포비설南浦飛雪과 오른쪽에 백이숙제가 살던

남원 십로사

서산의 상쾌한 기운이라는 서산상기西山爽氣 현판을 걸었다. 강당의 주련
은 검은 바탕에 하얀 테를 두르고 글자에 흰색을 넣고 주련 머리에 흰색 연
꽃을 새겼다. 윤용구가 71살에 쓴 7글자 주련 2장은 주련 머리에 연꽃 장
식 없이 광산 강당 현판 아래 좌우로 두었다. 고창 덕천사德川祠 숭절당崇節
堂에는 김홍도가 그린 십로도상첩에 쓰인 글을 주련으로 걸었다.

>> 남원 십로사

日星長照千秋史　矯泰同存十老祠
일성장조천추사　교태동존십로사
於乎不忘宛見羹墻 家世有聲如聞咳唾

어호불망완견갱장 가세유성여문해타

해와 별이 영원히 긴 역사를 비추듯
큰 뜻 지닌 열 분의 스승 모신 사당과 함께 하네.
잊지 못하네, 지극히 사모하는 마음 흡사 뵌 듯 하고
전해오는 말씀, 어렴풋이 들리는 듯하네.

>> 광산강당

十耆同心堂堂忠義 百世一室繼繼誠孝
십기동심당당충의 백세일실계계성효
涉降之靈儼在左右 駿奔以禮分列東西
섭강지령엄재좌우 준분이례분열동서
遺址猶存自有加追 㬌天所覆孰無其感
유지유존자유가추 이천소복숙무기감
視聽言動莫取非禮 升降出入宲尊有序
시청언동막취비례 승강출입식존유서
扶植綱常日月懸　維持衞義詩書在
부식강상일월현 유지도의시서재

열 분의 큰 스승 모두 진실함과 의로움이 당당하니
한 집안 같이 영원히 이어지며 열렬한 효도 이어오네.
내려오신 영령들은 의젓하게 왼쪽과 오른쪽에 계시고
서둘러 몸 갖춤하고 동쪽과 서쪽으로 나누어 서 있네.

옛 터는 그대로인데 스승님 그리워하는 마음 더욱 깊고

변함없이 감싸 준 하늘의 은혜 뉘라서 감동하지 않으랴.

보고 듣고 말하고 행동함은 몸가짐 갖춤 아닌 것 없고

오르내리고 들고 나는 것은 참으로 차례를 따르고 있네.

삼강오륜을 일으켜 해와 달처럼 걸었고

의로움을 유지하는 것은 시와 글에 있다네.

>> 고창 덕천사

歸來亭上白頭翁 弊箒當捐不患窮 귀래정상백두옹 폐추당연부환궁

賴有鄉人憐不棄 開樽無日不吟風 뢰유향인련부기 개준무일부음풍

人言家在大山中 不到山中意不逢 인언가재대산중 부도산중의불봉

非是神仙亦飛鬼 如何長伴老楮翁 비시신선역비귀 여하장반노저옹

見惡誰無心靦然 虛懷善處是眞賢 견오수무심불연 허회선처시진현

縱無別德斯爲美 宜却人稱忍辱禪 종무별덕사위미 의각인칭인욕선

귀래정 위의 흰 머리카락은

몽당 빗자루처럼 버려도 근심이 없네.

고향 사람들 있어 가엾다 버리지 않으니

날마다 술 마시고 노래하며 한가롭게 지내네. - 신말주

사람들이 조윤옥의 집이 순창 대산 속에 있어

대산 속으로 들어가지 않으면 만날 수 없다네.

이는 신선이 아니고 또한 귀신도 아니니

어떻게 하면 조윤옥과 사귀는 늙은이가 되는가. - 조윤옥

고창 덕천사 숭절당 주련

나쁜 것을 보고 화를 안내는 사람이 있을까?

속없이 착하게 사는 것이 정말 뛰어나다네.

특별한 사람됨은 없어도 이것이 아름다우니

사람들 칭찬을 멀리하고 욕됨 참는 것이 참선이라. – 장조평

벼슬과 바꾼 귀양살이

– 순창 삼인대

인왕산의 치마바위를 아시나요? 인왕산 중턱 너른 바위에 여인네의 치마를 널었다는 이야기. 중종의 첫 왕비 신씨는 신수근의 딸로 13살(1499)에 진성군과 결혼하였다. 진성군은 중종이 임금에 오르기 전의 이름으로 좌의정 신수근의 사위였다. 좌의정 신수근은 매형인 누나의 남편 연산군을 내쫓고 사위인 딸의 남편 진성군을 편들어 임금으로 올릴 수 없었다. 그래서 매형인 연산군을 내쫓는 일에 반대하니 진성군을 임금으로 올린 세력에 의해 죽임을 당하였다. 진성군이 왕위(1506년)에 올라 신씨는 왕비가 되었으나 이러한 이유로 죄인의 딸은 왕비가 될 수 없다고 하여 7일 만에 궁궐에서 쫓겨나 인왕산 기슭에 살았다. 중종은 첫 왕비 신씨가 보고프면 경복궁 경회루에서 인왕산 기슭을 바라보며 강제로 헤어진 아픔을 달래었다. 이런 일을 알게 된 신씨는 붉은 치마를 경회루가 보이는 바위에 널어 임금을 사랑하는 자신의 애절한 마음을 표현하였다. 중종의 첫 왕비 단경왕후 신씨는 71살(1557)에 세상을 떠났고 1739년에 단경황후로 제자리를 찾으며 묘의 이름도 온릉이라 하였다.

순창 삼인대

단경왕후와 깊은 관련이 있는 순창 팔덕면 강천사의 삼인대를 찾았다. 중종의 두 번째 왕비 장경왕후 윤씨가 숨을 거두자 담양부사 박상, 순창군수 김정, 무안현감 유옥 등 세 사람이 관청의 직인을 걸고 중종의 첫 부인 신씨를 왕비로 모셔야 한다는 글을 중종 10년(1515)에 올렸다. 이들은 뜻을 이루지 못하고 관직에서 쫓겨나 귀양을 갔고 세 관청의 직인을 걸었던 곳이라 하여 삼인대三印臺라 이름 하였다.

경주김씨 김정 선생은 29살(1514)에 종4품 벼슬 순창군수로 충청도 보은에서 귀양살이에서 풀려나 벼슬이 정2품 형조판서까지 올랐으나 34살(1519)에 조광조가 죽임을 당하자 남해 금산, 진도를 거쳐 제주도에서 귀양살이를 하다가 억울한 죽임을 당했다.

충주박씨 박상 선생은 41살(1514)에 종3품 벼슬 담양부사로 전라도 남

순창 삼인대 예서 현판과 주련

평에서 귀양을 살았고 순천부사 등을 거쳐 정3품 나주목사를 사직하고 고향에 돌아와 57살(1530)에 세상을 떠났다.

문화류씨 류옥 선생은 28살(1514)에 종6품 벼슬 무안 현감으로 단경왕후 복위에 참여하였으나 귀양살이는 하지 않았다. 32살(1518)에 종3품 벼슬 종성부사가 되었으나 이듬해 세상을 떠났다.

>> 순창 삼인대

天樞崇崇 無屈不伸 천추숭숭 무굴불신
三印其臺 萬古不磷 삼인기대 만고불린

높고 높은 북두칠성의 큰 별은
구차하게 몸을 굽히지 않는다. – 영조
세 사람이 모인 이 곳
오랜 세월이 지나도 변하지 말라. – 정조

목숨과 바꾼 독립

- 김제 남강정사

남강정사를 목적지로 김제시 금구면 상신리 65-1로 찾아간다. 그런데 내비게이션에 검색 결과가 없어 갈 때마다 금구향교 앞에서 길을 묻곤 하는데 늘 찾지 못해 길잡이의 체면이 말이 아니다. 고장의 어른들에게 물으면 가르쳐 주시는 것이 하나같이 서강사西岡祠를 말씀하신다. 이제까지 서너 번이나 찾지 못하니 허망하기도 하여 생각다 못해 서강사가 금구면 서도리에 있기에 서도리 65-1로 찾았더니 그곳에 남강정사가 있었다. 내비게이션이 처음 서비스를 할 때만 하여도 유명 문화재만 몇 개 검색될 때라 주소에 의존할 수밖에 없었다. 문화재청에는 현재도 남강정사 소재지로 김제시 금구면 상신리 65-1로 되어 있다. 까닭을 찾아보니 '1995년 8월 31일자 김제시 제144호 읍면동의 명칭 개정 조례에 따라 상신리가 서도리로 명칭이 변경'된 것이다.

인동장씨 장태수 선생은 21살(1861) 때 문과에 합격하여 종3품 수찬관 벼슬을 하다가 상투를 자르도록 한 단발령에 반대하며 벼슬을 그만두었다. 1910년 일본이 강제로 조선을 합병하자 나라를 빼앗긴 허물이 을사오

김제 남강정사

적乙巳五賊에게만 있지 않고 그 원수를 치지 못한 불충과 조상을 욕되게 한 불효의 죄를 죽음으로 씻는다 하며 단식 24일 만에 순국하였다. 이외에도 안동의 이만도 등이 단식으로 순국하였고 서울의 민영환과 구례의 황현, 대전 송병선, 거창 이주환 등은 스스로 목숨을 끊었다.

그를 모신 서강사에는 백세청풍 큰 현판을 걸었다. 백세청풍百世淸風은 선비로서 가장 큰 영예인 동시에 영원히 청렴결백한 집안이라는 의미를 담고 있으며 1962년 건국훈장 독립장을 내렸다.

>> 김제 남강정사

勤爲無價寶 愼是護身符 근위무가보 신시호신부

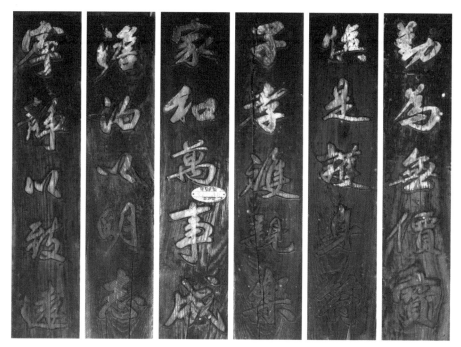

남강정사 주련

子孝雙親樂 家和萬事成 자효쌍친락 가화만사성
澹泊以明志 寧靜以致遠 담박이명지 영정이치원

부지런함은 값을 따질 수 없는 보배요

신중함은 몸을 보호하는 부적이라네.

자식이 효도하면 어버이가 기뻐하고

집안이 화목하면 모든 일이 이루어지네.

맑은 마음으로 뜻을 밝히고

평안하고 고요해야 큰 뜻을 이루네.

문묘에 들다

- 정읍 무성서원

　신라 정강왕 때 정읍군수를 지낸 최치원을 모신 태산사는 조선 숙종 때 신잠申潛을 함께 모시고 무성서원의 이름을 받았다. 전북 정읍 칠보면의 무성서원은 공자의 제자가 무성武城 고을을 잘 다스린 것처럼 최치원도 정읍을 버금가게 다스린 것을 칭찬하여 이름 붙인 것이다. 거문고 가락에 맞춰 노래 부르는 현가루絃歌樓 정문과 강당, 태산사泰山祠가 한 줄로 이어져 있다. 공부하며 몸과 마음을 닦는다는 강수재講修齋는 하夏나라 우禹 임금이 썼다는 하우체 글씨 주련이 광주 광산구의 용진정사와 똑같다.

　강수재 앞에는 병오창의기적비丙午倡義紀蹟碑를 세웠는데 이는 일본이 1905년에 을사늑약을 강제로 맺자 최익현 등이 의병을 모집하여 순창으로 나간 호남의병전쟁을 기념한 것이다.

　경주최씨 최치원 선생은 6두품 출신으로 882년 당나라에서 반란을 일으킨 황소에게 의롭지 못한 일이라 꾸짖는 글을 보내자 이 글을 읽던 황소가 침상에서 떨어졌다는 이야기가 전해져 유명하게 되었다. 신라로 돌아온 최치원은 진성여왕 8년(894) 나라를 부강하게 하는 10가지 정책을 제

정읍 무성서원 강당

시하여 육두품이 오를 수 있는 최고의 관직인 아찬 벼슬에 올랐다. 그러나 그는 벼슬을 그만두고 우리나라 곳곳에 머문 흔적을 남기며 경상도 해인사에서 세상을 떠났다.

신라 성덕왕 때 처음으로 공자, 안자, 증자, 맹자, 주자 등을 모시고 제사를 모시는 문묘를 세웠으나 우리나라의 뛰어난 분을 모시지 못함을 늘 안타깝게 생각하였다. 그러다 고려 현종 때 글을 잘 지어 당나라까지 이름을 날린 최치원을 높이 인정하여 우리나라 학자 중에서 제일 먼저 문묘文廟에 함께 모셨다. 이는 공자와 안자, 증자, 맹자, 주자 등과 함께 최치원을 제사에 모시는 것으로 우리나라 유학자 최고의 영예에 오른 것이다.

무성서원 명륜당의 주련 중 남전향약에 관한 내용이 나와 경상도 성주의 월회당川會堂 이야기를 꺼낸다. 남전향약藍田鄕約은 송나라 때 섬서성 남전현에서 여씨 형제들이 약속하고 실천한 것으로 여씨향약이라 이른다.

명륜당에 걸은 주련은 검은색 바탕에 흰색 글씨이고 주련 머리와 아래에 흰 연꽃을 새겼다. 마침 문화해설사가 명륜당 툇마루에 걸터앉아 기타 치며 정유사 노래를 불러 주었는데 매우 신선한 느낌이 들었다. 강수재 주 련은 하우체夏禹體 큰 글자 옆에 해서체 작은 글씨로 토를 달아 읽을 수 있 도록 하였다. 그런데 해석하다보니 의미가 통하지 않는 부분이 있어 고민 하다가 정읍시청의 문화재 담당관님께 전화를 걸었다.

"선생님, 무성성원 강수재 안에 하우체 주련이 있는 것 아시나요?"

"예, 알고 있습니다."

"혹시, 향토지 같은 책에 그 주련을 해석한 글이 있나요?"

"하우체 주련 해석한 것은 못 보았습니다."

"주련을 해석하다 보니 애매한 부분이 있어서 그렇습니다."

"해석해 놓은 것은 없는데 한 번 알아보겠습니다."

"선생님, 고맙습니다."

며칠 후, 휴대폰으로 사진 한 장이 들어 왔다. 때 지난 달력 종이 위에 한 자를 또박또박 세로로 쓰고 해석한 글을 스마트폰으로 촬영한 것이었다. 그렇다, 시골 어르신에게는 달력보다 더 좋은 종이도 없다. 너무도 고맙고 적극적으로 민원을 해결해 준 공무원을 칭찬하고 싶었다. 그래서 정읍시 청 누리집 열린혁신에 들어가 칭찬하는 글을 쓰려 하였으나 다른 지역 사 람으로서 본인을 인증하는 여러 가지 까다로운 절차로 인해 접근이 어려 웠다. 정읍시청 한 분의 친절이 정읍시를 마음 가까이 두게 해준 따뜻함과 고마움을 함께 간직하며 차일피일 미루다 오늘에 이르게 되었다.

>> 정읍 무성서원 강당

揖讓進退杏壇遺敎 月朔參拜享禮倆丁

읍양진퇴행단유교

월삭참배향례량정

春秋講磨經義四子

文藝時習詩書禮樂

춘추강마경의사자

문예시습시서예악

德業日新孝悌忠和

勸規交恤藍田故約

덕업일신효제충화

권규교휼남전고약

무성서원 강수재 주련

공손히 절하고 앞뒤로 나

아가니 유교 가르침이고

매월 초하루에 공손히 뵙고 절하며 봄·가을로 제사 올리네.

공자, 증자, 맹자, 안자 네 분의 책과 '춘추'를 공부하고

글씨와 예절 음악 등 문예를 배우고 때때로 다시 익히는구나.

덕을 쌓아 날로 새롭고 효도와 공경, 충심이 화합하니

서로서로 풍속과 예절을 지키고 도우니 남전 향약이라네.

>> 강수재

萬國罔知定 家家久太平 만국망지정 가가구태평

承帝忘形處 犇華永不明 승제망형처 분화영불명

세상이 지극함을 아는 곳으로 정하고
집집마다 백성들이 오래도록 평화로우니
하나라 우임금의 뜻을 잊지 않는 곳이라네.
한없이 빛나고 영원히 그 밝음을 떨쳐라. – 우 임금

淵源追潮洙泗濂閩 依仁遊藝德業日新
연원추조수사렴민 의인유예덕업일신
規模己宏心身家國 愼思篤行倫理自明
규모기굉심신가국 신사독행윤리자명

유교의 학문적 뿌리는 공자, 맹자, 주돈이, 주자에 있고
어짊에 의지하고 학문과 노닐며 덕을 쌓으니 날로 새롭구나.
자신을 수양하고 가정이 화목하면 나아가 나라를 다스릴 수 있고
신중하고 성실하게 행동하니 사람의 도리가 스스로 밝아지는구나.

>> 내삼문
士林首善 聖朝額恩 사림수선 성조액은

유학을 공부하는 많은 사람들의 으뜸이라
숙종 임금께서 이름 지어 현판 내리셨네.

내포를 넘어

충청도

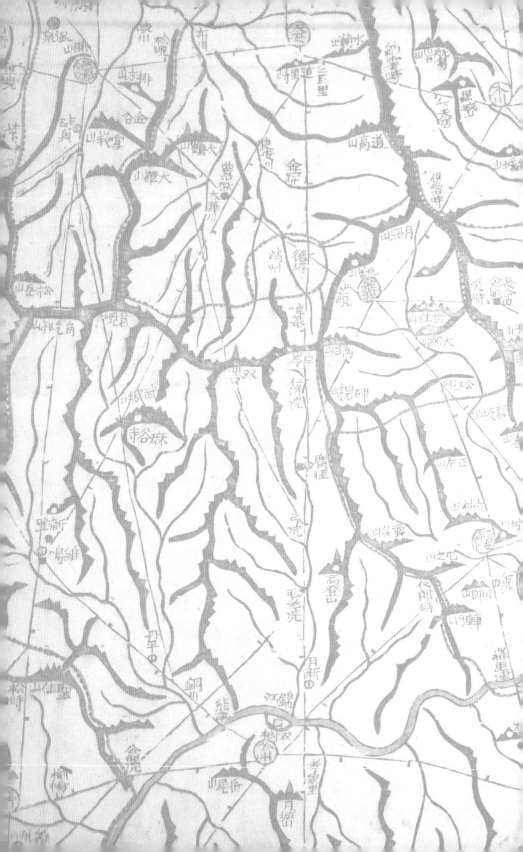

온 국민이 함께 지은 집

— 아산 (구)현충사

이순신 장군이 무과에 합격하기 전까지 살았던 아산 현충사를 찾았다. 현충사는 숙종 32년(1706)에 신하로서 나라를 위해 목숨을 바친 충무공을 위해 이름을 내렸다. 고종이 서원을 정리할 때 한 사람에게 한 곳의 서원만 남긴다는 원칙을 지켜 한산도대첩의 공적이 있는 통영을 남겼기에 이곳은 없앴다. 그러자 일제강점기에 전국적으로 성금을 모아 다시 지었고, 1960년대 크게 넓히면서 현충사를 새로 지어 한글 현판을 걸었다. 일제강점기에 세운 옛 현충사에는 숙종이 내린 한자 현판이 그대로 있었다. 그런데 2017년 현충사를 관리하는 분이 새 현충사의 현판을 숙종 임금의 한자 현판으로 바꿔 달라고 하였고, 덕수이씨 충무공파는 크게 넓힌 현충사의 역사적 의미를 들어 한글 현판을 바꾸는 것에 반대하였다. 결국 문화재청에서는 두 현판에 모두 역사적 의미가 있다는 점을 들어 지금처럼 유지하기로 하였다.

아산 현충사도 주련을 우리말로 해석하여 찾는 이의 이해를 돕고 있다. 주련 머리와 아래를 꽃잎 모양으로 잘랐으나 바탕이 전부 흰색이다.

일제강점기에 성금으로 지은 아산 (구)현충사

>> 아산 현충사

一誓海山立 綱常於百代 일서해산립 강상어백대

再造乾坤無 伐矜於當時 재조건곤무 벌긍어당시

成仁取義精 忠光於檀聖 성인취의정 충광어단성

補天浴日功 德盖於槿邦 보천욕일공 덕개어근방

한 번 맹서하니 바다와 산이 일어서고

사람이 지켜야할 도리를 영원히 전하네.

하늘과 땅이 없어져 다시 세워도

내세워서 자랑 않고 때가 되어 그렇다하네.

어짐을 이루고 의로운 행동에 정성을 다하니

진실한 마음 빛남은 단군 이후 최고의 성인이라

하늘을 메우고 해를 목욕시킨 큰 공적과

어진 행동은 우리나라를 덮었구나. - 정인보

아산 (구)현충사 주련

추사체 글씨

- 예산 김정희 선생 고택

경주김씨 추사 김정희 선생은 24살(1809) 때 청나라 사신으로 북경에 머물며 서예가이며 금석학자인 옹방강, 전서와 예서 글씨를 잘 쓴 서예가 완원 등을 만나 예술의 깊이를 더하였다. 조선으로 돌아온 김정희는 북한산 비봉에 올라 비의 글을 해석하여 신라의 진흥왕이 나라의 영토를 살필 때 세운 비라는 것을 밝혔다.

김정희는 독창적인 그림과 글씨로 뛰어난 업적을 남긴 조선시대의 대표적 예술가이며 학자이다. 고조할아버지가 영의정 벼슬에 올랐고 증조할머니가 영조의 딸 화순옹주로 정치적으로 여유 있는 집안에서 태어났다.

54살(1839)에 종2품 형조참판 벼슬에 올랐으나 55살(1840)부터 약 9년 동안 제주도에서 집 밖에도 나오지 못하는 혹독한 귀양살이를 하며 추사체 글씨를 완성하였다. 그의 글씨는 청나라와 일본에서도 높은 인기를 누렸다. 67살(1852)에 함경도 북청 귀양에서 풀려나 과천에 살면서 서울 봉은사의 판전板殿 현판을 일흔한 살에 마지막으로 쓰고 세상을 떠났다. 추사체로 쓴 주련은 진도의 운림산방과 예산 수당고택, 홍성 사운고택, 서산 경주김씨고택, 강릉 김윤기 가옥 등이 있다.

경기도 고양의 이수광묘를 지나 마을이 끝나는 식당 골목길로 8월의 마지막 더위를 온몸으로 받으며 산길을 오른다. 양주 노고산 독재동 추사필 적암각문을 찾으러 가는 것이다. 이 더위 속에 어딘지도 모르는 산길을 어림잡아 간다는 것은 참으로 무모한 도전이나 다름없다. 모퉁이를 돌면 여길까? 갈림길이 나오면 어느 길을 선택하여야 하나? 순간순간 판단하며 막힘이 없어야 함께 가는 봉은장로의 믿음을 얻을 수 있다. 처음 가는 길, 그것도 산속에서 길잡이는 자신을 믿어야 되기 때문에 행동은 확실해야 한다.

헉헉 거리며 10여 분 오르니 드디어 얕은 계곡이 나왔다. 봉은장로는 카메라를 내려놓고 웃통 벗더니 물질부터 한다. 그도 그럴 것이 오늘은 더위도 너무 덥다. 한적한 계곡에 크고 작은 바위가 자유롭게 함께하니 바위 하나하나를 살펴 글씨를 찾는다. 하얀 화강암 문화재 표지석 앞 험한 바위 한 면에 큰 글씨로 몽재夢齋라 쓰고 옆에 낙관처럼 추사秋史란 글을 새겼다. 시간이 지나니 독재동, 미수선생장구지소眉叟先生杖屨之所란 글도 눈에 들어왔다. 장구지소는 지팡이와 신발이 머물던 곳을 뜻하는 것으로 미수 허목이 다녀가며 기념으로 글을 새긴 것이리라.

청나라 북경에서 씨앗을 구해 심은 '백송'이 김정희 고조할아버지 묘 옆에 자란다. 중국이 원산지인 백송은 우리나라에서 번식이 어려워 몇 그루밖에 없는 귀한 나무이다. 예산 용궁리 백송은 나이가 200여 살에 키 15미터이고, 서울 재동 백송은 나이가 600여 살에 키 17미터로 헌법재판소 뒤에 자라며, 서울 조계사 백송은 나이 500여 살에 키 14미터이다. 세종 때 최수원이 심었다는 고양시 덕이동 송포 백송은 나이 500여 살에 키 11미터, 이천 신대리 백송은 나이 230여 살에 키 16미터이다.

　서울 원효로 백송은 1998년 옛집을 헐고 바로 앞에 새 집을 짓고 나서
잎과 줄기가 마르자 2003년 7월 천연기념물에서 해제하였다. 2003년 5월
15일 두 번째 답사를 갔을 때, 줄기가 완전히 말라 터져 하얀 나무 부분을
드러낸 모습이었다. 백송 바로 앞에 지하 1층씩이나 땅을 파고 집을 짓다
니, 너무나 기가 막히고 안타까워 아직 그 사진을 가지고 있다. 보은의 백송
은 우산 모양으로 많은 가지가 뻗어 우리나라에서 아름다움이 으뜸이었는

데 길을 넓히는 공사를 하는 과정에서 뿌리와 줄기를 심하게 다쳐 생명을 다하자 2005년 문화재에서 해제하였다.

예산 신암면의 추사고택 대문을 들어서서 돌에 새긴 석년石年을 보고 한 없는 세월을 가늠해 보며 사랑채로 눈을 돌린다. 세한도를 보며 찬바람 몰아치는 겨울에 푸르름을 뿜내는 소나무를 생각한다. 많은 복과 한없이 살기를 바라는 유복량수有福量壽, 주자가 태어난 옛집처럼 성리학을 공부하는 선비의 집이라는 신안구가新安舊家, 대나무로 감싼 화로에 차 다리는 방 죽로지실竹爐止室 현판을 걸었다. 안채에는 한없는 삶을 기원하는 무량수無量壽, 한없는 삶과 건강을 기원하는 만수무강萬壽無疆 그리고 과천에서 옮긴 농사짓는 집이라는 농상실農祥室 현판이 있다. 주련 중 천지석벽도天池石壁圖는 원나라 황공망이 그린 그림 제목이다. 이 그림은 선을 여러 차례 층층이 겹쳐서 절벽을 표현하였고 여러 번 덧대어 붓질함으로써 풍부한 질감을 표현한 기법이 특징이다. 주련 기둥 아래 해설을 친절하게 붙여 놓아 방문객을 배려하고 있다.

예산 김정희 선생 고택 사랑채

>> 예산 김정희 선생 고택

且呼明月成三友 好共梅花住一山　차호명월성삼우 호공매화주일산

天下一等人忠孝 世間兩件事耕讀　천하일등인충효 세간양건사경독

畵法有長江萬里 書埶如孤松一枝　화법유장강만리 서세여고송일지

好古有時搜斷碑 硏經婁日罷吟詩　호고유시수단비 연경루일파음시

春風大雅能容物 秋水文章不染塵　춘풍대아능용물 추수문장불염진

夏鼎商彝周石鼓 秦碑漢隸晉銀鉤　하정상이주석고 진비한예진은구

唯愛圖書兼古器 且將文字入菩提　유애도서겸고기 차장문자입보리

靑李來禽貼　天池石壁圖　청리내금첩　　천지석벽도

또 밝은 달을 부르니 맑은 바람과 함께 셋이 친구 되고

서로 좋아서 매화와 같이 산에서 산다네.

세상에서 으뜸은 충성하고 효도하는 사람이고

사람 사는 두 가지 일은 밭 갈고 책 읽는 것이라네.

그림 그릴 때는 굽이굽이 만 리길 양자강의 굴곡이 있고

글씨는 벼랑 끝에 자라는 소나무의 비틀린 가지와 같다네.

옛 글을 좋아해 이따금 깨진 비석 찾아다녔고

성리학을 공부하느라 여러 날 시를 읊지 못했네.

군자는 봄바람같이 온갖 것을 품어야 하고

글귀는 가을철 물처럼 차고 맑아야 한다네.

하나라의 솥과 상나라의 술잔, 주나라의 돌 북에 새긴 글씨와

김정희 선생 고택 사랑채

진나라 비석, 한나라 예서, 진나라의 아름다운 초서가 있다네.

오로지 그림과 책을 사랑하되 옛 물건도 좋아하며

또한 불교 경전을 읽고 깨달음의 경지에 이른다네.

왕희지의 글씨를 모은 청리내금첩

원나라 화가 황공망의 그림 천지석벽도

>> 대문채

遠聞居士帖心許 老見異書猶眼明 원문거사첩심허 노견이서유안명

句曲水通茶竈外 敬亭山見石欄西 구곡수통다조외 경정산견석란서

멀리서 친구의 소식 들으면 서첩을 가까이 하게 되고

늙어서도 특이한 글씨를 보면 오히려 눈이 밝아지네.

구곡산 물은 차 끓이는 부엌 밖으로 통하고

경정산은 돌난가 서쪽으로 보이네.

>> 안채

萬樹琪花千圃葯 一莊修竹半牀書 만수기화천포약 일장수죽반상서

淺碧新瓷烹玉茗 硬黃佳帖寫銀鉤 천벽신자팽옥명 경황가첩사은구

碧玉盤中弄水晶 黃金合裏盛紅雪 벽옥반중농수정 황금합이성홍설

大烹豆腐瓜薑菜 高會夫妻兒女孫 대팽두부과강채 고회부처아녀손

靜坐處茶半香初 妙用時水流花開 정좌처다반향초 묘용시수류화개

書已過三千卷 畵可壽五百年 서이과삼천권 화가수오백년

凡物皆有可取 於人何所不容 범물개유가취 어인하소불용

五畝種竹五畝埶蔬 半日靜坐半日讀書

오무종죽오무예소 반일정좌반일독서

直聲留闕下 秀句滿天東 직성유궐하 수구만천동

松風吹解帶 山月照彈琴 송풍취해대 산월조탄금

綠陰相間兩三家 녹음상간양삼가

만 그루는 기이한 꽃이고 천 이랑은 작약 밭이며

온 집안은 대나무로 꽉 차고 책상 위에 책이 반이네.

파르스름한 새 자기에 백산차를 달이고

질 좋은 종이 묶은 책에 아름다운 초서를 쓴다네.

푸른 옥쟁반 가운데 수정이 놀고

황금 반합 속에 홍설차를 담은 듯하네.

가장 좋은 것은 두부, 오이, 생강과 나물 반찬이고

제일 아름다운 모임은 부부, 아들딸, 손자들 모임이라네.

고요히 앉아서 차가 익어 향기가 나기 시작하는 듯

신묘한 작용이 일어나 물이 흐르고 꽃이 피는 듯하네.

책은 이미 심천 권이 넘고

그림은 오백년쯤 묵었다네.

무릇 물건마다 모두 쓰일 곳이 있는데

사람인들 어찌 용서하지 못할 일이 있겠는가?

다섯 이랑은 대나무 심고 다섯 이랑은 채소 갈고

반나절은 명상에 잠기고 반나절은 글을 읽는다네.

곧은 소리는 대궐 아래 머물고

빼어난 글귀는 우리나라에 가득하다네.

솔바람에 풀어진 옷고름 날리고

산위에 뜬 달은 거문고 타는 모습 비추네.

나무 사이로 보이는 건 두세 집이라네.

청산리대첩

– 홍성 김좌진 장군 생가

　안동김씨 백야 김좌진 장군은 19살(1907)에 육군무관학교를 졸업하고 홍성으로 내려와 호명학교를 세워 애국 계몽운동을 하였다. 광복단에 가입하여 항일투쟁을 전개하다가 30살(1918)에 만주로 건너가 무오독립선언서戊午獨立宣言書에 참여 하였다. 그 후 북로군정서로 이름을 바꾸고 총사령관이 되어 무장 독립운동에 앞장섰다. 32살(1920)에 김좌진의 부대와 홍범도의 독립군이 청산리에서 일본군과 3일간 맞서 싸워 3,000여 명을 사살하거나 다치게 하였다.

　청산리대첩은 독립군이 일본군과 맞선 전투 중 가장 큰 규모였으며, 독립군이 최대의 전과를 거둔 가장 빛나는 승리였다. 1963년 건국훈장 대한민국장을 내렸다. 홍성군 갈산의 김좌진 생가 대청마루에는 호명정사湖明精舍 현판을 걸어 이곳이 학교로 사용되었음을 알리고 있다.

>> 홍성 김좌진 생가

　家奴解放民族春 青山大捷光復身　가노해방민족춘 청산대첩광복신

청산리대첩을 묘사한 역사화(전쟁기념관 소장)

男兒先手難容地 志士偸生更待時　남아선수난객지 지사륜생갱대시

집안의 노비를 해방시키니 우리 민족의 봄이요

청산리에서 큰 승리로 스스로 광복을 이루었네.

사나이가 실수하면 처신할 곳이 없으니

민족을 위해 일 할 사람은 다시 때를 기다리네.

>> 김좌진 생가 시비

刀頭風動關山月 劍末霜寒故國心　도두풍동관산월 검말상한고국심

三千槿域倭何事 不斷腥塵一掃尋　삼천근역왜하사 불단성진일소심

홍성 김좌진 장군 생가

적막한 달밤에 칼머리의 바람은 세차고

칼끝에 찬 서리가 고국 생각을 돋우는구나.

삼천리 금수강산에 왜놈이 웬 말인가?

창자가 끊어지는 아픔 쓸러버릴 길 없구나! – 김좌진

음식방문니라

- 홍성 사운고택

홍성군 장곡 산성리 사운고택으로 간다. 양주조씨 조중세 선생은 43살
(1889)에 종6품 벼슬 문경현감이었으나 문경 지방에 흉년이 들어 백성들
이 굶주리게 되자 이 집에서 곡식을 운반하여 어려움을 넘겼다. 이 집 사람
들은 마을의 어려운 사람들에게 식량을 내주고 아기를 낳으면 고기와 미
역을 보내는 등 마을과 함께하는 삶을 살았기에 동학혁명 때나 6 · 25 전
쟁 중에도 온전하게 집을 지킬 수 있었다.

사운고택의 할머니가 한글로 쓴「음식방문니라」는 술 빚는 법 15가지와
양과, 떡 조립법 20가지, 게젓과 붕어찜, 전복 김치 등 25가지 반찬 만드는
법, 진자죽, 잣죽 등 기타 음식 조리법 9가지 등을 기록하였다. 「음식방문
니라」는 조선시대 음식 조리 방법을 알 수 있을 뿐만 아니라 조선시대 한글
표기법과 충청도 사투리의 연구에 중요한 자료이다.

조중세의 호를 이름 붙이 사운고택士雲古宅은 현판을 보면 주운主雲이라
쓰고 사운이라 읽는가? 하는 생각이 든다. 그러나 선비 사士를 주主와 비슷
하게 쓰는 중국의 노준비 글씨체를 따른 것이기 때문이다. 노준비는 173

홍성 사운고택 정문 현판

사운고택 수루

년에 산동성 사람 노준의 공덕을 새긴 비석으로 예서의 글씨체에 영향을 주었다. 사랑채 우화정雨花亭 현판은 종2품 병조참판 신위가 아름다운 모습을 보고 벚꽃이 비처럼 떨어지는 집이라 하였고 학산헌鶴山軒 현판은 뒷산 학성산에서 이름 하였다. 사랑채 누마루는 꽃이 지는 모습이 보기 좋다는 수루睡樓 현판을 걸었고, 아래에 벽을 두어 천하태평과 주역의 기본인 건곤삼리를 기와 소삭으로 문양저럼 장식하였다. 안채로 들어가는 청남문은 남쪽이 푸른색을 뜻하므로 이름 하였다. 안채는 보석처럼 귀하게 어짐을 실천한 할머니를 생각하며 보현당寶賢堂이라 하였고 기둥에 추사체 주련을 걸었다.

사운고택의 특징은 친정 식구들이나 여자 손님들이 방문하였을 때 필요한 공간을 만들어 얼방원乻方垣이라 하였다. 백제의 왕을 '얼'이라하였고 얼방은 백제 부흥군 풍왕이 머물던 주류성인 얼방산성을 의미한다.

>> 홍성 사운고택

歲月何峥嶸 人生易哀遲 세월하쟁영 인생이애지
至道豈言傳 妙契卽眞師 지도기언전 묘계즉진사
安得萬丈繩 繫日扶桑枝 안득만장승 계일부상지

세월이 얼마나 가파르고 험난한지
인생은 쉽게 슬픔 속에 늙어간다네.
사람의 지극한 도리를 어찌 말로 전할까?
번쩍 떠오른 깨달음이 진정한 스승이라네.
어디서 만장 길이의 새끼줄을 구하여

동쪽 바다 뽕나무 가지에 해를 묶을꼬.

>> 보현당

大烹豆腐瓜薑菜 高會夫妻兒女孫 대팽두부과강채 고회부처아녀손

가장 좋은 것은 두부, 오이, 생강, 나물 반찬이고,
제일 아름다운 모임은 부부와 아들딸, 손자들 모임이라네.

예학의 산마루

- 논산 돈암서원

    돈암서원을 찾아 논산시 연산으로 간다. 광산김씨 김장생 선생은 31살 (1578)에 종9품 벼슬 창릉참봉을 하였다. 임진왜란 때에는 종5품 호조정랑으로 명나라 군사들의 군량을 조달하였고 55살(1602)에 청백리에 선정되었다. 송익필에게 예학을 배우고 이이에게 성리학을 배워 두 학문을 깊이 연구한 기호학파의 큰 학자로 정치적으로 서인의 중심인물이 되었다.

    김장생은 근본이 바르고 행동이 아름다워 한 시대의 으뜸이 되었고 유교의 이념을 나타내는 예절에 관해 깊은 연구를 하여 어려운 상황을 합리적으로 해석하였다. 그리고 여러 가지 상황을 글로 써서 책으로 만드니 나라를 다스리는 예절과 백성들의 풍속을 조선에 알맞게 정리한 공적 또한 으뜸이라 공자와 함께 모시고자 하였다. 이러한 조선 성리학의 큰 발전을 가져온 공적으로 숙종 43년(1717)에 김장생을 문묘에 모셨다. 이는 공자와 안자, 증자, 맹자, 주자 등과 함께 김장생을 제사에 모시는 것으로 우리나라 유학자 최고의 영예에 오른 것이다.

    조선의 건물은 전殿→당堂→합閤→각閣→재齋→헌軒→루樓→정亭과 같

논산 돈암서원

은 순으로 건물의 품격을 따진다. 건물 최고의 품격은 전으로 부처나 공자, 임금을 모시며 대웅전, 대성전, 근정전 등으로 불린다. 서원은 사祠나 묘廟라고 하는 큰 스승의 위패를 모시는 집이 으뜸 건물이다. 공부하는 집은 당堂, 학생들의 기숙사는 재齋라 하였다. 건물을 세운 곳이 평평한 곳이면 전상후하前上後下를 따른다. 앞에 있는 건물이 뒤에 있는 건물에 비해 품격이 높다. 서울문묘나 나주향교, 전주향교가 이 양식을 따랐다. 건물을 세운 곳이 경사진 곳이면 고상저하高上低下를 따른다. 높은 곳에 있는 건물이 낮은 곳에 있는 건물보다 품격이 높다. 그래서 일반적인 향교 건물은 명륜당이 앞에 있고 뒤에 대성전 건물이 있는 것이다. 그 집에 살고 있는 사람을 중심으로 하는 좌동우서左東右西가 있다. 이 때 왼쪽과 오른쪽은 위패를 모시는 집에서 대문을 바라보는 방향을 기준으로 한다. 실제로 대구 달성의 도동서원은 북쪽을 향하고 있으나 정중당正中堂을 중심으로 왼쪽을 동재東齋, 오른쪽을 서재西齋라고 하였다. 왼쪽인 동쪽이 오른쪽인 서쪽보다 품격이 높은 것이다. 그래서 서원의 동쪽 기숙사는 양반들이 사용하고 서쪽의 기숙사는 평민들이 사용하는 것이 기본이었고 벼슬도 좌의정이 우의정에 우선 하였으며 사당에 놓이는 위패도 동쪽이 서쪽에 우선하였다. 조선의 서원은 이런 규칙에 따라 건물을 세웠기 때문에 대부분 일정한 형식을 갖추고 있다.

돈암서원의 숭례사崇禮祠 벽돌담에는 글자를 만들어 넣었는데 담양의 소쇄원, 청도의 운강고택, 여주의 해평윤씨종택, 공주의 계룡산 중악단의 꽃담 등과 함께 아름다움을 뽐내고 있다. 돈암서원遯巖書院은 처음에 연산천이 가까운 숲말에 세웠는데 고종 때 큰 홍수로 피해를 입어 이곳으로 옮겼다. 지금도 숲말 오른쪽 기슭에 있는 돼지바위를 서원의 이름으로 하였고 김장생이 살던 사계고택은 계룡시에 있다.

>> 논산 돈암서원

正其衣冠尊其瞻視 足容必重手容必恭
정기의관존기첨시 족용필중수용필공
出門如賓承事如祭 守口如瓶防意如城
출문여빈승사여제 수구여병방의여성
當事以存靡他其適 惟精惟一萬變是監
당사이존미타기적 유정유일만변시감

갓과 옷을 바로하고 눈매를 엄격하게 하며

발은 반드시 무겁게 놓고 손은 반드시 공손하게 하라.

집을 나서면 어른우 큰 손님 뵙듯, 맡은 일은 제사 모시듯 하고

병처럼 입을 막고 뜻을 방비하기를 튼튼한 성곽처럼 하라.

일을 당하면 오직 그 일에 마음 두고 딴 생각은 하지 않으며

마음을 오로지 하나로 하여 만 가지의 변화를 살피라. – 주자

>> 산앙루

松柏入冬靑 方能見歲寒 송백입동청 방능견세한

聲須風裏聽 色更雪中看 성수풍리청 색경설중간

月到天心處 風來水面時 월도천심처 풍래수면시

一般淸意味 料得少人知 일반청의미 요득소인지

山仰樓抄天 文華布自然 산앙루사천 문화포자연

春夏秋冬節 學生會屋前 춘하추동절 학생회옥전

소나무 잣나무는 겨울에 더욱 푸르니

비로소 한 겨울임을 알 수 있구나.

소리는 거친 바람 속에서 더 잘 들리고

색깔은 눈 속에서 보아야 더욱 뚜렷하다네.

달은 하늘 한복판에 이르고

바람은 물 위에 불어오누나.

이와 같은 청량한 경지를

아는 사람 아마도 많지 않으리. 소강절

논산 돈암서원 응도당

돈암서원 양성당 주련

산앙루는 하늘에 닿아 있고

글 향기는 자연 속으로 펴져 가네.

봄, 여름, 가을, 겨울의 계절마다

학생들이 집 앞에 모여드는구나.

>> 응도당

茫茫堪輿俯仰無垠 人於其間渺然有身

망망감여부앙무은 인어기간묘연유신

是身之微太倉稊米 參爲三才曰惟心爾

시신지미태창제미 참위삼재왈유심이

往古來今孰無此心 心爲形役乃獸乃禽

왕고래금숙무차심 심위형역내수내금

惟口耳目手足動靜 投間抵隙爲厥心病

유구이목수족동정 투간저극위궐심병

먼 하늘과 땅은 우러러보고 굽어봄에 끝이 없고

사람은 그 사이에 희미한 몸 하나를 갖고 있다.

이 몸 하나 보잘 것 없음은 큰 창고의 낟알 한 톨 같은데

하늘과 땅, 인간 세상에 참여하게 된 것은 마음 때문이다.

옛날이나 지금이나 누군들 이러한 마음이 없겠는가마는

마음이 육체의 지배를 받으니 길짐승도 되고 날짐승이 된다.

오직 입과 귀와 눈과 손발, 그리고 움직임과 고요함이

욕심 사이에 끼고 틈을 파고들어서 마음의 병이 된다. - 범준

논산 돈암서원 숭례사

>> 숭례사 꽃담

瑞日和風 地負海涵 博文約禮 서일화풍 지부해함 박문약례

경사스런 날의 부드러운 바람처럼

땅이 모든 것을 다 지고 바다는 모든 물을 다 받는 것처럼

널리 학문을 닦아 사리에 밝고 언행을 바로 하며 예절을 지키라.

궁궐에 도끼를 지니고

- 옥천 후율당

모처럼 가까운 충북 옥천 안내면의 후율당을 찾는다. 옥천은 조헌의 외가가 있는 곳으로 그의 무덤과 후율당, 이지당 등 문화재가 있으며, 우암 송시열과 백촌 김문기 관련 문화재도 있는 곳이다. 마침 아들이 중국 여행을 떠나며 카메라를 가져갔기에 수첩만 딸랑 들고 간다. 경부고속국도를 달리는데 언뜻 기름의 양을 알리는 바늘을 보니 바닥으로 내려가 있다.

"기름 안 넣어도 되요?"

"경부고속국도 주유소는 너무 비싸, 나들목 나가서 넣자."

"언덕을 올라갈 땐 어떻게 해?"

"그러면 밀어야지"

선문답이다. 언덕을 오를 때 바닥에 깔린 연료가 뒤쪽으로 몰려 기름이 공급되지 않아 엔진이 꺼지면 어떻게 하지요? 그렇게 되면 승용차가 멈추니 언덕 마루에 오를 때까지 밀어야지요. 내려갈 땐 연료가 앞으로 쏠리니까 엔진이 작동할 것이고…….

봉은장로의 말을 믿으며 옥천 나들목을 빠져 안남면 조헌 묘소로 향한다. 그런데 주유소가 니타나지 않는다. 요즘은 내비게이션으로 주유소 위치와 가격까지 알 수 있지만 1:100,000 도로지도로 찾아가던 시절의 답사라 점점 불안해진다. 하기야 어느 해 겨울에는 예술의전당 앞에서 승용차가 멈추셨다나? 보험회사에 연락하여 서비스로 보내준 기름 한 통을 달랑 넣고 목적지까지 가셨다는 전설적인 보은장로니 말해 무얼 할까.

"어, 안되겠다."

보은장로 말에 가던 길을 돌려 안남면에서 동이면으로 그리고 옥천읍으로 나오며 없는 주유소를 찾는다. 결국 옥천 읍내까지 나와서 기름을 넣을 수 있었다. 우리는 길을 나서며 주유소의 고마움을 그때처럼 뼈저리게 느낀 적이 없었다. 그 후로는 묻지도 말고 따지지도 말고 '있을 때 넣자'가 우리 동아리 구호가 되었다.

배천조씨 조헌 선생은 종6품 보은현감을 끝으로 옥천의 밤고개에 집을 짓고 후율당이라 하였다. 후율당은 이율곡을 존경하는 제자라는 의미이며 뜰에는 조헌 충신 정려와 아들 조완기 효자 정려가 있다.

옥천 후율당

　조헌이 49살(1592) 되던 8월 16일, 왜적을 쫓으러 금산으로 가며 23살의 아들 완기에게 말했다.

　"완기야, 너는 집에 가서 할머니를 잘 모셔라"

　"아버지가 전쟁터에 가시는데 아들이 어찌 따르지 않겠습니까."

　"우리가 같이 죽으면 할머니는 누가 모시는가? 너는 할머니를 모셔라."

　"아버지가 충신인데 아들이 불충하면 어찌 충신의 자식이라 하겠습니까."

　금산 전투가 점점 불리하자 아들은 '아버지가 여기서 죽임을 당하면 청주성에서 당한 원한으로 아버지 시신이 온전하지 않을 것이다'라고 생각했다. 그래서 자신을 대장으로 생각하도록 장군복을 입고 앞에 나서자 왜적의 집중 공격을 받아 몸이 갈기갈기 찢기어 한 조각도 찾을 수 없었다. 조헌도 칠백의병도 마지막 한 사람까지 왜적과 용감히 싸우다 장렬한 죽음

금산혈전순절도(금산칠백의총기념관 소장)

을 맞았다. 아들 조완기가 바라던 대로 아버지 조헌은 시신을 온전히 보전
할 수 있었으니 목숨을 바쳐 마지막 효도를 한 것이다. 이는 신숭겸이 고려
태조를 대신하여 후백제군에 목숨을 잃은 공적과 비교하여 한 치의 가벼
움도 없는 것이다. 이와 같은 충효의 정신을 기리고자 정려를 내렸는데 효
자 조완기에게 오늘날 검사와 비슷한 일을 하는 정5품 사헌부 지평 벼슬을
내렸다.

조헌은 처음 청주에서 의병을 모집하였으나 충청도순찰사와 청주군수
의 방해로 두 번이나 실패하자 공주로 가서 1,600여 명의 의병을 모집하여
영규대사와 함께 왜적에게 빼앗긴 청주성을 다시 찾았다. 왜적이 금산에
있다는 이야기를 듣고 이들을 내쫓기 위해 충청도순찰사와 협의를 하였으
나 의견이 맞지 않았다. 그러자 충청도순찰사가 조헌의 의병부대에 참가
한 사람들의 부모와 가족들을 옥에 가두고 조헌의 의병들에게 이를 알렸

다. 그러자 1,600여 명의 의병들은 뿔뿔이 흩어져 집으로 돌아가고 700여 명만 남았기에 부족한 병력이긴 하나 영규대사와 함께 금산으로 향했다.

조헌은 의병들에게 이렇게 말하였다.

"우리는 죽음 한 가지만이 있을 뿐이다. 죽든가 살든가 '의로움'에 부끄럽지 않도록 하자."

조선 의병들은 '의로움' 하나를 생명처럼 여겨 짐승만도 못한 왜적을 내쫓기 위해 일어선 것이다. 의병들은 힘을 다해 세 번이나 왜적의 공격을 막아냈으나 화살이 떨어지자 맨주먹으로 끝까지 싸우다가 조헌과 함께 모두 장렬하게 전사하였다. 이 전투에서 왜적도 많은 희생자를 남기고 금산에서 후퇴하였다.

조헌은 선조 38년(1605)에 선무원종공신 1등에 뽑히고 고종은 문묘에 모셨다.

'조헌은 하늘이 내린 큰 선비로 스승의 표본이 되었다. 공자의 학문을 바르게 깨달아 임금에게 충성을 다하였고, 도끼를 지니고 목숨을 걸며 임금에게 일본의 사신을 목을 벨 것을 주장하여 왜적을 움츠러들게 하였다. 조헌의 충성은 칠백의사와 함께 금산에서 장렬히 전사함으로써 삼강오륜을 실천하였다. 이에 온 나라 사람들의 뜻에 따라 융성한 음악과 제물을 갖추어 공자의 문묘에 모신다.'

이는 공자와 안자, 증자, 맹자, 주자 등과 함께 조헌을 모시고 제사 올리는 것으로 우리나라 유학자 최고의 영예에 오른 것이다. 왜적을 내쫓은 청주와 금산에는 비를 세워 공적을 기렸다. 그런데 일제강점기인 1940년에 금산경찰서장이 금산의 칠백의총을 파헤치고 조헌의 공적을 새긴 비를 폭파시켰다. 주민들이 깨어진 비석 조각을 모아 땅에 묻어 보관하였다가

1971년 다시 붙여 세웠다.

우리는 '이름 모르는 의병 700여 명이 함께 묻힌 무덤'이라는 뜻으로 칠백의총七百義塚이라 부른다. 무덤을 부르는 이름에는 능, 원, 분, 묘, 총 등이 있다. 능陵은 조선 왕릉처럼 산에 언덕처럼 높이 흙을 쌓아 만든 것이고, 원園은 왕세자, 왕세자비 등의 무덤으로 소현세자의 소경원, 문효세자의 효창원 등이 있다. 분墳은 흙을 높이 쌓아 올려 만드는 무덤으로 공주 송산리고분군, 부여 능산리고분군 등이 있으며, 묘墓는 산에 눈에 보일 만큼 작게 흙을 올려 만든 것으로 이순신묘, 조헌묘 등이 있다. 총塚은 이름을 알 수 없는 무덤에 이름 붙인 것으로 임진왜란과 관련된 금산칠백의총, 임진동래의총, 남원만인의총, 사천조명군총 등이 있다.

임진동래의총壬辰東萊義塚은 임진왜란 때, 동래부사 송상현과 함께 동래성을 지키다 순절한 관군과 백성들의 무덤으로 읍성 남문 터에 많은 사람들의 유골이 발견되었다. 이 유골을 거두어 읍성 서쪽 언덕에 무덤 여섯을 만들었다. 일제강점기 복천동 뒷산으로 이장하였고 다시 금강공원 안으로 옮기면서 무덤을 하나로 만들었다.

남원성은 1597년 8월 13일부터 16일까지 왜적 60,000여 명이 성을 겹겹이 둘러싸고 쉴 새 없이 공격하니 성 안의 백성과 조·명 연합군 4,000여 명 등 10,000여 명이 모두 순절하였다. 북문 밖에 시신을 모으고 봉분을 만들어 만인의총萬人義塚이라 불렀고 일제강점기에 기차역이 들어서면서 향교동으로 옮겼다. 이를 남원만인의총이라 한다.

사천 조명군총朝明軍塚은 1598년 10월에 조선과 명나라 연합군이 왜적이 있던 사천 선진리성을 공격하였다. 싸움이 한창일 때 명나라 부대에서 화약이 폭발하였고 이름을 타서 왜적들이 몰려 나와 많은 군사들이 전사하였다. 왜적은 전사한 조·명연합군 시신에서 코와 귀를 베어 소금에 절여 왜로 보냈고, 이를 교토 도요쿠니신사 앞에 묻은 것이 귀무덤이다. 왜적이 물러가고 조선과 명나라 연합군의 귀와 코가 없는 시신을 모아 무덤을 만드니 이를 사천조명군총이라한다.

이외에도 금관이 유물로 나온 금관총, 천마 그림이 나온 천마총, 무용을 하는 사람 그림이 있는 무용총 등 유물이나 무덤의 특징을 이름에 넣어 구별하기도 한다.

영모재 주련 중 양류곡은 버드나무를 뜻한다. 버드나무는 생명력이 강해 기름진 땅과 황무지를 가리지 않고 잘 자라기 때문에 옮겨 간 곳에서도 잘 살기를 바라는 마음에 예로부터 이별과 다시 만남을 의미하였다. 또한 유柳는 머물 유留와 음이 같아서 '헤어지지만 늘 생각하고 있다.'는 뜻도 함께 지닌다.

>> 옥천 도농리 영모재

幽林月下踈 倦鳥池邊宿 유림월하소 권조지변숙
閑把竹葉盃 時聞楊柳曲 한파죽엽배 시문양류곡

깊은 숲속에 달빛은 성글고 지친 새는 연못가에 잠을 자네.
한가로이 댓잎 잔을 들면서 때때로 이별의 노래를 듣네.

>> 옥천 후율당

雙廟孤節 쌍묘고절　　조헌과 아들 조완기의 높고 꿋꿋한 태도는
萬曆長春 만력장춘　　오랜 세월이 흘러도 늘 아름답네.

세종대왕이 지은 시

- 진천 김덕숭 백원재

강릉김씨 김덕숭 선생은 21살(1439)에 과거에 합격하여 사헌부 장령 벼슬을 거쳐 한산군수에 올랐으나 부모를 정성으로 모시기 위해 관직에서 물러났다. 어머니가 꿩고기를 먹고 싶다고 하자 산신령께 기도를 올리니 꿩이 날아들었고 이를 요리하여 드렸다. 또 추운 겨울에 미나리와 잉어가 먹고 싶다고 하여 계곡을 찾아다니니 김이 서린 곳에 미나리가 자라고 있어 잘라다 드렸다. 진천의 백곡저수지를 쌓기 전 계곡으로 가서 얼음 위에 무릎을 꿇고 여러 날 기도하자 앉아 있던 곳에 얼음이 녹아서 그곳으로 잉어가 튀어 올라와 이를 가져다 요리해 드렸다.

세종 26년(1444) 임금이 눈병 치료를 위해 좋은 약수가 나오는 청주 내수읍의 초정리에 갔을 때 김덕숭의 효행을 들었다.

"김덕숭은 72살의 나이로 아버지가 90살이고 장모는 85살인데, 한집에 살면서 정성을 다해 모신다고 들었다. 이 얼마나 훌륭한 일인가? 내 특별히 술과 고기를 내리니 아침저녁으로 봉양에 쓰라. 그리고 충청감사도 쌀 10가마를 집으로 보내도록 하라."

진천 김덕숭 효자각

김덕숭은 즉시 아버지와 함께 은혜에 감사하며 세종이 있는 초정리로 나아가 공손히 절을 하니 세종은 아비와 자식을 분별할 수 없다며 옷을 한 벌씩 주었다. 아버지가 그해 7월 돌아가셨다. 그러자 김덕숭은 잘 때도 요와 이불을 깔거나 덮지 않고 죽으로 끼니를 잇다가 다음해 76살(1448)로 세상을 떠났다. 세종은 시 3수를 내리며 정려각을 세우게 하였고 삼강행실도에 그의 효행을 기록하게 하였다. 세종이 김덕숭에 내린 시를 묘비에도 새기고 진천 이월면의 백원재百源齋에도 주련으로 걸어 전한다.

>> 김덕숭 백원재

晨昏念切棄官歸 色養平生志莫違 신혼염절기관귀 색양평생지막위
爲母居廬仍省父 朝哺奠罷拜庭闈 위모거려잉성부 조포전파배정위
父埋於野忍家居 七十遭喪又守廬 부매어야인가거 칠십조상우수려
哀慕從身情益切 墓前碑表聳州閭 애모종신정익절 묘전비표용주려

아침저녁으로 늘 벼슬 그만 둘 생각 하며

부모 모시기에 마음 두어 관직을 그만두고

고향에 돌아와 부모 모시기에 평생을 바쳤네.

어머니 산소에 삼년상 치르며 아버지 살피고

산소에 아침저녁으로 제사하고 아버지 문안드리네. – 세종대왕

아버지 무덤 쓰고 어찌 집 안에 있을까?

나이 칠십에 아버지 상을 당해 여막 지키네.

평생에 부모 생각하는 마음 간절하였으니

무덤 앞에 세운 정려 빛나기도 하여라. – 세종대왕

효자각 재실 백원재 주련

제천 의병

– 제천향교

　　전주이씨 이강년 의병장은 23살(1880)에 무과에 합격하여 선전관이 되었다. 선전관은 오늘날 대통령 경호실과 같은 구실을 하였다. 51살(1907)에 고종이 강제로 황제에서 물러나자 제천에서 의병을 일으켰다. 그러자 일본군은 제천 읍내에 불을 질러 의병의 근거지를 모조리 없애려 하였고 이때 제천향교의 대성전이 불타는 수난을 겪었다. 이강년 의병부대는 험한 산을 중심으로 소규모로 끊임없이 공격하고 피하며 일본군을 공격하였다. 제천 의병들은 이곳의 땅 모양을 잘 알고 또 백성들이 절대적으로 지지하였으므로 일본군이 두려워하였다. 이렇게 제천을 중심으로 일어난 의병을 충청도 왼쪽이라는 의미로 호좌의병湖左義兵이라 하였다. 52살(1908)의 나이로 제천 작성산 전투에서 붙잡혀 순국한 이강년에게는 1962년 건국공로훈장 대한민국장이 내려졌다.

　　문경시 가은에는 이강년이 살던 집이 문화재로 지정되어 있고 인근에 있는 기념관에는 도태장터에서 의병을 모으기 위해 연설하는 모습을 표현하였다. 이강년기념관의 빗돌에 새겨진 시를 옮겼다.

제천에는 제천의병전시관을 열어 제천을 중심으로 성리학적 질서를 지키고 외세의 침입을 막고자 일어선 의병 활동을 널리 알리고 있다. 제천향교 또한 다른 향교와 달리 고종 황제의 시를 주련으로 걸어 대한제국의 의미를 더하고 있다.

제천향교 앞에는 그림과 글자가 함께 조화를 이루는 문자 그림이 블록 담장에 벽화처럼 그려져 있다. 문자 그림은 효제충신예의염치 여덟 글자를 썼다. 더군다나 '2013년 골목이 학교다'를 표방한 민화 골목에는 마을 그림 지도를 그린 어룡변성도가 있다. 어룡변성도 문자 그림은 또 다른 '충' 글자이기도 하지만 제천이니 가능한 그림이리라. 우연히 좋은 분을 만나 민화동네미술관에서 향이 짙은 국화차 한 잔을 마시며 민화골목 이야기를 들을 수 있었다.

제천향교 뒤에는 300여 살 되는 음나무가 문화재로 보호받고 있으며 어린 순을 개두릅이라 하여 봄철에 나물로 먹는다. 천연기념물로는 삼척 궁촌리 음나무, 창원 신방리 음나무, 청주 공북리 음나무 등 세 그루가 지정 보호되고 있다. 그중 삼척 궁촌리 음나무는 나이 1,000여 살에 키 18미터로 우리나라 최고의 음나무로 고려 공양왕이 귀양 살던 집 뜰에 자란다.

삼척에는 고려의 마지막 임금 공양왕과 그 세 아들의 무덤이 있다고 전한다. 조선 태조가 공양왕을 원주로 귀양 보냈다가 간성으로 옮겼고 1394년 근덕면 궁촌리로 다시 옮겨 그곳에서 세상을 떠났다. 또 고양시에 있는 공양왕릉은 조선 태종이 공양왕과 왕비의 무덤을 마련한 것으로 삽살개의 전설이 담긴 연못이 있다. 공양왕은 조선 태조에게 나라를 넘기고 남쪽으로 내려와 고양시 견달산에 닿으니 죽음의 두려움과 배고픔에 모두 지쳐 있었다. 어둠 속에서 공양왕 일행은 조그마한 절집을 발견하며 몸을 숨기게 되었다. 그러던 어느 날 공양왕과 왕비가 사라지자 스님들과 시종들이 찾는데 삽살개가 작은 연못을 향해 계속 짖기에 살피니 공양왕과 왕비였다. 사람들은 양지바른 곳에 왕과 왕비를 묻고 능을 지키기 위해 삽살개 석물을 세웠다.

　주련에 나오는 행단杏壇은 공자가 은행나무 아래에서 제자를 가르친 것을 가리킨다. 반수泮水는 성균관의 좌우에 있는 연못의 물이다. 조선은 임금의 나라이기에 성균관이라 부르고 중국은 황제의 나라이기에 벽옹이라한다. 벽옹辟雍을 큰 연못 한가운데 짓고 동서남북 네 방향으로 다리를 놓았다. 조선은 성균관의 양 옆에 연못이 있어 동서로 다리가 놓였다. 반수는

벽옹의 연못에 비해 물을 반 밖에 채우지 않아 그렇게 이름 붙인 것이고 반수에서 공부하는 곳이므로 반궁泮宮이라 하였다. 벽옹이나 성균관에 연못을 둔 까닭은 학생들이 먹을 갈고 붓을 빨며 공부하는 데 필요한 물을 상징한다.

>> 제천향교

杏壇日暖暢和風 酌獻禮成泮水東 행단일난창화풍 작헌례성반수동
粵自祖宗崇道學 至今心法在予躬 월자조종숭도학 지금심법재여궁

행단의 날씨는 따사롭고 화창하여
헌작례를 반수 동쪽에서 올렸네.
스스로 생각건대 조종의 도학 존숭은
지금에 이르러 심법이 내 몸에 남아 있네. - 고종황제

>> 서재

仰述先王禮 泮宮釋奠成 앙술선왕례 반궁석전성
講論夫子學 吾道益光明 강론부자학 오도익광명

우러러 선왕의 예를 지으며
반궁에서 석전례를 이루었네.
공자의 학문을 강론하니
유교의 어짐이 더욱 밝아지네. - 고종황제

제천향교 동재

>> 이강년기념관

丸子太無情踝傷止不幸 환자태무정과상지부행
若中心復裡無辱到瑤京 약중심부리무욕도요경

탄환이여 자못 무정하여라. 복사뼈만 상하게 한단 말인가.
심복을 꿰뚫었던들 욕된 일이 없을 것을 – 이강년

五十年來判死心臨難豈 오십년내판사심임난개
有苟求心盟師再出終難 유순구심맹사재출종난
復地下猶餘冒劍心 부지하유여모검심

한평생 이 목숨을 아껴 본바 없었거늘
지금 앞둔 지금에야 삶을 어찌 구하랴만
오랑캐 쳐부순 길 다시 찾기 어렵구나
이 몸 비록 간다 해도 넋까지 사라지랴 – 이강년

我國二千萬民將次第受 아국이천만민장차제수
死必如我以是爲痛 사필여아이시위통

우리나라 이천만 민족이 장차 나와 같은
죽음을 당할 것이니 이것이 제일 원통하도다. – 이강년

관동에 살다

강

원

도

향교의 제례

- 홍천향교

　춘천을 들러 홍천과 인제 등에 있는 약수 문화재를 찾으려 한다. 약수는 미네랄 등으로 물맛이 특이하고 경치가 아름다운 곳을 뽑아 천연기념물로 지정하였는데 홍천 광원리 삼봉약수, 인제 미산리 개인약수, 양양 오색약수 등이 유명하다. 이런저런 이야기를 하며 가는데 박물관장이 다급하게 말한다.

"어! 카메라가 없어."

"네에?"

"카메라를 분명히 넣었는데 없어"

"다시 찾아보세요."

"안 보여, 없어"

"집에서 안 가져 온 것 아닌가요?"

"글쎄?"

"그럼 다시 집으로 가서 찾아봐야지요?"

"그래야겠는데."

홍천향교 명륜당

　춘천 김정은 가옥에 주련이 있어 돌아보고 서울로 되돌아와 집에 들러 카메라 챙기고 다시 길을 나섰다. 여하튼 덕분에 홍천에서 자고 다음날 아침 홍천 괘석리삼층석탑을 찾을 수 있었다.

　괘석리 길은 15년 전에 한 번 실패한 곳이라 마음을 단단히 먹었는데 다리가 놓이고 신작로 같은 오솔길이 생겼다. 오솔길을 들어가며 눈짐작으로 보니 산 넘고 물 건너가다 멈춰 돌아온 곳이 개울 넘어 산마루 아래였다. 오고 가며 노란 피나물 꽃을 한없이 보았다. 홍천향교와 삼척향교는 문묘에 제사 올리는 모습을 글로 표현한 주련을 걸어 소개한다. 주련을 찾고 해석하던 앳된 시절에 홍천향교 전교님이 주련을 풀이하여 팩스로 보내 주셔서 그 고마움을 더욱 잊지 못한다.

>> 홍천향교

五聖位前犧牲奠 八佾庭下文武舞 오성위존희생전 팔일정하문무무
千秋釋奠眞宜也 萬代焚香非偶然 천추석전진의야 만대분향비우연

빼어난 다섯 분 앞에 소머리를 올리고
팔일무로 뜰이레에서 선비 춤과 장군 춤을 춘다네.
오랜 세월 동안 석전대제를 올리는 것이 마땅하고 참되며
영원토록 향을 피우는 것은 우연한 것이 아니라네.

>> 석화루

山爲聖廟千年碧 水抱靈區九曲流 산위성묘천년벽 수포영구구곡류
洪州無處不飛花 寒食東風細柳斜 홍주무처불비화 한식동풍세류사

산에 대성전을 세우니 영원히 푸르고
물을 안고 '영구구곡'을 비쳐 흐르네.
홍천 고을에는 꽃이 날지 않는 곳이 없고
한식날 봄바람은 잔 버들에 비껴 부는구나. – 한군평

>> 서재

尼山正脈連海東 日月共明天共大 니산정맥연해동 일월공명천공대
梅花萬國聽暮笛 桃竹殘年隨白鷗 매화만국청모적 도죽잔년수백구

공자의 유교는 우리나라에 이어졌고

홍천향교 동재 주련

해와 달의 밝음은 하늘과 같이 크더라.

세상에 매화 가득하고 저물녘에 피리소리 들리니

나이 들어 도죽장 짚고 갈매기 따라 노니네. - 신광수

>> 동재

秋水文章不染塵 道通天地無形外 추수문장불염진 도통천지무형외

俎豆歌絃備六律 淵源道統繼千古 조두가현비육률 연원도통계천고

글귀는 가을 물처럼 차고 맑아야 하며

도덕이 세상에 통하니 형상 밖에 없구나. - 정호

제기와 악기를 준비하여 여섯 가지 소리를 갖추고

공자의 가르침을 빼어난 이들이 아주 오랜 세월 이어왔네.

>> 삼척향교

周旋中禮釋菜春秋 齋宿致誠奉番朔望

주선중례석채춘추 재숙치성봉번삭망

峩冠博帶揖讓之儀 燠室凉軒莊修之所

아관박대읍양지의 욱실량헌장수지소

層階在前必升必降 仞墻繞外彌高彌堅

층계재전필승필강 인장요외미고미견

봄가을에 나물 올리는 것이 예의에 맞고

재실에 머물며 정성들여 초하루와 보름에 제사하네.

아관 쓰고 박대 두르고 절하고 양보하는 모습으로

마루와 더운 방에서 학문에 힘써 공부하는 곳이라네.

계단 앞에는 반드시 오름과 내림이 있고

한 길 높이 두른 담장은 더욱 높고 더욱 단단해지네.

명주가 강릉이래요

– 강릉 명주군왕릉

　　강릉김씨 시조 김주원은 신라 원성왕 때 명주군왕溟州郡王에 임명되어 후손들이 강릉 지역에서 독자적인 세력을 길렀다. 김주원의 아들 김종기는 신라 최고의 관직인 상대등 벼슬을 한 뒤 명주군왕에 임명되었고, 신라 신문왕 때 증손자 김양이 명원군왕에 임명되어 군왕이 셋이나 나왔다.

　　성산면에 있는 명주군왕릉은 신라의 왕릉과 다르게 조선 왕릉처럼 무덤 아래 정자각 구실을 하는 능향전이 있고 재실들이 능향전을 향해 옆으로 줄지어 있다. 이 능향전을 마주하고 김주원을 모신 숭의재와 세 분의 군왕이 계신다는 삼왕문이 있고, 옆에 삼한을 통일하였다는 통삼문 안에 태종무열왕을 모신 숭렬전이 있다. 아래에는 김시습을 모신 청간사가 있다. 주련 중 태백은 주나라 태왕의 맏이였으나 셋째 동생 계력에게 왕위를 물려주려 하자 둘째 우중과 함께 산으로 숨어들었다. 이는 조선 세종이 임금에 오른 것과 꼭 같아 아련한 잔상이 남는다.

　　강릉김씨 김시습은 5살(1439) 때 시를 지은 명석함으로 궁궐에 불려가 시를 지었다. 세종대왕이 비단 50필을 상으로 내리니 김시습은 비단 끝을 모두 묶은 다음 한쪽 끝을 끌고 나갔다. 사육신으로 일려진 신하들이 거리에서 팔과 다리, 목을 각각 수레에 묶고 말을 내달려 몸을 찢는 형벌로 길가에 뒹굴고 있을 때 22살(1456) 김시습이 널려진 시신을 바랑에 주섬주섬 담아 노량진 산기슭 남쪽 언덕에 묻었다. 그리고 계룡산 동학사로 내려와 의롭게 죽은 사육신의 혼령을 위로하는 초혼제를 지냈다.

31살(1465)에 지금의 경주 남산인 금오산 용장사 옆에 굴을 파고 살며 매화를 심어 매월당梅月堂이라 하였으며 우리나라 최초로 남녀의 사랑을 주제로 한문소설 금오신화를 썼다. 지금도 남산 용장골에는 김시습의 호를 따서 다리 이름을 설잠교라 하여 그를 기리고 있다. 김시습이 세상을 떠나자 사리 1점이 나왔다는 부도탑과 함께 그의 영정을 충청도 홍산 무량사에 모셨다. 금오신화를 쓴 경주 남산의 용장사는 현종 때부터 김시습 영정을 모셨는데 고종이 서원을 정리할 때 없어지자 경주 기림사로 옮겨 모셨다. 그리고 그의 호를 따서 청간이라 이름 한 사당은 강릉 명주군왕릉 재실 옆에 있다. 사람들은 사육신과 더불어 살아서 고귀한 절개를 지킨 김시습, 원호, 이맹전, 조려, 성담수, 남효온 등을 생육신生六臣이라 하였다.

>> 강릉 명주군왕릉 숭의재

德無稱於泰伯 麗千乘而如脫　덕무칭어태백 사천승이여탈
篤其慶於後昆 風百世向無興　독기경어후곤 풍백세향무흥
仁不讓於夷齊 揭威儀無幷降　인불양어이재 게위의무병강
序昭穆而揖讓　서소목이읍양

주나라 문왕의 맏아들 태백은 덕이 없다며

군왕의 지위를 신발 벗듯이 버렸구나.

후손들은 좋은 일이 많이 있도록 하고

오랜 동안 세상 풍속에 흥미를 갖지 마라.

백이와 숙제는 어짊에는 양보하지 않고

의로움을 높이는 일에는 함께 하였다네.

사당에 위패는 양보하여 동과 서로 모시네.

>> 강릉 청간사

矮屋靑氈暖有餘 滿窓梅影月明初 왜옥청전난유여 만창매영월명초

挑燈永夜焚香坐 閑著人間不見書 도등영야분향좌 한저인간불견서
受英陵之厚知 有栗翁之作傳 수영릉지후지 유율옹지작전
心西山之高節 跡南越之中權 심서산지고절 적남월지중권
德貧廉而懦立 風山高與水長 덕빈렴이나립 풍산고여수장

나직한 집의 푸른 담요에 따스한 기온 넉넉한데
창에 가득한 매화 그림자에 달이 처음 밝았다.
등불을 돋우고 긴 밤에 향 사르고 앉아
한가롭게도 사람들이 처음 보는 글을 짓는다네. – 김시습

세종대왕이 두터이 알아주신 은혜를 받아
율곡 선생이 임금의 뜻을 받들어 전기를 지었네.

수양산의 백이와 숙제 높은 절개 마음 두고
남월 나라의 중권처럼 남쪽으로 내려왔구나.
덕 없고 탐욕한 자 청렴해지고 나약한 자 일어서니
금강산 보다 높고 그 물길 또한 길구나.

강릉 명주군왕릉 청간사

솔 내음 그윽한

- 강릉 상임경당

    강릉김씨 김열 선생이 친구 율곡에게 성산면의 임경당 주변 소나무를 보며 부탁하였다.

    "아버지께서 직접 심은 것인데 우리 형제 모두가 이 집에서 저 소나무를 울타리로 삼고 지내고 있지. 그래서 이 소나무들을 볼 때마다 아버지를 생각하곤 해. 이런 소나무를 내 스스로의 능력으로는 지키기 어려울 것 같아. 자손 중 못된 놈이 도끼나 낫으로 베고 잘라 아득한 후손에게까지 온전하게 전하지 못하고 없어질까 늘 두려운 마음이야. 자네가 소나무를 보호할 수 있는 교훈될 만한 말을 써 주면 집안 사당에 걸어 놓고 자손들로 하여금 늘 이를 읽게 하여 가슴 깊이 새기도록 하겠네."

    율곡이 답하며 쓴 글이 소나무를 보호해야 한다는 호송설護松說이다.

    "조상이 고생하고 노력한 것이 쌓여서 반드시 한 세대를 거쳐야 비로소 가업을 이루었다고 한다. 그런데 자손의 자질이 부족하다면 한 해를 넘기지 못하고 없어질 것이다. 이 소나무도 심고 가꾸어 수십 년을 기다려 비로소 큰 나무로 자란 것인데 도끼로 찍어 낸다면야 하루아침에 다 없어질 것이다. 그러니 가업을 이루기는 어렵고 없애기는 쉬운 일 아니겠는가?"

벼슬을 마다하고 형제들과 글을 열심히 읽은 김열은 강릉 12현으로 추대되어 향현사에서 제사를 모시고 있다.

조선 왕실에서도 나무를 보호하기 위해 숙종 6년(1680)에 실시한 황장봉산제도가 있다. 황장은 나무의 속살이 황색인 질 좋은 소나무로 주로 궁궐에서 사용하였다. 울진 소광리 바위에 쓰인 황장봉계표석黃腸封界標石에는 '황장목을 보호하기 위해 생달현, 안일왕산, 대리, 당성의 네 지역의 출입을 금하며 관리책임자는 산지기 명길이다.'라고 새겼다. 이러한 것은 원주 구룡사 길머리에 있는 '학곡리황장금표鶴谷里黃腸禁標'에서도 알 수 있다.

또 왕실의 능을 관리하는 경비를 조달하기 위해 백성들이 산에 들어가지 못하게 하였다. 대구 팔공산에는 용수동과 신무동에 각각 수릉봉산계

강릉 상임경당

표석綏陵封山界標石이 있는데 수릉은 구리시 동구릉에 있는 조선 24대 헌종의 아버지 효명세자와 어머니를 모신 능이다. 이 능을 관리하고 제사를 모시기 위해 팔공산 자락의 나무를 베고 숯을 구워 판매하여 경비를 마련하였다. 성격은 다르나 정선군에 '강릉부삼산봉표江陵府蔘山封標'도 세웠다. 정선 가리왕산 주변에서 자라는 산삼이 심마니들에 의해 마구 캐어지는 것을 막기 위해 돌에 새겨 출입을 금지하였다.

상임경당에는 여러 현판을 걸었다. 선비의 집에는 글 읽는 소리뿐이요, 어진 선비 문 앞에는 제자들만 모인다는 처사가성유현문생處士家聲儒賢門生, 행복을 가꾸고 화려함을 멀리하라는 연행화북研幸華北, 솔잎의 짙은 녹음을 드리웠다는 벽유碧葇, 오래 오래 사는 집이라는 무량수각無量壽閣 일석산방一石山房 등 화려한 글씨들이 서로 뽐내고 있다.

>> 강릉 상임경당

十年種木長風煙 萬卷藏書宜子弟 십년종목장풍연 만권장서의자제
閉戶著書多歲月 種松皆作老龍鱗 폐호저서다세월 종송개작노용린
臨鏡亭園松竹靑 鼎峰山下春風暖 임경정원송죽청 정봉산하춘풍난
臨水亭園柳色新 天地人一體同春 임수정원유색신 천지인일체동춘
掃地黃金出 開門萬福來 소지황금출 개문만복래
天增歲月人增壽 천증세월인증수

십년 동안 심은 나무에 바람 구름 서렸고
수많은 책 쌓아 두었더니 아들들이 잘도 읽네.
문을 닫고 책을 쓴지 많은 세월이 지났고

상임경낭의 년행화북 현반

어린 소나무 자라서 늙은 용 비늘이 생겼네.

임경정 정원에 소나무와 대나무가 푸르고
정봉산 아래 봄바람이 따뜻하구나.
임수정 정원에 버들 색깔 나날이 변하고
하늘과 땅과 사람 모두가 봄을 맞는구나.

땅을 쓰니 황금이 나오고
문을 여니 만복이 들어오는구나.
하늘이 세월을 늘리니 사람이 오래 사네.

>> 문간채

先君遺志取言遵 古址重修曠感新　선군유지취언준 고지중수광감신
若使後昆隨宜構 儒賢扁額耀千春　약사후곤수의구 유현편액요천춘

가신님 남긴 뜻 의지하고 말씀 따라서

옛 터에 다시 지으니 감회가 새롭구나.

만약 후세 사람들도 이것을 따른다면

선비들이 걸은 현판 천년 뒤에도 빛나리.

>> 안채

鏡臺西畔鏡堂幽 壽福錄富貴多男 경대서반경당유 수복녹부귀다남

春滿乾坤福萬家 堂上鶴髮千年壽 춘만건곤복만가 당상학발천년수

膝下子孫萬歲榮 슬하자손만세영

月自窓前午 秋收糞上肥 월자창전오 추수공상비

誰知盤中食 粒粒皆辛苦 수지반중식 립립개신고

경포대 서쪽 기슭에 임경당이 그윽하고

재물과 복이 많고 오래사니 귀한 아들이 많구나.

온 대지에 봄이 가득하고 집안엔 복이 가득하니

집안의 부모님 오래오래 사시고

자손들은 오래도록 부귀영화 누리네.

대낮에 달이 창가에 나오고

거름 주니 고마운 마음으로 수확하네.

누가 알겠는가? 밥상 위의 밥은

알알이 다 고생 고생한 것임을.

검은 대나무집

- 강릉 오죽헌

까마귀는 어미가 늙어서 더 이상 먹이사냥을 하지 못하면 자식이 먹이를 물어다 어미에게 먹여 어렸을 때의 은혜를 갚는다 하였다. 그래서 줄기가 검은 대나무라는 오죽은 효를 상징한다.

덕수이씨 율곡 이이 선생은 16살(1551)에 어머니가 돌아가시자 인생의 허무함을 느끼고 방황하다가 19살(1554)에 금강산 마하연에 들어가 불교를 공부하였다. 그러다 이듬해 깨우친 바 있어 오죽헌으로 돌아와 자신의 나갈 방향과 목표를 세우고 자경문을 썼다.

큰 뜻을 세우고 말을 적게 한다. 마음을 안정되게 하고 혼자 있을 때 말과 행동을 조심한다. 늘 책을 읽는다. 재물과 명예에 관한 욕심을 버린다. 정성을 다해 맡은 일을 완수하고 항상 정의로운 마음을 갖는다. 나를 해치려는 사람이 있으면 먼저 스스로 반성하고 그의 마음을 돌리려 노력한다. 마음은 항상 깨어 있고 잠은 바르게 잔다. 공부를 소홀히 하거나 서두르지 않는다. 위와 같이 자신이 쓴 열 한 조목의 자경문自警文을 평생 동안 엄격하게 실천하여 빼어난 분이 되었다.

23살(1558)에 문과시험에 으뜸으로 합격하였고 이후로도 9번이나 으뜸으로 합격하였다. 47살(1582)에 종2품 이조판서에 오르고 이듬해 그 유명한 시무육조를 올려 외적의 침입에 대비하여 십만양병설을 주장하였다.

파주 자운서원에는 이이의 묘 앞에 부모의 묘가 있고 왜적에 쫓겨 남편의 묘 뒤에 숨었다가 순절하였다는 부인 곡산노씨의 묘가 있어 일반적인 모습과 다르게 보인다.

성리학을 깊이 연구하여 사단칠정을 밝히고 격몽요결 등의 책을 써 조선 성리학의 큰 발전을 가져왔기에 숙종 7년(1681)에 이이를 문묘에 모셨다. 이는 공자와 안자, 증자, 맹자, 주자 등과 함께 이이를 모시고 제사 올리는 것으로 우리나라 유학자 최고의 영예에 오른 것이다.

숙종 15년(1689)에 희빈 장씨가 낳은 두 살 된 왕자를 왕세자로 임명하는데 송시열을 중심으로 한 서인이 반대하자 그들에게 사약을 내리거나 귀양 보냈다. 숙종은 서인 민유중의 둘째딸이자 송준길의 외손녀인 왕비 인현왕후를 질투가 심하다는 구실을 붙여 궁궐에서 쫓아냈다. 그 결과로 남인들이 10여 년 만에 정치의 중심에 서게 되었다. 이황의 학문을 배경으로 하는 남인들은 이이가 금강산 절집에서 불교를 공부했던 것을 구실로 삼아 공자의 문묘에 모시고 있던 이이와 성혼의 위패를 내쳤다.

숙종 20년(1694)에 인현왕후가 궁궐에 들어와 왕비의 자리를 되찾자 남인의 정치인 대부분이 귀양을 갔다. 그리고 윤증을 중심으로 하는 서인의 소론이 정치의 중심이 되자 학문적 스승인 이이와 성혼을 문묘에 다시 모셨다. 이이와 성혼의 위패는 문묘 밖을 나갔다가 다시 들어온 것이다.

이 같은 당쟁의 모습을 김천시 증산면사무소 앞 벽화에서 만난 것은 행운이었다. 인현왕후가 쫓겨나서 궁궐로 되돌아갈 때 까지를 간략하게 벽화로 그린 것이다. '인현왕후는 장희빈의 모함으로 폐비가 되어 이곳 증산에 내려와 살게 되었다.'는 글과 함께 옆에 표독스런 장희빈 모습을 그렸다. 흰옷을 입고 작은 보따리 하나 달랑 들고 궁궐에서 나오는 인현왕후와 궁녀들이 땅바닥에 엎드려 우는 모습, '증산에 내려와 살던 인현왕후는 갑술환국에 다시 궁궐로 돌아갔다.'는 글과 숙종 임금 옆에 함께 있는 인현왕후 모습 등이다.

인현왕후는 궁궐에서 내쫓기자 외할머니가 살고 있는 상주로 내려와 이곳 청암사에 몸을 숨겼고 청암사에서는 한옥을 새로 지어 모셨다. 이후, 청암사에서는 인현왕후가 살던 집을 다른 사람들이 쓸 수 없으므로 아미타부처를 모시고 극락전이라 현판을 걸었다. 그래서 극락전의 모습이 다른 절집처럼 지붕이 높거나 화려한 단청도 없는 그저 소박한 모습 그대로다.

오죽헌에는 이이의 동상이 있고 그 앞에 견득사의見得思義란 글을 돌에 새겼다. 선비가 이득을 보면 옳은 것인가를 생각한다는 것이다. 처음 만나는 문은 자경문이라 현판을 달았다. 이이의 스스로 경계하여 조심하는 글인 자경문에서 따 온 것이다. 검은 줄기의 대나무 집을 뜻하는 오죽헌烏竹

강릉 오죽헌

軒 현판과 신사임당이 용이 날아드는 꿈을 꾸고 율곡을 낳았다는 몽룡실夢
龍室 현판을 함께 걸었고 안쪽으로 이이에게 제사를 모시는 문성사文成祠가
있다. 사랑채 깊숙이 들어가면 은하수 같은 임금의 덕을 나타내는 운한문
안에 임금이 직접 글을 쓴 벼루를 모신 어제각御製閣이 있다. 오죽헌의 운한
문과 같은 의미로 쓰인 것은 창덕궁의 봉모당奉謨堂으로 들어가는 운한문
雲漢門과 수원 화성 화령전華寧殿의 운한각雲漢閣이 있다.

흐드러지게 핀 매화를 만끽하려 3월 넷째 주 오죽헌을 찾았다. 600살이
넘는 율곡매는 풍성하고 탐스러운 여린 분홍 꽃잎을 활짝 벌리고 진한 향
을 내어 유혹하니 벌뿐 아니라 사람도 시간가는 줄 모르며 마냥 꽃에 매달
려 있다. 우리나라에서 천연기념물로 지정한 매화는 오죽헌 율곡매, 구례
화엄사 매화, 장성 백양사 고불매, 순천 선암사 선암매가 있다. 그중 장성
백양사의 고불매古佛梅는 농사짓는 할아버지의 손가락 마냥 메마르고 꺾
이고 휘어진 용트림 형상의 가지에 주렁주렁 꽃잎을 단 모습이 보는 이로
하여금 환상에 빠지게 한다.

사임당 신씨가 노래하던 450여 년 전 천 리 길 강릉이, 지금은 서울과 고
속철도로 이어져 두 시간 안쪽으로 오갈 수 있고 고깃배들 오가던 강릉 앞
바다는 이미 짙은 커피 향으로 물든 지 오래 되었다. 사임당 신씨 동상을 보
며 '그리운 어머니' 시를 이 고장 친구가 향토색 짙은 말투로 전해 주었다.
시에 나오는 색동옷은 초나라의 전설적인 효자 '노래자老萊子'가 일흔 살이
되어서도 색동옷을 입고 장난감이나 새를 갖고 놀다가 때로는 어린아이처
럼 엉엉 울기도 하며 어버이를 즐겁게 해드렸다는 이야기이다. 조선 중종
임금 때 농암 이현보 선생도 67살에 '안동부사'로 재임하면서 아버지를 모
시고 양로잔치를 열며 그 자리에서 색동옷을 입고 춤을 추어 '때때옷의 선

허균의 글귀를 주련으로 건 오죽헌 사랑채

비'라는 별칭을 얻었다. 수원 화성 행궁에는 노래당 현판을 걸은 집이 있어
정조 임금의 효심을 알리고 있다.

    그리운 어머이
    산구대이 내 고향 질이나 가깝나!
    자드꺼 깨드꺼 꿈으꾸문 강릉이잖가,
    정자 기와저태 외로이 뜬 달,
    경포대 새간으로 얼추 부는 바람
    갈매기 떼 백사장에 나섯다 모옛다하미
    고깃배는 나릿가르 오미가미니
    강릉으로 갈라믄 그 기 뭐이 쉽나

색동옷으 입고 어머이 저태서 뮈르꿰메재.

>> 강릉 오죽헌

感慨甘樓逯 淂閑多事外 감개감루둔 득한다사외
知足小年中 種花春掃雪 지족소년중 종화춘소설
看籙夜焚香 研田無惡歳 간록야분향 연전무악세
酒國有長春 還迋破寂寥 주국유장춘 환왕파적요
有客來相汸 通名是伏義 유객래상방 통명시복의

무슨 일이 가슴에 사무쳐 숨어 사는가?
일이 많은 중에도 한가함 얻었고
젊은 시절에도 흡족함을 알았다네.
꽃 심느라 봄이면 눈 치우고
글 보느라 밤이면 향 피운다네.

글 읽는 선비의 마음은 풍요롭고
술 있는 곳은 늘 봄과 같다네.
어디를 왕래하며 심심함을 달래는가?
찾아오는 손님이 있을 때
인사 나눠 보면 순박한 사람이네. – 허균

대나무 숲

- 강릉 황산사

최필달 선생을 모시는 운정동 황산사를 찾아간다. 최필달은 고려의 공자라 불리며 교육에서 큰 공적을 세워 지금의 강릉인 경흥부를 관리하는 경흥부원군이 되어 강릉최씨 시조가 되었다.

강릉최씨는 본관을 같이하면서도 시조가 다른 셋이 있다. 하나는 경주최씨의 시조 최치원의 후손 최필달을 시조로 하고, 둘은 고려 태조의 사위 전주최씨 최흔봉을 시조로 하고, 셋은 고려 충숙왕의 사위 최문한을 시조로 한다.

황산사簧山祠는 처음에 강릉의 서남쪽 대나무가 많은 황산에 모셔 그렇게 이름 하였는데 강릉시가 발달함에 따라 운정동으로 옮겼다. 입구에 세운 북관대첩 복제비는 임진왜란 때 의병장 정문부가 함경도에서 왜적을 물리친 것을 기려 강릉최씨 최창대가 글을 지은 것이다. 북관대첩비北關大捷碑는 1905년 러일전쟁 때 일본군이 도쿄의 야스쿠니 신사로 가져가 함부로 둔 것을 1978년에 발견하고 많은 사람들의 노력으로 2005년 10월 우리나라로 돌아와 국립중앙박물관에서 잠시 전시를 하고 2006년 3월 1

강릉 황산사

일 북한으로 보내 함경도 길주에 다시 세웠다.

　문정묘文正廟에 모신 최수성은 기묘사화로 조광조 등이 죽임을 당하는 것을 보고 평택으로 내려가 원숭이를 기르니 그를 원정이라 불렀으며 또 충청도 보은으로 옮기자 고장 이름을 원정리라 하였다. 그러다 35살 (1521)에 억울한 누명으로 죽임을 당하였다. 강릉 향현사에서 학식과 효행이 뛰어난 강릉 출신 12명 중 한 사람으로 모시고 있다.

>> 강릉 황산사

爲國盡命之節 除暴止戈之業 위국진명지절 제폭지과지업

盛德之與至善 惟百世而不忘 성덕지여지선 유백세이불망

나라를 위해 목숨을 바친 절개요

폭력과 전쟁 멈춘 삼한 통일 이루었네.

가득한 사람다움과 지극히 착함은

아무리 생각해도 영원히 잊을 수 없구나.

>> 문정묘

道德博文曰文 以正服人曰正 도덕박문왈문 이정복인왈정

奧盛朝之易名 亘百世而不祧 오성조지이명 긍백세이부조

도덕을 겸비하고 학문을 널리 닦는 것이 글이요

올바름으로 사람을 감복시키는 것이 바름이라네.

유학이 번성했던 조선에서 이름난 분이니

끝없이 이어서 사당에 극진히 모셔야 한다네.

배다리 집

– 강릉 선교장

　전주이씨 이내번 선생의 선교장은 300여 년을 이어온 120여 칸이 넘는 엄청난 규모를 지닌 집이다. 물 위에 배를 이어서 다리를 만들어 건너다녔다 하여 배다리 집으로 불렸다. 운정동에 있는 선교장은 조선 후기에 서예가나 화가, 유학자들을 물질적으로 지원하였으며, 특히 영동지방에 극심한 흉년이 들자 5천석 이상 쌀을 내어 굶주린 이웃을 도와 선비로서 사회에 대한 높은 도덕적 의무를 실천하였다.

　달 아래 문이라는 월하문月下門을 지나 늘 좋은 물이 들어온다는 활래정活來亭에 드니 그림 같은 계곡과 산을 뜻하는 화중계산畵中溪山 현판이 눈에 띈다. 대문에는 드러나지 않는 신선이 사는 평안한 집이라는 선교유거仙橋幽居 큰 현판을 걸고 사랑채에 친척들과 재미있는 이야기 나누며 기뻐한다는 열화당悅話堂 현판을 걸었다. 자라가 숨어 있는 집이란 오은고택鰲隱古宅은 선교장을 처음 지은 이내번의 손자 이후의 집이란 뜻이다. 벼가 늦게 익는 집이라는 만가와晩稼窩, 맛을 내는 집 자미재滋味齋, 사당에는 내가 있는 집이란 뜻으로 오재당吾在堂 현판을 걸었다.

글을 쓸 때 여러 번 생각하여 고치는 것을 퇴고推敲라 하는데 그 연유를 알려주는 것이 월하문 주련이다. 당나라 시인 가도賈島가 스님은 달빛 아래 문을 미네라고 하는 밀 퇴推가 좋을까, 아니면 두드릴 고敲가 좋을까 망설였다는 이야기다. 오은고택의 첫 주련은 마지막 글자가 멸실되었다.

>> 강릉 선교장

月華凉在水 山明神境悟 월화량재수 산명신경오
山影淡於雲 沂源看水活 산영담어운 기원간수활
拂漢置亭孤 煙碧滿相浦 불한치정고 연벽만상포
州靑榮舘城 林下古衣冠 주청예관성 임하고의관
雲中新井曰 客來羊仲還 운중신정구 객래양중환
人在鹿紫園 爲氣沫丹壁 인재녹자원 위기말단벽
竹陰煎綠天 巡餘鶴一隻 죽음전록천 순여학일척

달빛은 화사하게 호수를 비추고
달 밝은 산은 신선이 사는 곳인가?
산 그림자 구름 없어 맑고
끝없이 흘러드니 넓은 호수를 볼 수 있노라.
은하수 바라보며 정자만 우뚝 세웠으니
푸른 구름 포구에 감도는구나.
갯가가 푸르니 무성한 풀 모양
나무그늘에서 의관을 바로 하네.
구름 속에 방아소리 들리는데

강릉 선교장 월하문

강릉 선교장 활래정

손님은 여럿이 몰려오는구나.

사람들은 녹장원에 있노라

기백은 붉은 물보라 일으키고

대 숲은 푸른 하늘 지지는 듯

오가는 학은 한 마리도 없구나.

>> 월하문

鳥宿池邊樹 조숙지변수

僧鼓月下門 승고월하문

새는 못가의 나무에서 머물고

스님은 달 아래 문을 두드리네. - 가도

>> 오은고택

流水不腐早與養生之□ 유수부부조여양생지□

桂樹春山家入軔川之古 계수춘산 가입률천지고

數聲窓外之鳥喚惺惺翁 수성창외 지조환성성옹

桃花流水人在玄眞之坊 도화유수 인재현진지방

詩成得繡袍花柳更無私 시성득수 화류경무사

흐르는 물은 썩지 않으니 벼가 잘 자라고

늘 푸른 산 아래 집 앞엔 인천 냇물이 오는듯.

창밖의 새 울음소리에 기뻐하는 노인

복숭아꽃 물에 흐르는 때 사람은 도 깊은 마을에 사네.

시는 수놓은 곳에서 이루어지고 꽃은 스스럼없이 핀다네.

>> 안채

二分明月眞意相參 貯書千卷高可等身

이분명월진의상삼 저서천권고하등신

置屋九楹足以客膝 一川炯浪夕陽

치옥구영족이객슬 일천형랑석양

水面微風度晚 수면미풍도만

悅親戚之情話 樂琴書以消憂

열친척지정화 낙금서이소우

하늘의 달 호수의 달 어느 것이 참된 달인가?

수많은 책을 쌓아 두니 이 몸도 고상하고

세 칸 집이라 무릎을 펴니 만족하구나

저녁노을 받으며 물결이 논다.

물 위에 부는 바람결에 느긋이 지나누나.

친척들과 재미있는 이야기 나누며 기뻐하고

거문고 즐기고 책 읽으며 근심을 잊는다네.

무궁화 꽃은 몇 살?

- 강릉 방동리 무궁화 오사제

강릉시 사천으로 간다. 오사제 뜰에 110여 살의 나이로 우리나라에서 가장 오래 된 무궁화가 자란다. 꽃잎이 붉거나 분홍색으로 가운데 꽃술 부분이 붉은 빛깔을 띠는 홍단심계로 순수 재래종의 원형을 간직하고 있으며 아직도 가지가지 마다 크고 엄청나게 많은 꽃을 피워 젊음을 자랑하므로 천연기념물로 지정하여 보호하고 있다.

천연기념물로 지정된 백령도 연화리 무궁화는 나이 100여 살에 키는 6미터가 넘는다. 꽃잎과 꽃술 부분이 붉은 재래종으로 백령도 중화동교회로 올라가는 경사진 계단 옆에 자란다.

강릉박씨 박수량은 43살(1518)에 종6품 예천 용궁현감 벼슬을 하다 조광조 등이 죽임을 당한 기묘사화(1519) 때 벼슬에서 물러났다. 박수량이 벼슬을 하게 된 것은 종4품 순창군수 김정이 보은 귀양에서 풀려 금강산 여행을 하고 서울로 돌아가던 길에 그의 집에 묵으면서 학문과 효행을 높이 사 추천하는 현량과賢良科로 벼슬에 오른 것이다. 이웃한 곳에 박수량 효자비가 있고 옆에 한가한 사람이란 뜻의 쌍한정이 있다. 박수량은 효성 지

강릉 오사제 무궁화

극하여 강릉 12현의 한 분으로 향현사에서 모시고 있다.

오사제五思齊의 제齊는 가지런하다는 뜻이나 공경할 재齋와 같이 쓰인다. 오사제는 돌아가신 분의 다섯 가지를 생각하며 정성을 다해 제사 올린다는 뜻이다. 그 다섯 가지는 돌아가신 분이 계시던 방, 웃으며 말씀하시던 모습, 늘 이루려던 생각, 좋아하시던 것, 즐기시던 것 등이다.

이이의 격몽요결에서 '돌아가신 때에 맞춰 모시는 제사는 이틀 전부터 다른 집의 초상에 조문하지 않고 병문안하지 않는다. 냄새나는 음식을 먹지 않고 술은 조금만 마시며, 모든 흉하고 더러운 일에 관여하지 않는다. 만약 길에서 흉하고 더러운 것을 갑자기 만나면 눈을 가리고 멀리하여야 한다. 하루 전에는 음악을 듣지 않고, 오로지 제사 모시는 분이 생활하시던 모습을 생각한다. 웃고 말씀하시던 것을 생각하고, 좋아하시던 것을 생각하머 즐기시던 것을 생각하여야 한다. 이렇게 지극 정성으로 순비하고 제사를 모시면 그 모습을 보는 듯하고, 그 목소리를 듣는 듯하며 제수 음식을 받아 그 기운을 잘 드셨다고 하는 것이다.'라고 하였다.

>> 강릉 오사제

宗支世箕 孝友家法 종지세검 효우가법
修竹人卷 保東己爵 수죽인권 보동기작

사당의 일을 대대로 맡아하니
효도와 우애 깊은 가문이라네.
대나무 역사책에 이름 올리니
동쪽을 다스리는 벼슬이라네.

오사제 현판과 주련

영원한 정승

- 삼척 산양서원

    강원도 삼척 지방에 큰 흉년이 들어 백성들이 굶주림으로 고통을 받고 있었다. 장수황씨 방촌 황희 선생은 61살(1423)에 강원도관찰사로 내려가 관청의 식량 창고를 열어 백성들에게 나누어 주었다. 그래도 식량이 부족하자 자신의 돈으로 다른 지방에서 곡식을 사와 백성들을 굶주림에서 벗어나게 하여 삼척지방에서는 한 사람도 굶어 죽는 사람이 없었다. 강원도 관찰사 황희가 임무를 마치고 서울로 돌아가자 삼척 지방 백성들은 그 은혜를 잊지 못하고 사람들이 많이 다니는 와현에 돌을 쌓아 단을 만들고 소공대라 하였다.

    소공(召公)은 주나라 사람으로 마을을 다니며 백성들이 사는 모습을 살필 때 백성들에게 불편함을 줄까봐 걱정하였다. 그래서 마을 입구 팥배나무 아래에서 백성들의 어려움을 듣고 이를 공정하게 해결하였다. 어느 마을의 백성들은 어진 정치를 펼친 소공을 잊지 않기 위해 팥배나무에 돌을 쌓아 소중하게 보호했는데 이를 소공대(召公臺)라 불렀다. 삼척의 백성들은 황희를 주나라의 소공과 같은 훌륭한 분이라고 여기고 팥배나무를 본 떠 돌을 쌓아 소공대라 하였고, 후에 비를 세워 소공내비라 하였다.

와현은 지금 큰 길에서 멀어져 지나는 사람이 없지만 옛날에는 울진에서 올라오는 사람들이 옥원리에서 노곡리, 임원리, 장호리를 통해서 삼척으로 들어가는 고갯길이었다. 언젠가 와현에 올라 소공대비를 살피다가 사람을 만나 깜짝 놀란 일이 있었다. 이런 산꼭대기에 우리 말고 또 다른 사람들이 있어 인사를 나누었더니 상호리에서 옥원리로 가는 영동 옛길 구간을 걷는 나이 지긋한 부부였다. 나이 들어 부부가 같은 취미를 갖고 땀을 흘리며 길을 함께 걷는다는 것이 큰 행복이리라. 걸어가는 부부의 뒷모습을 물끄러미 바라보는 나는 눈시울을 붉히며 부러움에 한숨을 내쉬어야 했다.

원덕에는 황희를 기리는 산양서원이 있다. 이곳은 일제강점기 임원리 임야측량 사건으로 일본 헌병과 충돌이 있었다. 1913년 4월 임원에서 국유림과 사유림에 대한 경계를 짓는데 일본인 측량기사가 국유림은 많게 하고 사유림은 적게 측량하였다. 두 눈 멀쩡히 뜨고 내 땅을 빼앗기는 것이

삼척 산양서원

억울해 500여 명이 모여 측량을 다시 할 것을 요구하였다. 그러자 일본 헌병이 나타나 애꿎은 백성들을 70여 명이나 잡아가 옥살이를 시켰다. 그래서 원덕의 선비들이 강력하게 항의하자 일본 헌병이 선비들의 구심점인 산양서원에 불태웠다.

해남 대흥사 표충사, 밀양 표충사 표충서원, 공주 갑사 표충원은 절집에 유교 양식의 사당을 지어 서산대사, 사명당, 처영, 영규대사를 모시는 특징이 있다. 사당은 유교의 영역으로 봄과 가을에 스님이 차를 올리는 의식과 선비들의 제사 의식으로 나뉜다. 그런데 절집에 모신 분들이 모두 임진왜란 때 활약한 스님들이다.

보성 대원사에는 스님이 아닌 황희 정승을 모시고 이름을 황희영각이라 하였다. 태종이 양녕대군을 세자의 자리에서 물러나게 할 때 주나라 태왕의 세자 태백의 예를 들어 끝까지 반대하던 황희는 56살(1418)에 남원으로 귀양을 온다. 이때 고향 친구인 자진국사가 대원사를 다시 지으며 어려워 할 때 절집을 찾아 도움을 주었고 황희의 넷째 아들이 보성에 살면서 대원사를 위해 여러 가지 많은 일을 하였다. 이에 절집에서 황희의 공덕을 기려 영당을 세우고 제사를 올리는 것이다.

유학자 조헌을 모시는 절집도 있다. 옥천에 있는 가산사는 영규대사와 조헌이 승군과 의병을 모아 훈련하여 청주성을 되찾은 곳이다. 이런 연유로 가산사에서 영규대사와 조헌의 영정을 모셨는데 일제강점기에 없어지고 지금은 영정각에 두 분의 위패를 모시고 있다.

만수산 무량사에는 김시습 부도탑과 영정을 모시고 있고 경주 기림사에도 김시습 영당이 있다. 고종이 서원을 정리할 때 황희의 공적을 기린다하여 남긴 산양서원山陽書院은 덕을 칭송하는 송덕사와 세상 사람들이 덕을 따르는 세민앙덕世民仰德 현판을 걸었다.

삼척 소공대비

>> 삼척 산양서원 강당

朱樓檻下五倫明 畵閣階前三正在　주루함하오륜명 화각계전삼정재

萬古傳承誦詠契 千秋繼往揮毫志　만고전승송영계 천추계왕휘호지

無話餘痕仁性合 不磨遺旨道心生　무후여흔인성합 불마유지도심생

低頭景慕安民德 拱手追懷濟世情　저두경모안민덕 공수추회제세정

붉은 집 난간 아래 삼강오륜을 밝히고

단청 누각 앞에 바른 행동, 바른 마음, 바른 생각 있네.

옛날부터 전해오는 책 읽고 노래하는 모임이

오랜 세월 성현의 배움을 후손에게 가르치고 글로 전하네.

산양서원 재실 주련

꾸짖음이 없는 사람의 성품은 어긋난 흔적이 없고

빼어난 분 뜻 잊지 않고 도를 깨우치는 마음 절로 생기네.

고개 숙여 우러러 사모하며 사람다움으로 백성이 편안하고

두 손 맞잡고 지난 일을 그리워하고 세상을 구할 따름이네.

>> 삼척 산양서원 재실

學經妻問生踈字 閑戶著書多來月 학경루문생소자 폐호저서다래월

揮毫落紙如雲煙 嘗試兒斟瀲灔盃 휘호락지여운연 상늠아짐렴염배

臨事無疑知道力 讀書有味覺心閑 임사무의지도력 독서유미각심한

배움의 길을 묻는 것은 익숙하시 않은 글자로

문을 닫고 글 지으니 달이 자주 찾아오는구나.

종이에 붓을 휘둘러 쓰면 글씨가 구름을 나는 듯하니

아이는 수줍어하며 잔에 찰랑찰랑 술을 따르네.

일에 임하여 의문이 없으니 도를 닦은 힘을 알겠고

글을 읽어 맛을 아니 마음에 영화를 깨닫는다네.

>> 보성 대원사 황희영당

淸白謹愼公職龜鑑 청백근신공직귀감

經史子書精通賢相 경사자서정통현상

맑고 곧으며 말과 행동을 조심하는 관리로 본받을 만한 분이시고

유교 경전과 역사, 여러 학자의 책을 공부하신 뛰어난 정승이셨네.

아! 단종이시여

- 영월 창절서원

단종의 복위를 꾀하다 세조 2년(1456) 6월 죽음을 맞은 충신들의 절개를 널리 알리기 위해 영월에 창절사를 세웠고 고종이 서원을 정리할 때 남겼다. 처음 장릉 옆에 세우고 육신창절사라 하여 성삼문, 박팽년, 이개, 유응부, 하위지, 류성원 등을 모셨다. 영월 사람들이 단종이 다시 태어나 두견새가 되었다 하여 이름을 붙인 배견루는 창절사의 정문이다. 단종에게 절한다는 배견루拜鵑樓 안에 창절서원이 있고 뒤에 창절사彰節祠가 있다.

수양대군은 김종서 등 많은 사람들을 죽여 없애고 1455년 조선 제7대 임금의 자리에 올랐다. 그러나 의로운 신하들은 조카의 자리를 빼앗았다고 생각하였고, 그래서 단종을 다시 임금으로 세우려 했던 성삼문 등 사육신과 뜻을 같이한 많은 사람들이 죽임을 당했다.

단종이 궁궐 안에 있어 이런 사건이 생긴다고 생각한 세조는 1457년 단종을 노산군으로 낮추고 강원도 영월로 귀양을 보내니 그곳이 산과 물로 둘러싸인 청령포였다. 이곳에서 생활하던 노산군은 여름에 큰 비로 홍수가 나서 청령포가 물에 잠기게 되자 영월 객사 관풍헌觀風軒으로 옮겨 생활하였다. 그때 가끔 매죽루에 올라 자규사를 시으니 지금은 자규루 현판과 자규사도 함께 걸려 있다. 청령포에는 영조 2년(1726년)에 청령포금표비 淸泠浦禁標碑를 세워 임금이 머물던 곳이라 하여 백성은 들어오는 것을 금하였다. 비에는 동쪽과 서쪽으로 1*km*, 남쪽과 북쪽으로 1.5*km*와 이후 강물에 의해 생기는 땅에도 들어오지 말라 하였다.

단종이 판풍헌으로 옮겨온 어느 날 이웃한 곳에 있는 절집을 보고 매우 놀랐다. 궁궐에 있을 때 꿈속에서 보았던 바로 그 암자와 모습이 똑같았기 때문이다. 오랜 세원이 지나 절집 이름을 금몽암이라 바꾸고 단종의 무덤을 보살피도록 하였다. 금몽암禁夢庵의 금禁자는 금중禁中이라 하여 대궐 안을 의미한다.

단종이 죽임을 당하자 궁궐에서부터 따르던 궁인과 여섯 명의 시녀들이 금강정에서 동강에 몸을 던져 순절하였고 마을 사람들은 그곳을 낙화암이라 부르며 넋을 위로하기 위해 민충사愍忠祠를 세웠다.

추계추씨 추익한은 50살(1433)에 종3품 벼슬 한성부윤에서 물러나 영월에 내려와 살았는데 단종이 귀양 왔다는 이야기를 듣고 머루, 다래 등을 따서 자주 단종께 올렸다. 어느 날 단종이 사약을 받았다고 하자 추익한이 바쁜 걸음으로 영월 동헌으로 가고 있는데 뜻밖에도 고갯마루에서 백마를 타고 가는 단종을 만났다.

"전하, 어디로 가시옵니까?"

"짐은 태백산의 산신령이 되어 가는 길이오."

이때부터 영월 사람들은 단종의 영혼이 태백산 산신령이 되어 고장을 지켜준다고 믿고 영모전에 모셨다. 이곳에는 태백산을 배경으로 붉은색 곤룡포에 검은 익선관을 쓴 단종이 백마를 타고 붉은색 말고삐를 잡았고

추익한이 머루와 다래를 바구니에 담아 올리는 모습을 그렸다. 보덕사 산
신각에는 왼쪽에 황금색 곤룡포에 용을 수놓아 가슴에 달고 검은색 말고
삐를 잡은 모습과 오른쪽에는 붉은색 곤룡포에 용을 수놓아 가슴에 달고
붉은색으로 말고삐를 잡은 모습을 표현하였다.

영월엄씨 엄흥도는 단종의 시신이 동강에 버려져 둥둥 떠다니는 것을
그저 보고만 있을 수는 없었다. 관청에서는 시신을 거두는 사람은 아들과
손자까지 죽임을 당한다는 포고를 내렸지만 생각하고 또 생각하였다. 그
리고 '옳은 일을 하다가 그 어떤 재앙을 당하더라도 나는 달게 받는다.'는
말을 남기고 밤중에 동강에 들어가 단종의 시신을 건져 올려 지게에 지고
동을지산에 묻었다. 그리고 밤길로 영월을 떠나 문경에 숨어 살다 그곳에
서 세상을 떠났다. 그 후 엄흥도의 충절이 알려져 육신사와 배식단사에 사
육신과 함께 위패를 모셨으며 숨어 살던 문경에도 충절사忠節祠를 세워 모

영월 보덕사 산신도

섰다. 엄홍도가 동을지산 능선에 단종을 묻은 무덤을 장릉이라 한다. 중종 11년(1516)에 임금의 명령으로 단종의 무덤을 찾긴 하였으나 그 당시는 죄인의 무덤이라 하여 계속 돌볼 수 없어 사람들의 기억에서 사라진 것을 중종 36년(1541) 영월군수 박충원이 다시 찾게 되었다. 숙종 24년(1698)에 단종이 임금의 자리를 되찾게 되자 왕릉으로 만들고 장릉莊陵이라 하였다. 장릉에는 배식단사配食壇祠를 세워 충설을 보인 신하의 위패를 모셨다.

장릉에서 내려오는 비탈길에 정령송 표석을 세운 소나무가 있다. 단종의 비 정순왕후가 죽어서도 떨어져 있는 것을 안타깝게 여겨 소나무를 통해서라도 만나게 하려는 생각에 1999년 남양주시에 있는 단종의 왕비 정순왕후의 사릉에서 옮겨 심은 것이다.

단종이 영월로 귀양을 떠나자 정순왕후는 동대문 밖 정업원으로 옮겨 평생을 남편 단종을 생각하며 살았다. 이곳 앞산과 뒤 바위가 천만년을 잇는다는 전봉후암어천만년前峯後巖於千萬年 현판을 걸었다. 정순왕후가 세상을 떠나자 단종의 누이 경혜공주가 시댁의 선산에 무덤을 쓰고 해주정씨 가문에서 관리하였다. 숙종 24년(1698)에 단종이 복위되자 정순왕후라 하였으며 평생 단종 생각만 하며 살았다 하여 사릉思陵이라 하였다.

밀양박씨 박충원은 25살(1541)에 종4품 벼슬 영월군수가 되어 영월 동헌으로 가는데, 그전까지 군수로 갔던 세 사람이 까닭을 모르게 차례차례 죽으니 사람들이 모두 무서워 벌벌 떨었다.

박충원이 영월 동헌에 도착하였다.

"사또, 오늘은 다른 곳에 잠자리를 마련했으니 동헌에서는 주무시지 마옵소서."

"죽고 사는 것은 각자 태어난 사람의 운명인 것을 어찌 피할 수 있겠느냐. 내 어떤 까닭이 있는지는 알아보아야 하겠다."

"사또 아니 되옵니다."

"걱정하지 말거라. 별일 없을 것이니라."

박충원은 관복으로 갈아입고 대청에 나가 촛불을 밝히고 단정히 앉았다. 얼마나 시간이 지났을까 바람이 불고 촛불이 꺼지면서 관복을 갖춰 입은 세 사람이 대청으로 뛰어 들었다.

"이 밤중에 누가 함부로 동헌에 뛰어 드느냐?"

"우리는 전하의 말씀을 받들어 너를 데리러 왔느니라."

"어디로 데려 가려 하느냐?"

"잠시만 따라오면 알게 될 것이다."

박충원이 일어나 그들과 함께 길을 나서 한참이나 산속을 오르내렸다.

그리자 갑자기 곤룡포를 입은 분이 앞에 계시고 옆에는 여섯 사람의 신하가 있었다. 박충원은 단종 임금이라 생각하고 넙죽 엎드려 큰절을 올렸다.

"짐이 죽을 때 활줄에 목을 매었는데 아직도 활줄이 매어 있어 무척이나 아프구나. 짐이 군수를 이곳에 오라 한 것은 이 활줄을 풀어 달라는 것이다. 그런데 겁 많은 군수들이 이곳에 데려오려 하면 모두 놀라 죽으니 어찌할 수 없었다. 그런데 이번에 온 군수는 그 용기가 참으로 대단하구나."

"전하께서 어디에 계신지 모르니 하신 말씀을 따르기 어렵습니다."

"짐의 말을 따르지 않다니, 군수를 데리고 가 없애라."

"용기 있는 신하이니 전하가 계신 곳을 찬찬히 알려 주는 것이 좋을 듯합니다."

"호장 엄흥도가 알고 있으니, 그에게 물으라."

꿈에서 깨어난 박충원은 날이 밝자 엄흥도의 후손을 찾고 안내를 받아 동을지산에 올라 단종 무덤을 보니 꿈속에서 본 곳과 꼭 같았다. 사람들을 모아 다시 무덤을 갖추어 만들고 정성을 다해 제사를 모시니 그런 일이 다시는 일어나지 않았다.

청주양씨 남평현감 양경의 딸 양씨는 세종의 후궁 혜빈이 되어 한남군, 수춘군, 영풍군 등 세 아들을 낳아 정1품에 올랐다. 세종 23년(1414) 현덕왕후가 단종을 낳고 숨을 거두자 혜빈양씨는 단종과 누이 경혜공주를 친자식처럼 정성을 다해 보살폈고 단종도 친어머니처럼 생각하며 가슴에 안겨 잠들곤 하였다. 세종대왕이 세상을 떠나자 예법에 따라 궁궐을 나가 절집에서 비구니가 되었다가 어린 단종

영월 창절서원

이 임금에 오르자 다시 궁궐로 들어와 여러 가지 일을 도왔다. 수양대군이 왕위에 올라 옥쇄를 받으러 혜빈양씨에게 다가왔다.

"혜빈양씨는 옥쇄를 내 놓으시오"

"세종대왕께서 옥쇄는 임금의 귀중한 보물이므로 세자와 세손에게만 전해야 한다고 하셨습니다. 그래서 비록 내가 죽더라도 내놓을 수 없습니다."

임금이 된 수양대군이 혜빈양씨와 그의 아들 영풍군의 목숨을 빼앗고 한남군은 경상도 함양으로 귀양 보내자 친족들은 뿔뿔이 흩어져 목숨을 보존하였다.

>> 영월 창절서원

死固當然地 사고당연지
生猶不愧天 생유불괴천

당연히 죽을 때가 되어 죽지만
하늘이 부끄럽지 않게 살았구나.

>> 영월 자규루

달 밝은 밤 두견새 울 제
시름 못 잊어 누머리 기대었네.
네 울음 슬프니 내 듣기 괴롭고
네 소리 없었던들 내 시름없을 것을
세상에 근심 많은 분들에게 이르니
부디 춘삼월 자규루에는 오르지 마오. - 단종

한양도성을 에워싸고

경기도와 서울

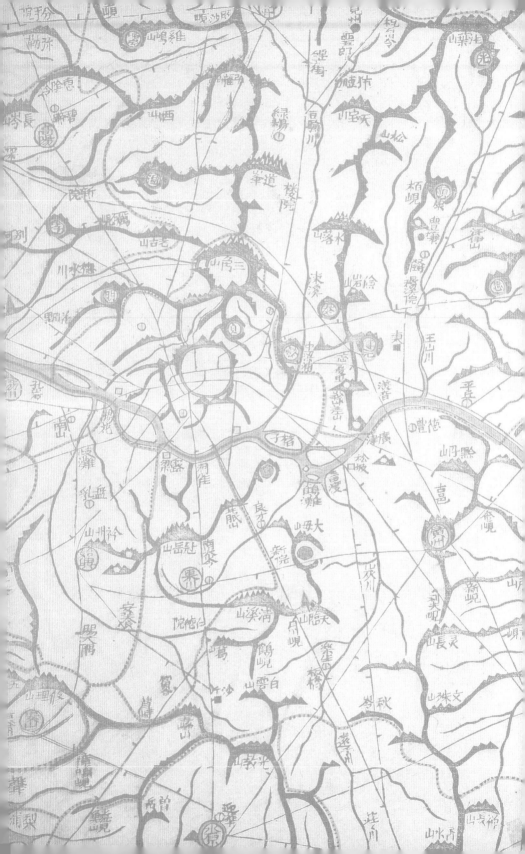

세종대왕의 사위

– 양주 죽산안씨 연창위 종가

오래전 양주의 문화재를 찾으러 길을 나선 적이 있다. 지하철 3호선 구파발역 인근에 이르러 주유소에서 기름을 넣으려 하였다. 언뜻 보니 기름을 넣는 호스가 위에서 아래로 내려오는 주유소였다.

"얼마나 넣어 드릴까요?"

"십만원 넣어 주세요. 카드 여기 있습니다."

"네, 곧 결재하여 드리겠습니다."

"기장님이 운전을 하시니 오늘은 공중 급유를 하는 모양입니다."

"아, 그러네요, 오늘 때맞춰 공중 급유를 보여 드릴 수 있어서 영광입니다."

"저희도 말로만 듣던 공중 급유를 보게 되어 가문에 영광입니다."

이렇게 이죽거리고 있는데 주유원이 카드를 계산하고 영수증과 함께 내밀었다. 봉은장로가 카드를 챙겨 넣고 시동을 걸고 움직이는데 덜그렁, 아차! 멈췄다. 모두 긴장하여 보니 아직도 기름을 넣고 있는 것이 아닌가. 주유 중인데도 카드를 가져오니 기름을 다 넣은 줄 알고 출발하려다가 벌어

양주 해유령전첩지

진 일이었다. 하마터면 주유소를 싣고 날아오를 뻔했는데 다행히도 소리만 요란한지라 가슴을 쓸어 내렸다. 봉은장로를 우리는 전설적인 기장이라 부른다. 자동차 운전을 하는 기사가 아니라 비행기를 조종하는 비행기 기장이라는 뜻이다. 글쎄요, 자동차와 비행기가 어느 것이 더 빠른지 알 수 없어서…….

양주시 광사동에 세종대왕의 사위 연창위 종가가 있다. 죽산안씨 안맹담 선생은 종2품 함길도관찰사 안망지의 아들로 14살(1428)에 세종의 둘째딸 정의공주와 결혼하였다. 부부가 행복하게 잘살자 세종은 옥수동과 압구정동 사이에 있던 한강의 사라진 섬 저자도楮子島와 광진구 자양동에 있는 낙천정樂天亭을 선물로 주었다.

정의공주는 세종의 둘째 딸로 훈민정음을 만드는 데 큰 공을 세웠다. 세

중이 우리나라 말이 한자와 서로 통하지 않는 것 내문에 훈민정음을 만들기 시작했는데 한자음에 정확하게 발음을 붙여주는 연구를 끝내지 못한 때라 왕자들에게 해결해 보라고 맡겼는데 정의공주가 이 문제를 해결하였던 것이다.

가까운 곳에 임진왜란 때 육지에서 최초로 승리한 해유령전첩지蟹踰嶺戰捷地가 있다. 해유령은 양주시 백석에서 파주시 광탄으로 넘어가는 고개로 400여 년 전 소나기를 따라 양주의 민물 게가 파주로 넘어갔다고 하여 게가 넘어간 고개라 이름 하였다. 게가 고개는 무슨 고개를 넘어? 긴가민가 하던 나는 백령도 고갯마루에서 아스팔트 도로를 넘는 게를 발견하고서야 해유령을 떠올렸다. 지금도 동쪽 연곡리에는 민물 게가 보이지 않지만 해유령 넘어 서쪽인 비암리와 발랑리에는 민물 게가 발견된단다.

평산신씨 신각은 무과에 합격하여 벼슬이 강화부사를 거쳐 종3품 경상도방어사에 이르렀다. 임진왜란이 일어나자 도원수 김명원 아래 부원수가 되어 한강 방어선을 지휘하였다. 그러나 왜적을 막지 못하고 도원수 김명원이 임진강으로 도망가자 부원수 신각은 양주의 불곡산으로 후퇴하여 흩어진 군사를 모아 왜적과의 전투를 준비하였다. 때마침 함경병사 이혼의 군사가 도착하여 신각은 이양원, 이혼, 그리고 인천부사 이시언과 연합하여 양주의 해유령에서 왜적을 맞을 준비를 하였다.

서울에 들어온 왜적은 양주 일대를 다니며 백성들의 재물을 빼앗는 데 더하여 문정 왕후의 묘 태릉과 명종의 묘 강릉, 세조의 묘 광릉 등에 보물이 묻혀 있을 것으로 생각하고 왕릉을 파헤쳤다. 뿐만 아니라 왜적이 머물고 있던 성종의 묘 선릉과 중종의 묘 정릉을 파헤치고 관을 꺼내는 몹쓸 행동도 하였다.

신각의 연합부대는 왜적들이 식량과 소 등을 빼앗아 해유령을 넘어 서울로 간다는 것을 알고 고개 옆에 숨어 있다가 갑자기 공격을 하였다. 이 전투에서 신각과 이혼이 이끈 연합부대는 왜적 70여 명을 사살하는 큰 전공을 세웠다. 이것이 임진왜란 때 육지에서 최초로 승리한 전투였다.

그런데 한강을 방어하다가 평양으로 도망친 도원수 김명원은 부원수 신각이 자신의 명을 어기고 도망하였다고 선조에게 보고하였다. 선조는 신각이 연천에 머물고 있음을 알고 선전관을 보내 그를 처형하도록 하였는데, 그날 오후 양주 해유령 전투에서 신각이 승리했다는 소식이 평양에 있는 선조에게 알려진 것이다. 그러자 선조는 황급히 명령을 취소하여 신각을 살리라 하였으나 이미 형이 집행되었고 그의 처 정씨는 억울한 죽음을 당한 남편을 장사지내고 남편의 뒤를 따라 숨을 거두었다. 큰 공적을 세운 신각과 이양원, 이혼의 영혼을 모시기 위해 1977년 해유령 전첩비를 세우고 1991년 충현사를 세웠다.

파주 광탄에 명당자리라 하여 400년 간 용과 호랑이처럼 처절한 싸움을 벌인 곳이 있으니 윤관장군묘尹瓘將軍墓가 그 주인공이다. 우리나라에서 묘가 문화재로 지정된 곳은 춘천 장절공신숭겸묘, 부산 정문도묘, 청주 한란묘 등으로 명당이라 하여 요즈음도 많은 풍수학자들이 이곳을 찾고 있다.

고려 예종 6년(1111)에 파주 분수리에 윤관 장군의 묘를 썼으나 오랜 세월이 지나 정확한 위치를 잃었다. 더욱이 연산군이 양주, 파주, 고양 세 고을을 사냥하는 곳으로 정하여 백성들의 산의 출입을 엄격히 금지하여 더욱 그러하였다. 그러나 파평윤씨 문중에서는 윤관의 묘가 광탄면 분수리 북쪽에 있으며 무덤 아래 윤관이 타던 가마를 묻은 가마무덤과 말을 묻은 말 무덤이 있다는 것을 알고 있었다.

파주 윤관장군묘

조선 효종 3년(1652)에 영의정 심지원의 아들 심익현이 효종의 딸 숙명
공주와 결혼을 하자 효종이 사위에게 지금의 윤관장군묘를 중심으로 한
땅을 선물로 주었다. 땅을 선물 받은 청송심씨 문중에서는 심지원의 부모
묘를 썼다. 현종 때 심지원이 세상을 떠나자 마을 사람들이 윤관장군묘라
고 하던 묵은 산소 조금 위에 묘를 쓰며 그곳에 있던 석물들을 땅에 묻어버
렸다. 파평윤씨 문중에서는 조상의 묘 주변이 어수선해지자 마을 어른들
의 기억을 더듬어 땅에 묻었다는 비를 찾기 위해 주변을 조사하여 깨어진
비를 찾게 되었다. 그리고 글자를 읽어 윤관의 묘비라는 것을 알게 되자 청
송심씨 문중과 묫자리 싸움이 시작되었다. 두 문중은 조선 왕실과 인척관
계를 맺어 파평윤씨는 왕비가 4명, 청송심씨는 왕비가 3명이나 나온 문중
으로 바야흐로 처절한 용과 호랑이의 싸움이 시작된 것이다.

연창위 종가 안채 면우헌 현판

영조 39년(1763) 파평윤씨 문중이 산소와 관련하여 상소를 올리자, 임금은 다음과 같이 말했다.

"하늘의 밝고 밝음을 가히 알 수 있고 후손들의 지성으로 천년의 옛 비를 얻었으니 묘를 보수하라. 그리고 두 집안은 선조의 묘를 잘 지키도록 하며 이후 싸움을 벌이면 벌을 내리겠다."

그 후에도 다툼이 수 없이 생겨 상소가 줄을 이어 오르자 영조는 두 문중을 대표해 다투던 심정최와 윤희복을 불렀다. 그리고 심씨 문중에서 비석과 석물을 파묻었다는 것을 심정최가 자백하였다.

"청송심씨 문중은 심지원 묘의 계단을 없애고 파평윤씨 문중은 윤관의 묘에 봉분을 올리며 없어진 비는 다시는 찾지 마라."

그러자 파평윤씨 윤희복이 흥분하여 말했다.

"대왕은 문숙공 윤관 장군의 외손이 아니십니까?"

윤희복이 영조 임금에게 말대답을 하여 불경죄로 곤장을 맞았다. 두 문중의 어른은 일흔이 넘은 나이에 각각 곤장을 맞고 심정최는 귀양을 갔으나 윤희복은 귀양을 가던 중 숨을 거두었다.

우여곡절을 겪은 두 가문은 1969년에 심지원 묘 앞에 담을 쌓는 것으로

양주 죽산안씨 연창위 종가 안채 주련

일을 마무리 지었으나 높은 담으로 인해 청송심씨 문중에서는 앞이 가려져 해가 들지 않는 문제가 있어 또 갈등이 생겼다. 더욱이 파주 윤관장군묘는 사적 제323호, 심지원묘 및 신도비는 경기도기념물 제137호로 지정된 것도 해결하기 어려운 조건이 되었다.

400년간 산소를 둘러싼 갈등을 해소하기 위해 2005년 8월 파평윤씨 문중에서 2,500평 땅을 청송심씨 문중에 주고, 청송심씨 문중은 윤관 묘 영역에 있는 19기의 묘를 이장하기로 합의하였다. 청송심씨 문중에서는 우여곡절 끝에 2007년 경기도로부터 이장 허가를 받아 2008년 5월 19기 모두를 이장하였다. 이에 두 문중의 합의 과정을 기록하여 2008년 10월 파평윤씨 청송심씨 화해 기념비를 세웠다.

상여가 문화재로 지정된 것이 몇 점 있다. 남은들상여는 흥선대원군 아버지를 이장한 때 사용한 것으로 덕산 상가리에 있던 것을 국립고궁박물관으로 옮겼다. 김우명이 세상을 떠날 때 사용한 청풍부원군상여는 춘천시 서면 안보리 김우명 묘 아래에 있었는데 국립춘천박물관으로 옮겼다. 전주최씨 만석꾼 부자 최필주가 세상을 떠날 때 사용한 화려한 4층 누각 기와집의 산청 진주최씨고령댁상여는 국립민속박물관에 있다. 공조판서 이용강이 세상을 떠날 때 사용한 영동 신항리상여, 도승지 김병연이 세상을 떠났을 때 사용한 태안 승언리상여도 있다. 1923년 제작한 강진 김해김씨상여는 광주시립민속박물관에 있고, 서귀포시 신효 · 하효 마을에서 사용한 제주도상여는 제주도민속자연사박물관에 있다.

>> 양주 연창위 종가

瑤空露洗浮雲滅 滉瀁中庭流皓月 요공로세부운멸 황양중정류호월
褰衣對影掇金英 便覺淸香着肌骨 건의대영철금영 편각청향착기골
時不再來 積功累德 시불재래 적공누덕

이슬에 씻긴 맑은 하늘 구름 한 점 없는데
깊고 넓은 마당엔 휘영청 달도 밝아라.
소매 걷고 그림자와 함께 노란 국화 주우니
맑은 향기 살과 뼈에 사무침을 깨닫겠구나. - 김종직
지나간 시간은 다시 오지 않으니
착하고 어진 마음을 쌓아야 한다.

>> 희좌망헌

漫漫坡瓏霪殘雪 寒勒東君弭玉節 만만파롱오잔설 한륵동군미옥절
園林忽値此粲者 桃李箾椮盡愁絶 원림홀치차찬자 도리소삼진수절
水邊籬落王孫家 尋香緩步看橫斜 수변리락왕손가 심향완보간횡사

기나긴 언덕에 남은 눈도 다 녹고

추위를 물리며 봄님이 행차해 오시네.

뜰에서 뜻밖에 이 산뜻한 미인

복숭아, 자두나무 키만 껑충, 모두 무색해 하는구나.

물가 울타리는 임금의 자손 집에서

향기 찾아 걸으니 비낀 그림자 보이네. – 김종직

지덕사와 청권사

– 과천 효령대군 영정각

주周나라 태왕太王이 맏아들 태백과 둘째 아들 우중을 제치고 셋째 아들 계력에게 왕위를 물려주려고 하자 맏이와 둘째는 아버지 태왕의 마음을 알고 산으로 들어가 숨었다. 공자는 태백을 대단히 어진 사람이라는 뜻으로 지덕至德, 우중은 임금의 자리를 양보한 깨끗한 마음이라는 뜻으로 청권淸權이라 하여 이들을 칭송하였는데 이를 따라 조선에서도 양녕대군의 사당을 지덕사, 효령대군의 사당을 청권사라 이름 하였다.

관악산 산마루에 연주대가 있고, 그곳에서 남쪽으로 조금 아래 연주암과 효령대군 영정을 모신 효령각이 있다. 여름에 연주암에 오르면 다른 절집에서 보기 드문 노란색 꽃을 피우는 모감주나무와 하얀색 꽃을 피우는 회화나무를 볼 수 있다.

모감주나무는 꽃이 지면 굵은 콩 크기의 씨앗 대여섯 개가 열리는데 완전히 익으면 돌처럼 단단해지고 만질수록 반질반질해 염주의 재료로 쓰여 염주나무라고도 한다. 완도 대문리에는 키가 10미터 이상 자란 470여 그루의 모감주나무가 바닷가를 따라 1km 이상 자라 바람을 막아주는 구실을 하고 있다. 대안 안면읍 승언리, 포항 빌산리 등 모감주나무가 모어 자라는 세 곳을 천연기념물로 지정하여 보존하고 있다.

문재인 대통령이 2018년 9월 평양을 방문하고 백화원 영빈관에서 모감주나무 기념식수를 하면서 유명세를 타기도 하였다. 문재인 대통령은 나무를 심으면서 다음과 같이 말하였다.

"황금색 꽃이 피기 때문에 번영이라는 말을 사신 나무입니다. 이 나무가 무럭무럭 자라 꽃도 풍성하게 피고, 열매도 풍성하게 맺어서 그것이 또 하나의 남북관계 발전에 함께 할 수 있기를 기대합니다."

옛날부터 과거에 합격하면 집 안에 회화나무를 심어 가문의 영광을 나타내기도 하였다. 그런데 절집에 회화나무는 왜 심었을까? 연주암은 절집

과천 효령각

이었지만 벼슬을 떠난 많은 선비들이 모여 개성과 서울을 바라보며 임금을 걱정하며 아쉬움을 달래던 곳이라 나무를 심었을 것이다. 우리나라에서는 느티나무와 회화나무를 구별하지 않고 모두 괴목槐木이라 하였다. 송나라의 병부시랑 왕호는 정승에 오르고 싶었으나 바른 말을 잘해 황제의 미움을 받아 끝내 오르지 못하였다. 그러자 그는 뜰에 회화나무를 세 그루 심었다.

"한 그루씩 각각 다른 나무를 심지 같은 나무를 세 그루씩이나 심었소?"

"내가 정승에 오르지 못한 한이 있어 그러지요."

"정승에 오르지 못했는데 나무는 왜 심소?"

"이 나무를 정승나무라 부르는데 우리 집안에서 반드시 정승 자손이 나오길 바라는 마음으로 세 그루를 심었소."

얼마 후, 왕호의 둘째 아들이 정승에 올라 청렴한 관리로 이름을 높였다. 옛날부터 궁궐에는 밖에서 왕과 신하들이 만나는 곳에 영의정, 좌의정, 우의정의 자리를 표시하는 회화나무를 심었다. 창덕궁 돈화문 안에 있는 회화나무는 임금과 신하들이 만나는 곳을 표시한 것이다. 문화재로 지정하여 보호하고 있는 것으로는 공민왕 때 전쟁터로 가던 젊은이가 심고 자식처럼 키워달라던 월성 육통리 회화나무, 성종 때 성균관 훈도 안여거가 심은 함안 영동리 회화나무, 중종 때 좌의정 이행이 심은 당진 삼월리 회화나무, 천주교 신자들을 나무에 매달아 처형하던 서산 해미읍성 회화나무, 이웃해 있는 느티나무 밑동이 붙어 함께 자라는 영천 약남리 회화나무 등이 있다. 경북 의성에는 밑둥치가 15미터를 넘는 우리나라에서 가장 굵은 회화나무도 자라고 있으며 꽃이 귀한 7월부터 황백색 꽃을 피운다.

연주암을 오르는 과천향교 계곡에 바위 글씨를 새겼는데 시의 흥겨움을 불러일으키는 빼어난 경치를 의미하는 난하시경丹霞詩境, 자하동문紫霞洞門, 자하동천紫霞洞天 등의 글이 그것이다. 관악산 동쪽 계곡을 자하동천이라 하여 옛 선비들이 오르내리며 풍류를 즐겼다.

절집에는 한없이 오래 산다는 부량수無量壽 현판은 추사 글씨 특유의 시루팥떡 같은 두툼한 글씨가 눈길을 끌고 도연명의 글에서 따온 산은 해넘이 때가 가장 아름답다는 산기일석가山氣日夕佳는 오세창의 글씨다.

>> 과천 효령대군 영정각

出自王宮通佛域 仰瞻天國上仙臺
출자왕궁통불역 앙첨천국상선대

스스로 궁궐을 나와서 부처 세계로 들어와
하늘을 우러러 보며 신선 봉우리에 오르네.

싸울까? 항복할까?

– 광주 남한산성행궁

    경기도 광주 남한산성 행궁으로 들어간다. 남한산성은 인조 2년(1624)에 고쳐 쌓은 것으로 화성 행궁과 달리 상궐 위쪽에 종묘를 갖추고 있다. 행궁과 방향을 조금 틀어 세운 한남루漢南樓는 한양 남쪽에 있는 누각이고 일장각日長閣은 청량산의 또 다른 이름인 일장산에서 따왔다. 싸움에 있어 맞서 싸우지 않고도 이긴다는 좌승당坐勝堂, 명나라의 은혜를 잊지 말자는 명위문明威門, 어짐과 중용으로도 천하를 다스릴 수 있다는 이위정以威停, 덕 있는 집이란 뜻의 재덕당在德堂, 나라의 기초가 된다는 반석盤石 등의 현판과 바위 글이 있다.

    남한산성은 사방으로 문을 내었는데 동문은 좌익문左翼門, 서문은 우익문右翼門으로 가까운 곳에서 임금을 돕는다는 뜻이고 북문은 전승문全勝門 남문은 지화문至和門으로 싸움에서 이겨 백성들이 평화로운 나라를 만들겠다는 뜻이다. 무예를 연마하여 몸에 익히는 연무관과 한남루 주련은 평편한 판자가 아니라 기둥을 둥글게 감싼 나무에 글을 써 붙였으니 마치 주련이 기둥을 보호하는 갑옷처럼 보인다.

송파도서관 앞 광장에 인조를 업는 모습의 서흔남 동상이 있다. 병자호란을 맞아 인조가 남한산성으로 오르려는데 비탈길에 눈이 많이 쌓이고 미끄러워 말이 오르지 못하였다. 이때 산성 아래에서 만난 나무꾼 서흔남이 인조를 등에 업고 남한산성 행궁으로 들어갔다. 인조는 서흔남에게 고마움의 표시로 입고 있던 곤룡포를 벗어 주고 별군관 벼슬도 내렸다. 오랜 세월이 지나 서흔남이 숨을 거두자 유언에 따라 곤룡포를 그와 함께 남한산성 밖 병풍산에 묻고 묘비를 세웠다. 지금 서남흔의 묘비는 지수당 옆 연못가에 있다.

분당선 죽전역에서 마을버스를 타고 용인시 신봉동 서봉사 절터의 현오국사탑비를 돌아보고 비로봉으로 오를 것이다. 병자호란 때, 청나라를 혼내준 김준룡전승지 바위글씨를 찾고 연무동으로 내려가 수원박물관을 들릴 생각이다. 수원박물관에서 화성으로 옮겨오기 전의 옛 수원동헌과 향교, 사직단 등을 모형으로 만들어 놓은 것을 찾아보려 함이다.

원주김씨 김준룡 장군은 51살(1636)에 전라도병마절도사로 2,000여 명의 호남 군사들과 함께 광교산 자락의 풍덕천 방죽골에 진을 치고 남한산성에 있는 조선군과 연락하였다. 그러자 청나라 장수 양골리가 남한산성의 조선군과 연락을 막고 김준룡부대를 물리치려고 5,000여 명의 군사와 함께 방죽골로 쳐들어왔다. 1월 5일 시작된 전투는 청나라 군사들이 많은 피해를 입었다. 다음날 또 전투를 벌였는데 청나라 장수 양골리가 김준룡부대 포수의 총에 맞아 말 아래로 떨어져 죽었다. 이 모습을 본 청나라 군사들이 뿔뿔이 흩어져 도망가며 혼란에 빠졌고 이틈에 김준룡부대가 공격하여 큰 승리를 거두었다. 이 전투에서 청나라 태종의 매부 양골리 등 청나라 장수 3명이 전사하였다. 날이 저물어 전투가 끝나고 김준룡부대는 화살과 군량이 떨어져 더 이상 싸울 수 없으므로 수원으로 물러났다. 병자호란이 끝나고 김준룡은 56살(1641)에 종3품 영남절도사 벼슬에 올랐다.

화성의 성곽을 쌓을 때 필요한 돌을 구하러 광교산에 다녀온 사람들이 병자호란 때 광교산에서 큰 공훈을 세운 김준룡 이야기를 하였다. 그 이야기를 들은 화성을 쌓는 책임자 채제공이 광교산 산마루 바위에 글을 새기도록 하였다. 바위를 갈고 충양공김준룡전승지忠襄公金俊龍戰勝地라 새기고 그 좌우에 병자청란공제호남병丙子淸亂公提湖南兵, 근왕지차살청삼대장勤王至此殺淸三大將이란 내용을 새겼다. 김준룡 장군이 싸워 이긴 곳으로 병자년 청나라가 난을 일으키자 임금에게 충성을 맹세한 호남 군사들을 이끌고 이곳에서 청나라 장수 세 명을 사살하였다는 뜻이다.

실학자 유득공은 조총을 쏴 양골리를 사살한 병사는 고창 사람 박의朴義라 하였다. 이런 혁혁한 전공을 올린 그는 종9품 벼슬에 그쳤다. 청나라에 항복한 조선은 박의의 전공을 기록하고 벼슬을 올려줄 힘이 없었다. 병자호란 때 조선군이 승리한 전투는 김준룡 장군의 광교산 전투와 평안도병마절도사 유림의 김화 백전전투 단 두 곳뿐이다.

그 한 곳, 김화 충렬사를 찾았다. 지금은 어떻게 변했는지 알 수 없지만 민간인 통제선 안쪽에 있었기에 군 검문소에 신분증을 맡기고 출입증을 받아 들어간다. 들어가는 중간에 제법 큰 마을을 지나 충렬사에 도착하니 맞은편 산 중턱을 용트림하듯 감아오른 철책선과 윙윙거리는 스피커 소리가 분단의 현실을 실감나게 한다.

김화 충렬사는 병자호란 때 김화 백전전투에서 승리한 평안도 관찰사 홍명구와 평안도병마절도사 유림을 모신 곳이다. 홍명구와 유림은 군사를 이끌고 청나라 기마병 6천여 명의 길을 막아섰다. 홍명구는 3천여 명의 군

광주 남한산성행궁 한남루

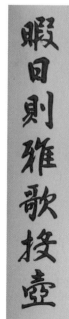

暇日則雅歌投壺
是地無繭絲保障
大將軍御下威信
良刺史宣上恩德
鎮百里閱貔貅士
守一城講龍虎韜

한남루 주련

사들을 현재의 충렬사 앞 왼쪽 들판에 진을 치고 유림은 5천여 명의 군사들을 충렬사 오른쪽 잣나무가 빽빽한 백수봉에 진을 쳤다. 청나라 기마병은 들판에 진을 친 홍명구 군사를 물리치고 유림의 진으로 다가온다. 유림은 경사가 급하고 잣나무가 많은 숲을 이용해 목책을 세우고 적군이 가까이 오면 깃발을 흔들어 사격하고 물러나면 기다렸다 다가오면 또 사격하기를 반복하자 적군은 많은 사상자를 내고 물러갔다. 잣나무 밭에서 싸웠다는 뜻인 백전전투栢田戰鬪에서 청나라 태종의 매부 야빈대가 전사하고 기마병도 5천여 명이 다치거나 전사하였다.

1652년 효종이 나라를 위해 싸우다 의롭게 죽은 분이란 뜻으로 충렬이라 이름 짓고 홍명구와 유림의 승리를 오래 기억하도록 하였으며 고종의 서원 정비 때에도 남겼다. 6·25전쟁 때 불에 탄 것을 1998년에 다시 세웠고 옆에는 홍명구 충렬비와 유림대첩비를 옮겨 세웠다.

한남루 주련 중 마지막 두 장은 병자호란의 치욕을 잊지 않고 있음을 증언하고 있다.

>> 남한산성 한남루

守一城講龍虎韜 鎭百里閱貔貅士 수일성강용호도 진백리열비휴사
良刺史宣上恩德 大將軍御下威信 양자사선상은덕 대장군어하위신

是地兼繭絲保障 暇日卽雅歌投壺　시지겸건사보장 가일즉아가투호

縱未能復讐雪恥 恒存着忍痛含寃　종미능복수설치 항존착인통함원

성을 지키는 용호영에 병법을 익히도록 하고

백리를 진압할 막강한 부대의 군사들을 열병하네.

좋은 관리는 임금의 은혜와 덕을 베풀고

대장군은 위엄과 믿음으로 부하 다스리는구나.

이곳은 누에를 치고 길쌈도 하여야 하며

한가한 날엔 우아하게 시를 읊고 투호 실력 겨루네.

언젠가는 복수하여 치욕을 씻을 수 있도록

늘 분함을 참고 원한 갚을 날을 준비한다네.

>> 하권

聖代初回三古俗 禁林長住萬年春　성대초회삼고속 금림장주만년춘

春在聖人方寸裏 民皆元氣太和中　춘재성인방촌리 민개원기태화중

萬民歌舞康衢月 千里煙霞壽域春　만민가무강구월 천리연하수역춘

태평성대 하, 은, 주나라를 이으니

궁궐에는 오랫동안 평화를 이루네.

평화로움은 임금의 마음속에 있고

백성 모두 생기 있고 매우 화목하네.

백성들이 노래하고 춤추는 평온함은

멀리 이은 저녁연기 살기 좋은 고장이네.

>> 좌승당

屹然爲長城老當益壯 흘연위장성노당익장

常如在戰陣安不忘危 상여재전진안불망위

坐籌於樽俎間抑爲保障 좌주어준조간억위보장

勝策在廊廟上不以山溪 승책재랑묘상불이산계

우뚝 솟은 남한산성은 날이 갈수록 더욱 튼튼하고

언제나 싸움터처럼 편안할 때도 위태로움을 잊지 않네.

술자리 앉아서도 물리칠 병법을 헤아려 잘 보호하니

승리의 묘책은 조정(朝廷)에 있으니 산골짜기를 우선하지 않네.

>> 연무관

玉壘金城萬仞山 風雲龍虎生奇力 옥루금성만인산 풍운용호생기력

角羽宮商動界林 密傳蔥本空三本 각우궁상동계림 밀전총본공삼본

만 길 높은 산에 옥처럼 단단한 보루와 철벽같은 산성은

바람과 구름을 부르는 호랑이와 용처럼 기이한 힘을 내는구나.

각우궁상 군악소리가 연무관에 울려 퍼지고

은밀한 명령을 전하니 마음을 비우고 전투에 전념하라.

효자! 성을 옮기다

- 수원 화성행궁

    정조는 아버지 사도세자의 무덤인 융릉을 조선 최대 명당 수원 동헌이 있는 화산으로 옮겼다. 조선시대에는 왕이나 세자의 무덤인 능과 원을 만들면 이를 보호하기 위해 사방 10리 안에는 관청이나 백성의 집을 헐고 10리 밖으로 내몰았다. 그러므로 수원 동헌과 향교 등 모든 시설과 백성들을 새로운 곳으로 옮기니 그곳이 팔달산 아래 신도시 화성이었다. 화성은 성을 쌓거나 행궁을 짓는 노동자들에게 알맞은 임금을 지급하며 성을 쌓는 등 역사적 가치가 커 1997년 12월 유네스코 세계문화유산에 등록되었다.

    화성행궁華城行宮의 신풍루와 노래당을 찾는다. 정문 누각에 걸은 신풍루新豊樓 현판은 한나라 장안성에서 따온 것이다. 한나라 고조 유방이 황제에 오르자 그의 아버지도 장안성에 들어와 호화로운 생활을 하였으나 고향에서 자유롭게 살던 생활들이 그리워 큰 병이 났다. 한고조 유방은 아버지의 병을 치료하기 위해 그가 살던 풍읍과 똑같은 도시를 장안에 만들고 풍읍 사람들을 모두 옮겨 살게 하였다. 그 뒤 사람들은 새로운 풍읍이라는 뜻으로 신풍이라 불렀다. 정조도 화성 신도시를 만들고 새로운 전주와 같

수원 화성행궁 유여택

다는 의미로 신풍이라 이름 하였다. 정조는 어머니 혜경궁 홍씨의 회갑잔치 때 신풍루 앞에서 직접 백성들에게 쌀을 나누어 주는 옛 전통을 지켰다.

노래당老來堂은 중국 초나라의 전설적인 효자 노래자老來子에서 비롯되었다. 노래자는 칠십의 나이에도 색동옷을 입고 재롱을 부리며 부모의 마음을 즐겁게 했다. 물을 들고 마루에 오르다가 일부러 넘어져 어린아이처럼 큰 소리로 울기도 하였고, 부모 곁에서 병아리를 가지고 놀기도 하였다. 조선에서는 때때옷의 선비 농암 이현보가 있어 국립중앙박물관에서 특별전을 열기도 하였다. 중종 때 안동 땅에 살던 그는 70이 넘은 나이에도 부모의 생일날에 이웃 어른들을 모시고 잔치를 벌인 자리에서 색동저고리를 입고 어린아이처럼 춤을 추며 웃겨드려 부모를 즐겁게 하였다. 어머니 혜경궁 홍씨를 위하는 정조의 큰 효성이 담긴 집이다.

>> 화성 유여택

三都推第一 八達務懷來 삼도추제일 팔달무회래

蹔試經綸手 旋求鎖鑰才 잠시경륜수 선구쇄약재

樓依天宇逈 城抱野門廻 루의천우형 성포야문회

料理自深淺 官罇聽醱醅 료리자심천 관준청발배

駐蹕臺前路 迢迢望華陰 주비대선로 초초방화음

稻秔千畝闢 桑柘萬家深 도갱천무벽 상자만가심

서울, 평양, 수원 중 수원이 제일이라

팔달문에 인재를 불러들여서

나랏일 잘 할 문인들을 시험했고

나라를 방비할 장수도 구하였네.

높은 누각은 하늘에 의지하였고

성벽은 들 문을 안고 돌아드는데

직무 처리엔 본디 천심 있는 법

궁중의 술 익는 소리 들어나 보소. – 채제공

한양 길 지지대 고갯마루 멈춰 서서

저 멀리 화성 북쪽을 바라보네.

삼 만여 평 논에서 푸른 벼가 자라고

뽕나무 아랜 집이 만 채가 넘는구나. – 정조

왕이 되려 한다고?

– 용인 심곡서원

용인시 상현동에서 심곡서원을 찾는다. 한양조씨 정암 조광조 선생은 평안도 희천에 귀양 온 김굉필에게 학문을 배웠고 34살(1515)에 문과에 합격하여 정6품 사간원 정언이 되었다. 37살(1518)에 정3품 부제학에 올라 소격서를 폐지하였다. 소격서는 도교를 가르치며 하늘과 별에 제사를 지내는 곳이나 민속신앙과 함께 궁궐의 여인들까지 깊이 믿고 있어 중종이 어렵게 또 어렵게 생각하다 허락하였다. 그해 종2품 대사헌에 올라 현량과를 처음 실시하였다. 지금까지의 과거제도는 시나 글을 짓는 것으로 평가하니 선비들이 성리학의 근본을 배워 실천하는 일에 소홀하였다. 현량과賢良科는 벼슬에 나서지 않고 시골에서 성리학을 배우고 실천하는 실력 있는 선비들을 추천받아 관리로 임용하는 또 하나의 인재 선발 방법이었다.

1506년 연산군을 몰아내고 중종을 임금에 올릴 때 목숨을 걸고 뜻을 같이한 사람들을 정국공신이라 하였는데 공신의 수가 상당히 많고 특히 친척·인척이 많았다. 정국공신은 처음에는 101명이었으나 104명으로 늘

더니 마지막에는 117명이 뽑힌 것이다. 조광조는 38살(1519)에 정국공신 중 공적이 없는 사람들을 골라 공신 자격을 빼앗았다. 이때 2등과 3등 공신 몇몇과 4등 공신 모두를 포함한 76명의 공신 자격을 빼앗고 토지와 노비를 돌려받으니 정국공신으로 뽑힌 사람 중에 41명만 남았다. 10여 년 동안 공신의 혜택을 누리던 사람들이 자격을 빼앗겼으니 조광조를 원망함을 이루 말해 무엇 하랴.

그해 벌레가 나뭇잎을 파먹었는데 주초위왕走肖爲王이라는 글자가 생겼다는 것이다. 주초는 한자로 走+肖=趙가 되므로 조씨 성을 가진 조광조가 왕이 될 것이라는 것이다. 중종은 조광조를 화순 능주로 귀양 보내고 사약을 내렸다. 기묘년(1519) 11월에 많은 선비들의 죄를 물어 내친 이 사건을 기묘사화라 하였다. 이는 한나라 때 왕망의 선양혁명과 내용을 같이 한다. 왕망은 황제가 되기 위해 '왕망이 황제가 될 것을 하늘이 명령한다.'는 붉은 글씨가 쓰인 하얀 돌을 사람들이 발견하도록 꾸몄다. 그리고 한나라를 세운 유방이 꿈에 나타나 왕망에게 황제의 자리를 물려주었다는 말을 퍼뜨리며 옥새를 받아 왕망이 황제가 되었는데 이를 선양혁명禪讓革命이라 한다.

조광조는 과거시험에 합격하고 3년여 짧은 기간 동안 종2품 사헌부 대사헌 벼슬에 오른 우리나라 역사상 전무후무한 승진 기록을 세웠다. 그는 성리학을 깊이 연구하여 김종직의 학문을 이었고 성리학을 바탕으로 정치를 하였다. 그래서 성리학이 발전을 거듭하여 이황, 이이 같은 큰 학자가 나올 수 있었다. 이러한 조선 성리학의 큰 발전을 가져온 공적으로 광해군 2년(1610)에 조광조를 문묘에 모셨다. 이는 공자와 안자, 증자, 맹자, 주자 등과 함께 조광조를 제사에 모시는 것으로 우리나라 유학자 최고의 영예

용인 심곡서원

에 오른 것이다.

심곡서원의 어질며 의롭다는 거인재居仁齋에는 청색 바탕에 흰색 글씨의 주련을 걸었고, 어짐과 의로움이 함께 어울린다는 유의재遊義齋에는 흰색 바탕에 청색 글씨의 주련을 툇기둥에 걸었다. 강당인 일소당日昭堂은 조광조가 사약을 받고 남긴 시에서 두 글자를 따와 이름을 붙였다. 서원 앞 산모퉁이를 돌면 조광조 신도비를 만나고 위에는 봉분 하나에 부인 이씨와 함께 묻힌 조광조의 묘가 있다.

>> 용인 심곡서원

院深杏老幾經春 尚有先生手澤新 원심행로기경춘 상유선생수택신

風不定時思孝養 雨之濡處見天仁 풍불정시사효양 우지유처견천인

서원의 은행나무 몇 해나 되었는지

심곡서원 유의재

아직도 남아 있는 선생의 손때가 새롭구나.

바람이 멈추지 않아도 어버이 섬김을 생각하였고

비 젖은 곳에서도 하늘같은 인자함을 보았네.

>> 유의재

倚山杏樹祠院前 儒林敬之數百年　의산행수사원전 유림경지수백년

敎育英材善用夏 瞻波喬木幾鶯遷　교육영재선용하 첨파교목기앵천

서원 앞의 은행나무는 산에 기대고

선비들이 공경하기를 수백 년 지났네.

뛰어난 사람 가르침은 세상을 좋게 바꾸고

키 큰 나무 보니 과거에 몇이나 합격했는가.

상복을 얼마나 입을까?

- 여주 강한사

　경기도 여주에 송시열을 모신 강한사를 찾는다. 은진송씨 우암 송시열 선생은 29살(1635)에 봉림대군의 스승이었는데 병자호란으로 봉림대군이 심양으로 잡혀가자 고향에 내려와 성리학을 연구하였다. 그 후 봉림대군이 효종으로 임금에 오르자 52살(1658)에 정2품 벼슬 이조판서에 올라 병자호란의 원수를 갚기 위해 북벌정책을 준비하였으나 다음해 효종이 세상을 떠나자 고향으로 돌아왔다. 83살(1689)에 숙종의 희빈 장씨가 낳은 두 살 된 왕자를 왕세자로 임명하자 반대하는 상소를 올렸다가 제주도에 귀양 갔고 다시 불려오던 중 정읍향교 앞에서 사약을 받았다. 송시열은 성리학자이며 정치적으로 서인이었고 나이든 사람들이 모인 노론의 중심이었다. 서인은 이이와 성혼, 김장생의 제자를 중심으로 하며 경기, 충청, 호남 지역을 바탕으로 하였다. 송시열은 조선 성리학의 큰 발전을 가져온 공적으로 영조 32년(1756)에 문묘에 모셨다. 이는 공자와 안자, 증자, 맹자, 주자 등과 함께 송시열을 제사에 모시는 것으로 우리나라 유학자 최고의 영예에 오른 것이다.

송시열 하면 떠오르는 것이 두 차례 상례 절차에 대한 다툼과 북벌정책이다. 인조의 둘째 아들로 형인 소현세자의 아들을 제치고 임금에 오른 효종이 세상을 떠나자 계모인 자의왕대비慈懿王大妃가 상복을 얼마 동안 입어야 하는가에 대한 장례 절차의 다툼이다. 한양조씨 자의왕대비는 15살(1638)에 인조의 왕비 장렬왕후가 되었으나 인조가 죽자 효종의 어머니라는 의미로 대비가 되었다. 조선의 예법에 어머니는 자식이 먼저 죽으면 맏아들은 3년, 그 밖의 아들은 1년 동안 상복을 입었다. 남인의 윤선도 등은 둘째 아들이기는 하지만 임금이기 때문에 맏아들과 같이 3년 동안 상복을 입어야 한다고 하였다. 서인의 송시열 등은 임금의 자리에 오르긴 했지만 둘째 아들이므로 1년 동안 상복을 입어야 한다고 주장하여 이를 따랐다. 그러나 이는 효종이 조카의 임금 자리를 빼앗은 것으로 볼 수 있는 엄청난 문제가 숨어 있었다. 소현세자의 셋째 아들은 효종이 숨을 거두기 두 달 전에 경안군에 임명하였기 때문에 송시열 등 서인의 주장은 효종의 아들 현종에게 큰 부담이 되었다.

현종 15년(1674)에 효종의 왕비 인선왕후가 숨을 거두자 계모인 자의왕대비가 상복을 얼마동안 입어야 하는가에 대한 다툼이 있었다. 조선의 예법에 맏며느리는 1년이요, 둘째 며느리부터는 9개월 동안 상복을 입었는데 남인은 맏며느리로 보아 1년 동안 상복을 입는다고 했고, 서인은 둘째 며느리로 보아 9개월 동안 입어야 한다고 하였다.

현종은 효종의 은혜를 입은 신하들이 둘째 아들을 문제 삼은 것은 임금을 배신한 나쁜 일이라 하며 서인의 주장을 내치고 남인의 주장에 따라 1년 동안 상복을 입게 하였다. 이 결과 그동안 정치의 중심에 있던 서인이 모두 쫓겨나고 남인이 정치의 중심에 서게 되었다.

대로사大老祠는 모든 사람들이 존경하는 큰 스승을 모신 곳이라는 뜻으로 정조가 내린 이름이다. 그런데 고종 10년(1873) 성균관 유생들의 의해 흥선대원군에게 대로란 이름을 내리니 서울 운현궁에 노안당, 이로당, 노락당 등의 현판을 걸었다. 조선에 큰 스승이 둘일 수 없으니 여주 대로사 이름을 강한사로 바꾸게 된 것이다. 강한사江漢祠는 회이족의 항복을 받고 중국의 강한 지역을 다스려 주나라를 발전시킨 소공召公의 공적을 칭찬한 것으로 고종의 서원 정리 때 살아남았다. 강당에는 대로서원 현판과 함께 효종의 영릉 옆에서 소나무와 잣나무를 우러러 보았다는 첨백당瞻栢堂 현판이 있고 오른쪽으로 강한사 현판을 걸었다. 살펴보면 강한사는 사당이기 때문에 강당의 현판으로 걸 수 없으나 대로사라는 새 현판을 걸었기에 이곳으로 옮긴 것으로 생각된다. 장린문은 오랫동안 이웃과 함께한다는 것이고 가을볕을 즐긴다는 추양재秋陽齋가 있다.

완도 글썬바위 글 중에 나오는 담비 갖옷은 서울특별시 민속문화재 제26호로 지정된 '우암 송시열 초구 일령'을 가리킨다. 초구貂裘는 족제비와 비슷한 담비의 가죽을 벗겨 만든 것으로 저고리 위에 덧입으며 저고리보다 소매도 길고 품도 넉넉하다. 이 옷은 효종이 청나라 심양에서 입던 겉저고리로 청나라를 정벌할 때 혹독한 추위를 이겨내라고 송시열에게 준 것이다. 송시열은 그 뜻을 알고 큰 소리를 내어 통곡하였으며 옷의 안쪽에 옷에 얽힌 이야기를 자세히 기록하였다.

여주 강한사

>> 여주 강한사

上繼孔朱集大成 羹墻鑽仰寔興情 상계공주집대성 갱장찬앙식여정

傳守朱門單字直 推原堯訓一言中 전수주문단자직 추원요훈일언중

地負海涵容此道 經言書首析其衷 지부해함용차도 경언서수석기충

㶖河不竭功長在 日月無窮道必明 무하불갈공장재 일월무궁도필명

炊寢何須任縱橫 葺宇終殫浚學誠 취침하수임종횡 즙우종탄준학성

此故乃能成此事 牲文旣堅先王製 차고내능성차사 생문기견선왕제

공자와 주자의 학문을 잘 잇고 체계를 이루니

스승을 뵙듯이 학문을 우러러 많은 사람들이 따르네.

주자의 학문을 공부하는 것은 오로지 '곧을 직'이고
요 임금의 가르침을 그 말씀 가운데서 찾는구나.

도는 땅이 온갖 것을 지고 바다가 모든 물을 받듯 하고
경전의 첫 말씀은 정성을 다해 그 뜻을 헤아려야 하네.
호남성 무수의 물은 마르지 않고 오랫동안 흐르고
도의 현명함은 해와 달과 같이 끝없이 밝구나.

밥 먹고 잠자는 것은 마음대로 할 수 없는 것이니
초가집이 무너질 때까지 학문에 정성을 다하여라.
시간이 지나가면 누구든지 이룰 수 있는 일이며
스승을 기리는 비의 글은 정조께서 지으신 것이네.

>> 추양재

道紹洙閩以傳 義嚴華夷以立　도소수민이전 의엄화이이립
經天緯地之業 和風甘雨之澤　경천위지지업 화풍감우지택
泰山高嶽之像 天高海闊之心　태산고악지상 천고해활지심
抑狂瀾而屹立 共宇宙而長存　억광난이흘립 공우주이장존
雲龍風席之會 地負海涵之德　운룡풍석지회 지부해함지덕
天開日月之學 魚水相將之契　천개일월지학 어수상장지계

유교는 공자와 주희의 가르침을 배우는 이에게 전하고
의로움을 엄히 하여 중국과 이웃한 나라를 구별하였네.

일을 잘 계획하여 백성을 나스린 큰 업석을 세우니

화창한 바람과 때맞춰 내리는 비가 연못을 채우네.

큰 산과 우뚝 솟은 산줄기 모습은

하늘과 바다처럼 한 없이 높고 넓은 마음이네.

들끓는 혼단을 물리치고 산처럼 우뚝 솟아

세상 사람들과 함께 영원히 남았네.

구름과 용과 바람을 한곳에 만나는 것은

땅이 온갖 것을 지고 바다가 모든 물을 받는 덕이라.

하늘이 열리 듯 해와 달의 밝은 배움으로

물고기와 물이 서로 함께하는 인연이네.

>> 완도 글씬바위

八十三歲翁 蒼波萬里中 팔십삼세옹 창파만리중

一言胡大罪 三黜亦云窮 일언호대죄 삼출역운궁

北極空瞻日 南溟但信風 북극공첨일 남명단신풍

貂裘舊恩在 感激泣孤衷 초구구은재 감격읍고충

여든 셋 늙은 몸이 푸른 바다 한가운데에 떠 있네.

한마디 말이 무슨 큰 죄일까 세 번이나 쫓겨 가니 힘들고

대궐에 계신 님 부질없이 우러르며 남녘 바다 훈풍만 믿을 수밖에

담비 갖옷 내리신 옛 은혜 있으니 감격하여 외로운 충정으로 흐느끼네. – 송시열

남산골 한옥마을

- 서울 한옥마을

    서울의 남산은 우리나라의 상징이며 경치가 아름다워 많은 사람들이 찾는 곳으로 이곳 필동에 한옥 다섯 채를 옮겨 복원하였다. 남산 한옥마을은 지하철 충무로역 3번 출구를 나와 왼쪽으로 돌면 정문을 만날 수 있다. 여기에 걸린 주련은 그 집에 걸었던 주련이 아니라 이곳으로 옮기고 나서 새로 주련을 만들어 걸은 것으로 그 집에 살아온 사람들의 연륜이나 생각과는 거리가 멀다. 그중 남산골 한옥마을을 만든 까닭을 담은 관리소와 공예관 주련을 소개한다.

    이곳에는 대한제국 27대 순종 황제의 순정황후 윤씨와 인연이 있는 집이 두 채나 있다. 순정황후純貞孝皇后는 일제강점기와 6·25전쟁 등 어려운 시기를 맨 몸으로 겪으며 대한제국의 마지막 황후로서 당당함과 강직한 모습으로 살다 1966년 세상을 떠나 경기도 남양주 금곡에 있는 유릉에 묻혔다. 유릉은 한 봉분 아래 순종황제와 첫 번째 순명황후 민씨, 두 번째 순정황후 윤씨 등 세 분의 무덤방을 만든 동봉삼실同封三室 합장릉이다. 유릉은 조선 왕릉의 양식을 바탕으로 명나라의 황제릉을 참고하여 대한제국의 황제릉皇帝陵 양식을 만들었기 때문에 몇 가지 특징을 지닌다. 왕릉은 능침陵寢을 돌아가며 호랑이와 양을 만들어 밖을 향 하였고, 앞에는 문인석과 무인석과 말을 세웠다. 임금이 머무는 침전寢殿을 T자 모양으로 지어 정자각丁字閣이라 하였다.

유릉은 황제릉이므로 홍살문에서 들어서면 말 두 마리, 혹이 두 개 있는 쌍봉낙타, 해태, 사자, 코끼리, 기린, 갈을 든 무인석, 홀을 든 문인석 등을 돌로 조각하여 마주보며 세웠다. 유릉의 침전은 능침에서 오른쪽으로 비스듬히 내려 보는 곳에 두었고 침전寢殿을 일자형으로 짓고 우물천정에는 용 문양을, 닫집에는 두 마리의 용을 그렸다. 지붕 위에는 앞뒤로 9개의 쇠사슬을 두어 제례 행사 때 차일을 걸 수 있도록 하였다.

조선의 왕릉 중에서 왕을 홀로 모신 능이 있다. 하나는 경기도 구리시 동구릉에 있는 태조의 건원릉이고, 둘은 강원도 영월에 있는 단종의 장릉이며, 셋은 서울 강남구 삼성동에 있는 중종의 정릉이다. 조선 태조 건원릉은 고려 공민왕릉 양식을 따라 만들었다. 태조의 첫 번째 신의왕후 한씨는 경기도 개풍군에 있고 태조의 두 번째 부인 신덕왕후 강씨는 서울 성북구에 있는 정릉貞陵이다. 정릉은 처음에 지금의 서울 정동 영국대사관이 있는 자리에 만들었으나 태종이 지금의 자리로 옮겼다. 태종은 아버지 태조의 능을 동구릉에 정하고 함흥에서 가져온 흙과 억새를 봉분 위에 덮었다. 그래서 늦가을에 건원릉을 찾는다면 봉분 위에 하얀 억새를 만날 수 있다.

조선 6대 단종은 영월 청령포에 유배되었다가 죄인으로 죽임을 당해 그곳에 묻혔다. 단종의 장릉은 그래서 '왕릉은 서울에서 100리 이내에 모셔야 한다.'는 경국대전의 규정을 따르지 못한 유일한 왕릉이 되었다. 장릉이란 이름으로 불리는 능은 셋이 있는데 하나는 별장의 의미를 지닌 영월에 있는 단종의 장릉莊陵, 둘은 글이 뛰어나다는 뜻으로 김포에 있는 원종의 장릉章陵, 셋은 으뜸의 뜻을 가진 파주에 있는 인조의 장릉長陵이다.

조선 11대 중종의 정릉靖陵은 편안하다는 의미를 지닌다. 정릉은 둘째 부인 장경왕후 윤씨와 같이 고양시 서삼릉에 있었다. 그런데 셋째 부인 문정왕후가 자신이 죽으면 중종과 함께 묻히려고 성종의 선릉이 있는 삼성

남산한옥마을 해풍부원군 윤택영 재실

동으로 옮겼다. 그러나 정작 문정왕후가 죽어 장례를 치르려 하자 홍수로 물이 넘쳐 한강을 건널 수 없어 어쩔 수 없이 서울 공릉동 능을 만들고 태릉泰陵이라 하였다. 중종은 부인이 셋이나 되었으나 모두 함께 하지 못하고 결국에는 쓸쓸이 홀로 있는 모습을 보이고 있다.

>> 서울 한옥마을 관리소

與民同樂泰平安 天下南山文物盛
여민동락태평안 천하남산문물성
賞客逍遊習俗歡 騷人述撰承傳美
상객소유습속환 소인술찬승전미

시민들과 같이 즐거우니 평안하고
하늘 아래 남산은 문화 예술이 풍부하네.
관광객은 옛 풍습 좋아하여 즐겁게 노닐며
시인과 글 쓰는 작가들이 아름다움 이어가네.

>> 서울 한옥마을 공예관

木覓山高境宇寬 新粧韓屋古風殘
목멱산고경우관 신장한옥고풍잔
南山鬱鬱熏風暖 北岳嵬嵬防雨寒
남산울울훈풍난 북악외외방우한
丹靑畫閣成仙境 賞客耽光意自安
단청화각성선경 상객탐광의자안

千季不變煙霞帶 百歲無瑕石澗寒

천계불변여하대 백세무하석간한

남산의 높은 곳 넓기도 하고

새로 단장한 한옥은 옛 멋을 보이네.

남산 숲이 우거져 남풍이 따스하고

북악산은 높고 높아 찬비를 막아주네.

단청 두르니 화려한 집이 신선 사는 곳이요

경치 찾아 즐기는 관광객들 마음이 편안하다네.

천 년의 세월에 변하지 않고 저녁노을 두르니

티 없이 맑고 찬 샘물은 영원히 흐르리.

버들잎을 꿰어?

- 서울 황학정

황학정은 1899년에 경희궁 안에 지은 정자로 고종 황제가 황색 곤룡포를 입고 활을 쏘는 모습이 마치 학과 같다 하여 이름 붙였다. 그래서 지금도 황학정 안에는 황색 곤룡포를 입은 고종 황제의 초상을 걸어 모시고 있다. 경희궁을 지을 때에는 숭정전을 비롯하여 많은 건물들이 있었으나, 일제 강점기에 모두 헐어 황학정은 사직단 위에 있는 등과정 옛터로, 숭정전과 흥화문은 남산으로 옮기고 일본인 학생들이 공부하는 학교를 세웠다.

숭정전은 동국대학교에 정각원이라는 법당으로 사용하고 있다. 현재도 안쪽에는 숭정전 현판을 그대로 걸고 있고 천장에는 발톱이 다섯인 용 두 마리가 꿈틀거리고 있으며 화강석 계단도 가운데 봉황을 새긴 판돌을 그대로 옮겨 사용하고 있다.

흥화문도 헐어다 남산에 있던 이토 히로부미 사당의 정문으로 사용하였고 광복 후에는 영빈관 정문으로 사용하였다. 흥화문이 처음 선 곳은 금천교 앞 구세군회관 건물 자리였다. 경복궁에 있던 융무당과 융문당 또한 건물을 헐어 용산에 있는 용광사라는 일본 절집을 짓는데 사용하였고 그 자리에 조선총독부 관저를 지었는데 지금의 청와대 자리인 것이다. 융문당과 융무당은 광복 후에 원불교가 사용하다가 2007년 영광의 영산선학대학 이웃한 곳으로 옮겼다.

지하철 경복궁역 1번 출구를 나와 사직단을 지나쳐 오른쪽 인왕산 길을 오르면 만날 수 있다. 황학정 안에는 황색 곤룡포를 입은 고종 황제 초상을 걸었고, 왼쪽 모퉁이에 황학정 팔경을 새겼다. 아름다운 경치를 표현 한 소상팔경瀟湘八景은 동정호 남쪽에 있는 소수瀟水와 상강湘江의 여덟 곳을 그린 것에서 시작되었다. 소수와 상강에 내리는 비, 동정호에 뜬 가을 달, 먼 바다에서 어촌으로 돌아오는 돛단배, 모래사장에 앉은 기러기, 안개 낀 절집에서 울리는 저녁 종소리, 어촌에 비치는 석양, 강가에 내리는 눈, 산속에서 피어나는 아지랑이 등이다. 황학정 뒤로 돌아 계단을 오르면 작은 바위에 등과정登科亭이라 새겨 옛 활터임을 알리고 있다.

전주 중화산동에 있는 활터 천양정은 백보천양에서 이름 붙인 것이다. 초나라에 양유기는 활을 잘 쏘는 사람으로 100 걸음 떨어진 곳에서 버들잎을 쏘면 백 번 쏘아 백 번 다 꿰뚫었다. 그래서 활 잘 쏘는 사람을 일러 백보천양百步穿楊이라 하였다.

>> 서울 황학정

靑天有月來幾時 我今停杯一問之 청천유월래기시 아금정배일문지
絶壁晴陰雲影轉 斷橋流水野光廻 절벽청음운영전 단교유수야광회
一生多得春秋氣 每事略存詩畵意 일생다득춘추기 매사약존시화의
精神秋水暎氷臺 雅度春風搖玉樹 정신추수영빙대 아도춘풍요옥수

서울 황학정 현판과 주련

푸른 하늘의 달은 언제부터 있었는가?

지금 잔을 멈추고 한 번 물어본다네.

절벽의 맑음과 흐림은 구름 따라 변하고

다리 아래 흐르는 물은 들 빛에 고루 비치네. – 이태백

평생 동안 많은 계절의 기운을 느끼며

일을 시나 그림으로 그릴 생각도 있었네.

정신은 가을 물에 쑥대 비추듯 맑아지고

봄바람은 우아하게 회화나무를 흔든다네.

명나라 황제 글씨

- 서울 동관왕묘

삼국시대 촉나라의 관우 장군을 모시는 관왕묘는 임진왜란 때 서울에 세운 남관왕묘가 처음이다. 충북 영동 당곡리 12장신당十二將神堂은 우리나라 민속신앙과 관우, 제갈공명 등 열두 장군을 모시고 매년 정월에 마을 제사를 지낸다. 처음에는 상촌면에 있었으나 관우가 꿈에 나타나 영동읍 고곡리로 옮겨줄 것을 부탁하여 마을사람들과 함께 옮기고 마을 이름도 당곡리로 바꿔 불렀다.

동묘앞역 지하철 1호선 3번 출구나 지하철 6호선 4번 출구를 나오면 동관왕묘를 만날 수 있다. 종로구 숭인동의 동관왕묘東關王廟는 왜적과의 전투에 관우가 나타나 도움을 주었다 하여 명나라 신종 황제가 직접 쓴 현판과 함께 모든 비용을 보내와 선조 34년(1601)에 완공하였다. 동관왕묘의 이름은 현령소덕의열무안성제묘顯靈昭德義烈武安聖帝廟로 어짐과 올바름을 보인 관우무안황제의 집이란 뜻이다.

동관왕묘에는 똑같은 현판이 두 개 걸려 있는데 하나는 서울 북묘를 헐 때 나온 현판이다. 동관왕묘에 있는 현판들을 살피면, 하늘과 땅의 기운이

서울 동관왕묘

바르다는 건곤정기乾坤正氣, 오랜 세월 이름을 떨친다는 만고표명萬古標名, 어질며 공정하다는 위양병정威良秉正, 삼강오륜을 세운다는 부강상扶綱常, 계속해서 맑고 밝게 빛난다는 유청집희維淸緝熙, 현재까지 결점 없이 완벽한 사람이라는 천고완인千古完人, 충성과 의로움은 하늘을 뚫는다는 충의관천忠義貫天, 관우의 혼령이 나타나 조선을 구해 주었다는 현성보번顯聖保藩, 하늘과 땅 사이에 가득 찬 넓고 큰 원기라는 호연정기浩然正氣가 있다.

이외에도 서울에는 중구 방산동에 성제묘와 장충동에 관성묘가 남아 있다. 남원 관왕묘와 전주 관왕묘에는 삼국지에 나오는 이야기를 흙벽에 그림으로 그렸다. 동관왕묘의 주련은 해석하기가 무척 어려웠는데 중국어가 능숙한 친구의 스승께서 큰 도움을 주셨다.

>> 서울 동관왕묘

金幡柘盖煥威儀 磐石泰山扶鞏固 금번자개환위의 반석태산부공고
生平好左氏春秋孚右能通 六月王師申命討

생평호좌씨춘추부우능통 육월왕사신명토

此地故漢家郡國提封 無恙千秋靈氣護風雲

차지고한가군국제봉 무양천봉령기호풍운

千秋義氣萬古忠心 천추의기만고충심

금색 깃발을 뽕나무 깃대에 올리니 공경하고 삼가 하는 것이 빛나고

큰 산과 너럭바위처럼 더욱 굳어지도록 도와준다네.

호좌씨가 평생토록 공자가 쓴 역사책 춘추를 믿고 따르니

임금의 스승이 유월에 서남방을 벌하라고 말하네.

이곳은 옛날 한나라 때 세운 나라로

근심이 없고 신령한 기운과 영웅이 보호한다네.

세월이 흘러도 변치 않는 의로움과 충성스런 마음

>> 행각

仰不愧俯不作扶 漢孤忠御碧天之紅

앙불괴부부작부 한고충어벽천지홍

去也明來也白 寄曺宿債處濁水之淸蓮

거야명래야백 기조숙채처탁수지청련

花猶帶荊襄春 可矣君侯節鍼鎭此處

화유대형양춘 가의군후절성진차처

山不改蜀漢色宜乎 帝子廟宇在斯間

산불개촉한색의호 제자묘우재사간

秦鏡高懸照破人間鬼瞻 진경고현조파인간귀첨

서울 동관왕묘 주련

湘江灑血激揚臣子忠肝言 상강쇄혈격양신자충언

誰三分赤帝天下 力扶炎漢卽令翠聳蜀山高

수삼분적제천하 역부광한즉령취용촉산고

仗一柄靑龍大刀志 掃群雄不料蒼茫湘水急

장일병청룡대도지 소군웅불요창망상수급

幽庭桃華開灼灼 忽憶三雄結義時 유정도화개작작 홀억삼웅결의시

孤貫忠義恢弘 氣像天以常地以綱 고관충의회홍 기상천이상지이강

難思威靈莫測 神變風爲駕霆爲鞭 난사위령막측 신변풍위가정위편

古壁干戈刊森森 回想九郡盡忠日 고벽간과천삼삼 회상구군진충일

하늘을 우러러 부끄럽지 않고 땅을 굽어 잘못이 없으니

유비에 대한 외로운 충성심은 푸른 하늘의 붉은 해 같구나.

가도 밝고 와도 항상 떳떳하여

몸은 조조에 의탁하였지만 마음엔 촉나라 연꽃이 피는구나.

'형양'의 봄꽃은 피어나고

임금의 뜻에 따라 신하는 무기를 들고 지키는구나.

산은 촉나라를 변화시키지 못하고 환경은 의연하니

관우의 묘가 여기 '사천'에 있구나.

사람의 나쁨을 일깨워서 공평무사하게 일을 처리하였고

강가에서 피눈물 흘리니 신하들이 관우의 진실한 마음을 아는구나.

누가 삼국으로 나뉨을 유지하고 촉나라를 우뚝 서게 하겠는가?

청룡도 한 자루로 다른 나라 항복을 받아 촉나라를 빨리 세워야겠구나.

복숭아꽃 핀 정원을 지날 때

유비, 관우, 장비가 형제의 의로움을 맺던 때가 생각나는구나.

관우 혼자서 진실한 마음과 의로움을 널리 알리고

하늘의 뜻에 따라 삼강과 오륜을 펼치는구나.

위엄과 신령함을 헤아리기 어렵고

신통함을 생각할 수 없으며 가마 타고 바람 불고 천둥치면 채찍을 휘두르네.

옛날 벽에 창과 방패가 빽빽한 '적벽대전' 그림은

아홉 군에서 진실한 마음을 다했던 때를 생각하게 만든다네.

조선의 계룡대

- 삼군부 청헌당

조선에서는 나라를 방어하기 위한 군사조직으로 의흥삼군부를 두었으나 세조 때 오위도총부로 바꾸어 서울을 중심으로 방어하였다. 임진왜란 이후, 한양을 지키는 훈련도감, 어영청, 금위영 등은 임금을 중심으로 한양을 지키는 일을 하였고 북한산성을 지키는 총융청과 남한산성을 지키는 수어청을 두었다. 그래서 남한산성에 오르면 수어청의 지휘관들이 아래를 내려다보고 병사들을 지휘하던 수어장대守禦將臺가 있다.

흥선대원군은 왕권을 높이고자 훈련도감, 금위영, 어영청 등을 통합하여 삼군부三軍府라 하고 궁궐과 함께 서울을 지키도록 하였다. 그리고 국방과 군사력에 관계되는 인사권과 경제권을 통괄하는 최고의 군사기관을 만들었다. 청헌당과 총무당은 덕의당과 함께 처음에는 삼군부 안에 있었던 것을 공릉동 육군사관학교와 삼선동 한성대학교 옆으로 옮겼다.

지하철 태릉입구역 7번 출구를 나와 버스를 타고 육군사관학교행정안내소 정류장에서 내려 제2정문을 통해 행정안내소에서 관람신청을 한다. 개인으로는 토, 일요일과 공휴일에 안내받을 수 있다. 육군사관학교 안에

서울 삼군부 청헌당

있는 청헌당 주련을 해석하지 못해 고생을 하다 우연히 노원문화원에서
발간한 '노원 마을 이야기'란 책에 있음을 알게 되었다. 그래서 노원문화원
에 전화를 드리니 친절히 안내해 주시고 주련 부분을 사진으로 촬영하여
곧바로 보내 주셨다. 너무나도 친절하고 고마운 노원문화원이다. 함께 짝
을 이루는 총무당의 주련은 너무 어려워 해석하지 못하였다.

>> 삼군부 청헌당

衆緡合經自成全錦 左論作行大小共濟
중민합경자성전금 좌론작행대소공제
往裁諧舜九官同德 愼乃簡周六藝擧能
왕재해순구관동덕 신내간주육예거능

改委聿吹中外所瞻 大樂播世各主一音

개위율취중외소첨 대락파세각주일음

여러 사람이 변치않는 도리를 행하면 아름다운 사회를 이루고

옳지 않은 일을 하는 사람은 모두가 함께 가르쳐 주어야 한다.

순임금 같은 좋은 때를 만나려면 관리들이 어짊으로 정치하고

주나라 문왕과 무왕을 따르려면 선비들이 육예를 실천해야 한다.

나라의 안팎에서 희망하는 것을 고치고 따라서 한다면

큰 즐거움이 세상에 퍼져나가 모두가 한 목소리를 낸다.

우리나라 주련 품은 문화재 (2019. 3. 1. 현재)

서울특별시
서울 관훈동민씨가옥: 중구 퇴계로34길 28 (필동2가)

서울 해풍부원군윤택영재실: 중구 퇴계로34길 28 (필동2가)

서울 도편수이승업가: 중구 퇴계로34길 28 (필동2가)

서울 오위장김춘영가: 중구 퇴계로34길 28 (필동2가)

서울 와룡묘: 중구 예장동 산5-6번지

서울 백인제가옥: 종로구 북촌로7길 16 (가회동)

서울 황학정: 종로구 사직로9길 15-32 (사직동)

서울 석파정별당: 종로구 자하문로 309 (홍지동)

서울 동관왕묘: 종로구 난계로27길 84 (숭인동)

서울 삼군부 총무당: 성북구 삼선교로4나길 19 (삼선동1가)

서울 삼군부 청헌당: 노원구 공릉동 103 육군사관학교

인천광역시
강화 성공회강화성당: 강화읍 관청길 27번길 10 (관청리)

강화 철종외가: 선원면 철종외가길 46-1 (냉정리)

강화 허유전묘: 불은면 강화동로 549번길 84 (두운리)

인천 원인재: 연수구 경원대로 322 (연수동)

경기도
의정부 박세당선생고택: 의정부시 동일로 128번길 36 (장암동)

양주 죽산안씨연창위종가: 양주시 광사로 131-27 (광사동)

과천 효령대군영정각: 과천시 자하동길 63 (중앙동)

광주 연무관: 광주시 남한산성면 남한산성로 756 (산성리)

광주 남한산성행궁: 광주시 남한산성면 남한산성로 784-29 (산성리)

광주 신익희생가: 광주시 초월읍 서하길 6-25 (서하리)

성남 수내동가옥: 성남시 분당구 성남대로 550 (수내동)

안양 안양군묘: 안양시 산본로 451-45 (산본동)

여주 강한사: 여주시 청심로 113 (하동)

용인 심곡서원: 용인시 수지구 심곡로 16-9 (상현동)

용인 정몽주묘: 용인시 처인구 모현면 능원리 산3번지

강원도
강릉 방동리무궁화: 강릉시 사천면 가마골길 22-8 (방동리)

강릉 회계고택: 강릉시 유죽길 465번길 37 (죽헌동)

강릉 강릉오죽헌: 강릉시 율곡로 3139번길 24 (죽헌동)

강릉 황산사: 강릉시 운정길 21번길 27 (운정동)

강릉 강릉선교장: 강릉시 운정길 63 (운정동)

강릉 강릉해운정: 강릉시 운정길 125 (운정동)

강릉 강릉심상진가옥: 강릉시 운정길 123 (운정동)

강릉 서지조진사댁: 강릉시 난곡길 76번길 43-9 (난곡동)

강릉 금란정: 강릉시 경포로 371번길 57 (저동)

강릉 경양사: 강릉시 저동길 113 (저동)

강릉 보진당: 강릉시 은행나무길 9 (옥천동)

강릉 동은고택: 강릉시 율곡로 2669-8 (노암동)

강릉 강릉김윤기가옥: 강릉시 노가니길 55-11 (노암동)

강릉 강릉향교: 강릉시 율곡로 2920-8 (교동)

강릉 임경당: 강릉시 성산면 소목길 18-26 (금산리)

강릉 상임경당: 강릉시 성산면 갈매간길 8-3 (금산리)

강릉 명주군왕릉: 강릉시 성산면 삼왕길 204-39 (보광리)

강릉 조수환가옥: 강릉시 성산면 칠성로 607번길 28 (유산동)

강릉 최대석가옥: 강릉시 성산면 모산로 224번길 55-11 (박월동)

강릉 정의윤가옥: 강릉시 구정면 범일로 283-7 (학산리)

동해 용산서원: 동해시 효자로 583 (쇄운동)

동해 심상열가옥: 동해시 단실가원1길 24 (이원동)

삼척 삼척향교: 삼척시 향교길 34 (교동)

삼척 산양서원: 삼척시 원덕읍 산양서원1길 23 (산양리)

영월 창절사: 영월읍 단종로 60 (영흥리)

춘천 김정은가옥: 춘천시 신동면 솟밭1길 44 (정족리)

홍천 홍천향교: 홍천읍 석화로 101-14 (희망리)

대전광역시

대전 동춘선생고택: 대덕구 동춘당로 80 (송촌동)

대전 남간정사: 동구 충정로 53 (가양동)

대전 문충사: 동구 동부로73번길 44 (용운동)

대전 봉소루: 중구 봉소루로 29 (석교동)

대전 도산서원 경모재: 서구 남선로 8 (탄방동)

대전 월송재: 동구 이사로 104 (이사동)

대전 은진송씨승지공파: 동구 이사로 108 (이사동)

대전 귀후재: 중구 단재로 482-24 (어남동)

세종 연기향교: 세종 연기면 교촌3길 13 (연기리)

충청남도

계룡 사계고택: 계룡 두마면 사계로 122-4 (두계리)

계룡 이심원충신정려: 계룡 두마면 금암길 7 (금암리)

공주 계룡산중악단: 공주 계룡면 신원사동길 1 (양화리)

논산 노성궐리사: 논산 노성면 교촌길 35 (교촌리)

논산 백일헌종택: 논산 상월면 주곡길 47 (주곡리)

논산 충헌사: 논산 상월면 주곡리 22번지

논산 돈암서원: 논산 연산면 임3길 26-14 (임리)

논산 영사재: 논산 연산면 고정1길 42 (고정리)

당진 면천향교: 당진 면천면 동문2길 36-7 (성상리)

당진 송규섭가옥: 당진 송악읍 바리미길 18-11 (오곡리)

부여 동곡서원: 부여 세도면 성흥로 479-9 (동사리)

부여 덕림병사: 부여 장암면 덕림로 243–24 (점상리)

이산 외암리교수댁: 서산 송악면 외암민속길 42–15 (외암리)

서산 유상묵가옥: 서산 운산면 이문안길 32–12 (여미리)

서산 경주김씨고택: 서산 음암면 한다리길 45 (유계리)

아산 이충무공유허: 아산 염치읍 현충사길 48 (백암리)

예산 수당고택: 예산 대술면 상항방산로 181–8 (상항리)

예산 대흥동헌: 예산 대흥면 의좋은형제길 33 (동서리)

예산 이성만형제가옥: 예산 대흥면 의좋은형제길 33 (동서리)

예산 김정희선생유적: 예산 신암면 추사고택로 261 (용궁리)

천안 이동녕생가: 천안 목천읍 동리4길 36 (동리)

천안 직산향교: 천안 직산면 군서1길 35–6 (군서리)

천안 전씨시조단소: 천안 풍세면 금호1길 117–10 (삼태리)

홍성 김좌진생가: 홍성 갈산면 행산리 산17–4 번지

홍성 사운고택: 홍성 장곡면 무한로 989–21 (산성리)

홍성 홍주성 여하정: 홍성 홍성읍 아문길 27 (오관리)

충청북도
괴산 취묵당: 괴산 충민사길 45 (능촌리)

단양 단양향교: 단양 단성면 충혼로 26 (상방리)

보은 풍림정사: 보은 회인면 회남로 2445

(눌곡리)

영동 김자수유적: 영동 심천면 각계1길 28–7 (각계리)

영동 묵정리고가: 영동 양강면 마포2길 6 (묵정리)

영동 자풍서당: 영동 양강면 두평길 2–153 (두평리)

영동 한천정사: 영동 황간면 원촌동1길 48 (원촌리)

영동 흥학당: 영동 매곡면 내동1길 42 (노천리)

영동 영모재: 영동 상촌면 관기길 16–3 (임산리)

영동 삼괴당: 영동 상촌면 임산3길 28–13 (임산리)

영동 일제재: 영동 상촌면 임산3길 34–10 (임산리)

옥천 후율당: 옥천 안내면 도이길 42 (도이리)

제천 제천향교: 제천 칠성로 117 (교동)

제천 박도수가옥: 제천 금성면 국사봉로23길 25–12 (구룡리)

제천 청풍응청각: 제천 청풍면 청풍호로 2048 (물태리)

진천 김덕숭효자각: 진천 이월면 사지길 78 (사곡리)

청주 충청병마절도사영: 청주 상당구 남사로 115 (남문로2가)

청원 수천암: 청주 흥덕구 옥산면 신촌길 160–22 (환희리)

청원 부강리민가: 청주 상당구 문의면대청호반로 721 (문산리)

전라북도
고창 취석정: 고창 노동로 191–9 (화산리)

고창 현곡정사: 고창 주곡1길 68–34 (주곡리)

고창 덕천사: 고창 아산면 인천강변로 308 (용계리)

고창 용오정사: 고창 무장면 덕림방축안길 4
(덕림리)

고창 김기서강학당: 고창 고수면 사동길 40–
160 (상평리)

고창 화동서원: 고창 대산면 교동길 24
(매산리)

군산 옥구향교: 군산 옥구읍 광월길 33–50
(상평리)

군산 임피향교: 군산 임피면 임피향교길 46
(읍내리)

김제 남강정사: 김제 금구면 서도길 56–8
(서도리)

남원 창주서원: 남원 춘향로 64 (도통동)

남원 관서당남성재: 남원 관서당길 15 (쌍교동)

남원 관왕묘: 남원 남문로 407–12 (왕정동)

남원 용호서원: 남원 주천면 정령치로 271
(호경리)

남원 몽심재고택: 남원 수지면 내호곡2길 19
(호곡리)

남원 용장서원: 남원 주생면 상동길 7–1
(상동리)

남원 사계정사: 남원 주생면 영천길 43–32
(영천리)

남원 십로사: 남원 대강면 가덕광암길 234–6
(생암리)

남원 풍양사: 남원 대강면 곡촌안길 34–18
(풍산리)

남원 퇴수정: 남원 산내면 천왕봉로 626–8
(대정리)

무주 서벽정: 무주 설천면 구천동로 1868–30
(두길리)

무주 백산서원: 무주 무풍면 북리길 40
(현내리)

무주 분양서원: 무주 무풍면 지성길 119
(지성리)

순창 귀래정: 순창 순창읍 남산길 32–3
(기남리)

순창 삼인대: 순창 팔덕면 강천산길 270
(청계리)

순창 옥천부원군조원길묘: 순창 유등면
학촌2길 22–39 (건곡리)

순창 구암정: 순창 동계면 장군목길 262–55
(구미리)

완주 고산향교: 완주 고산면 고산로 147–23
(읍내리)

임실 주암서원: 임실 지사면 방계3길 46
(방계리)

임실 오괴정: 임실 삼계면 삼은2길 22–31
(삼은리)

임실 만취정: 임실 삼계면 산수1길 62 (산수리)

임실 이웅재고가: 임실 오수면 둔덕2길 55
(둔덕리)

장수 화산사: 장수 계남면 화산길 24–21
(화음리)

장수 장수향교: 장수 장수읍 향교길 31–14
(장수리)

장수 권희문가옥: 장수 산서면 오메길 9
(오산리)

장수 압계서원: 장수 산서면 구암길 77–14
(학선리)

장수 월강사: 장수 장계면 도장골길 37–8
(월강리)

전주 회안대군묘: 전주시 덕진구 수리재길 87
(금상동)

전주 오목대: 전주시 완산구 기린대로 55
(교동)

전주 관성묘: 전주시 완산구남고산성1길 159–
9 (동서학동)

전주 천양정: 전주시 완산구 서원로 406
(중화산동1가)

전주 황강서원: 전주시 완산구 황강서원5길
8–7 (효자동)

정읍 송정: 정읍 칠보면 원촌1길 12-3 (무성리)

정읍 무성서원: 정읍 칠보면 원촌1길 44-12 (무성리)

정읍 남고서원: 정읍 북면 보림1길 392 (보림리)

정읍 옥산서원: 소성면 애당모촌길 9 (애당리)

정읍 도계서원: 덕천면 도계1길 34-13 (도계리)

정읍 창동서원: 이평면 창골길 38-27 (창동리)

정읍 군자정: 정읍 고부면 영주로 532-7 (고부리)

진안 영모정: 진안 백운면 평노길 109 (노촌리)

진안 와룡암: 진안 주천면 금평1길 10-8 (주양리)

광주광역시

광주 무양서원: 광산구 산월로21번길 26 (월계동)

광주 화담사: 서구 화운로156번길 17-8 (화정동)

광주 광주향교: 남구 산월로21번길 26 (구동)

광주 취가정: 북구 환벽당길 42-2 (충효동)

광주 병천사: 서구 금호운천길 31 (금호동)

광주 용진정사: 광산구 본량동서로 180-68 (왕동)

광주 빙월당: 광산구 광곡길 133 (광산동)

광주 김용학가옥: 북구 하백로29번길 24 (매곡동)

전라남도

강진 정약용유적: 도암면 만덕리 산103-3번지

강진 해남윤씨추원당: 도암면 강성길 77 (강정리)

강진 해남윤씨영모당: 도암면 해강로 577-36 (계라리)

고흥 무열사: 두원면 동신안길 21 (신송리)

고흥 고흥향교: 고흥읍 흥양길 90-29 (행정리)

곡성 옥과향교: 옥과면 옥과7길 13 (옥과리)

곡성 유월파장군정열각: 옥과면 합강길 13-10 (합강리)

곡성 도동묘: 오곡면 기차마을로 135 (오지리)

곡성 수성당: 오곡면 오지5길 14 (오지리)

곡성 덕양사: 오곡면 덕양서원길 42 (덕산리)

곡성 영류재: 죽곡면 봉정길 74-4 (봉정리)

곡성 용산재: 목사동면 신숭겸로 226 (구룡리)

광양 김시식지: 광양시 김시식지1길 57-6 (태인동)

구례 운조루고택: 토지면 운조루길 59 (오미리)

구례 석주관칠의사묘: 토지면 섬진강대로 4638-4 (송정리)

나주 설재서원: 노안면 영안길 60 (영평리)

나주 나주목관아: 나주시 금성관길 13-8 (금계동)

나주 보산정사: 다시면 무숙로 647-6 (영동리)

나주 양벽정: 다도면 동력길 7-4 (풍산리)

나주 벽류정: 세지면 벽산벽류길 102 (벽산리)

나주 만호정: 봉황면 철야길 108 (철천리)

담양 명옥헌원림: 고서면 후산길 103 (산덕리)

담양 평장동광산김씨유허비: 대전면 평장동길 74 (평장리)

보성 충의당: 보성읍 중앙로 80 (보성리)

보성 이진래고택: 득량면 강골길 34-6 (오봉리)

보성 취송정: 벌교읍 고읍2길 11-12 (고읍리)

보성 영보재: 벌교읍 원동안길 34-8 (척령리)

보성 죽곡정사: 복내면 진척서봉길 86-53 (진봉리)

보성 대원사 황희영정: 문덕면 죽산길 506-8 (죽산리)

부안 부안향교: 부안읍 향교길 25 (서외리)

순천 옥천서원: 순천시 임청대길 18 (옥천동)

순천 정충사: 순천시 정충사길 9–15 (저전동)

순천 충렬사: 순천시 순광로 119–16 (조례동)

순천 옥계서원: 순천시 명말2길 16 (연향동)

순천 충무사: 해룡면 신성2길 145 (신성리)

순천 상호정: 주암면 죽림원길 33–3 (죽림리)

순천 승주조순탁가옥: 주암면 주암용전길 29 (주암리)

순천 승주정명헌재: 주암면 상주길 7 (주암리)

여수 석천사: 여수시 충민사길 52–25 (덕충동)

영광 이규헌가옥: 묘량면 묘량로4길 36 (영양리)

영광 묘장영당: 묘량면 동삼로1길 21 (운당리)

영광 침류정: 불갑면 녹산로1길 49 (녹산리)

영광 내산서원: 불갑면 강항로 101 (쌍운리)

영광 매간당종택: 군남면 동간길2길 83–1 (동간리)

영광 신호준가옥: 영광읍 입석길1길 151–16 (입석리)

영암 부춘정: 영암읍 배날리길 58 (망호리)

영암 영암향교: 영암읍 교동로 85 (교동리)

영암 영암문창집가옥: 영암읍 무덕정길 46–10 (장암리)

영암 이우당: 덕진면 솔안길 7–14 (노송리)

영암 영팔정: 신북면 신금로 63 (모산리)

영암 구고사: 영암군 서호면 화소길 20 (화송리)

완도 완도향교: 완도읍 죽청길 94–73 (죽청리)

장성 고산서원: 임실 진원면 고산로 68 (진원리)

장성 청계정: 장성 진원면 산동길 86 (산동리)

장성 박수량백비 강수재: 황룡면 홍길동로 431 (아곡리)

장흥 동백정: 장동면 흥성로 815–86 (만년리)

장흥 강성서원: 유치면 유치로 70 (조양리)

장흥 사인정: 장흥읍 진흥로 891 (송암리)

장흥 장흥향교: 장흥읍 교촌남외길 33 (교촌리)

장흥 월산재: 용산면 용안로 307–16 (모산리)

장흥 위성룡가옥: 관산읍 방촌길 101 (방촌리)

진도 운림산방: 의신면 운림산방로 299–10 (사천리)

해남 해남윤씨녹우단: 해남읍 녹우당길 135 (연동리)

해남 해남정명식가옥: 황산면 우항길 127–1 (우항리)

화순 화순향교: 화순읍 교동2길 14 (교리)

화순 최경회사당: 화순읍 다산길 53 (다지리)

화순 능주향교: 능주면 교촌길 36 (남정리)

화순 해망서원: 춘양면 섶메길 33–4 (대신리)

화순 학포당: 이양면 쌍봉길 74–3 (쌍봉리)

화순 임대정원림: 남면 상사길 47 (사평리)

화순 동복향교: 동복면 월송길 62–30 (연월리)

대구 광역시

대구 성재사당: 동구 미대길 120 (미대동)

대구 신숭겸장군유적: 동구 신숭겸길 17 (지묘동)

대구 첨백당: 동구 도평로116길 192–7 (평광동)

대구 신숭겸영각유허비: 동구 평광동 산 36

대구 삼가헌: 달성군 하빈면 묘동4길 15 (묘리)

대구 남평문씨본리세거지: 달성군 화원읍 인흥3길 16 (본리)

대구 소계정: 달성군 옥포면 옥포로57길 25–14 (기세리)

대구 이로정: 달성군 구지면 내리길 19–17 (내리)

대구 현풍곽씨십이정려: 달성군 현풍면 지동길 3 (지리)

경상북도

청도 청도기룡재: 풍각면 금동길 105 (금곡리)

경주 월성주사댁: 강동면 단구부흥길 95–4

영양 가천정: 일원면 가천로 173 (가천리)

영주 도강서당: 부석면 의상로 1375-4 (상석리)

영주 섬계고택: 문수면 무섬로234번길 11-7 (수도리)

영천 연정고택: 임고면 선원연정길 49-10 (선원리)

영천 영천충효재: 자양면 별빛로 1538-5 (충효리)

영해 주곡댁: 영해면 호지마을1길 18-4 (괴시리)

예천 의성김씨남악종택: 용문면 구계길 43-8 (구계리)

예천 반송재고택반송재: 용문면 금당실길 78-10 (상금곡리)

울진 대풍헌: 기성면 구산봉산로 105-2 (구산리)

울진 매화리윤광수가옥: 원남면 매화매실길 307-3 (매화리)

의성 운곡당: 금성면 산운마을길 61 (산운리)

의성 비안향교: 안계면 교화길 65-14 (교촌리)

청송 금대정사: 안덕면 속골길 16-3 (신성리)

칠곡 감호당: 금성면 산운마을길 61 (산운리)

부산광역시

부산 독진대아문: 동래 명륜로112번길 61 (수안동)

부산 장관청: 동래 명륜로94번길 36-6 (수안동)

부산 충렬사: 동래 충렬대로 345 (안락동)

부산 정과정유적지: 수영구 좌수영로 204 강변e-2차 앞(망미동)

부산 반송삼절사: 해운대구 신반송로182번길 24 (반송동)

울산 전수운최제우유허지: 중구 원유곡길 106 (유곡동)

경상남도

거창 오례사: 신원면 오례길 127-3 (덕산리)

거창 양지리인풍정: 신원면 신차로 3539 (양지리)

거창 김숙자사당: 남상면 한산1길 132-7 (대산리)

거창 영빈서원: 남하면 무릉2길 30-7 (무릉리)

거창 동변리망월정: 거창읍 동변1길 38-46 (동변리)

거창 상림리건계정: 거창읍 거안로 1173-21 (상림리)

거창 거창향교: 거창읍 성산길 34 (가지리)

거창 창충사: 거창읍 창동로 167-11 (대동리)

거창 거창영은고택: 웅양면 동호1길 213 (동호리)

거창 성암사: 주상면 하임실길 68 (연교리)

거창 요수정: 위천면 은하리길 2 (황산리)

거창 황산리신씨고가: 위천면 황산1길 109-5 (황산리)

고성 호암사: 동해면 장좌1길 87-4 (장좌리)

고성 소천정: 구만면 효락1길 149-29 (효락리)

고성 도연서원: 마암면 도전4길 152-39 (도전리)

고성 위계서원: 마암면 석마2길 186 (석마리)

고성 육영재하: 일면 금단길 150-7 (학림리)

김해 시례리 염수당: 진례면 진례로311번길 95-12 (시례리)

김해 사충단 숭덕재: 김해시 가야로405번안길 22-9 (동상동)

김해 관동리월봉서당: 장유면 덕정로77번길 11-16 (관동리)

김해 화산정사: 장유면 관동로27번길 5-37 (관동리)

김해 선조어서각: 김해시 흥동로 123-18 (흥동)

김해 칠산재: 김해시 칠산로237번길 46-40 (화목동)

밀양 오연정: 밀양시 용평로 477-17 (교동)

밀양 교동손씨고가: 밀양시 밀양향교1길 19-4 (교동)

밀양 천진궁: 밀양시 중앙로 324 (내일동)

밀양 의첨재: 부북면 오례1길 68-13 (오례리)

밀양 남계서원: 청도면 청도면 두곡리 361 (두곡리)

밀양 검암리곡강정: 초동면 곡강길 9-15 (검암리)

밀양 모선정: 초동면 초동로 398-13 (신호리)

밀양 박연정: 상동면 상동로 1034-3 (고정리)

사천 구계서원: 사천읍 구암두문로 361-17 (구암리)

사천 경백사: 용현면 온정2길 42 (온정리)

산청 산천재: 시천면 남명로 311 (원리)

산청 이사재: 산청군 단성면 사월리 산215

산청 남사리 사양정사: 단성면 지리산대로 2901-7 (남사리)

산청 이재교서 영모재: 단성면 지리산대로 2883번길 14-3 (사월리)

산청 면화시배지: 단성면 목화로 887 (사월리)

산청 읍청정: 단성면 강누방목로2번길 52-26 (강누리)

산청 신안정사: 단성면 서재길 56 (강누리)

산청 강누리인곡서당: 단성면 구인동길 31-17 (강누리)

산청 도천서원: 신안면 문익점로 34-32 (신안리)

산청 안봉리수월정: 신안면 수월로 219-8 (안봉리)

산청 평지리인지재: 신등면 법물길 39 (평지리)

산청 우계당: 차황면 친환경로3612번길 108 (부리)

산청 용산서당: 오부면 가마길 10-4 (중촌리)

산청 대포서원: 생초면 명지대포로236번길 183 (대포리)

양산 송담서원: 물금읍 가촌서2길 14-13 (가촌리)

의령 이운룡묘 기강서원: 지정면 오천리 산30-1

의령 입산리상로재: 부림면 입산로2길 61 (입산리)

진주 촉석루: 진주시 남강로 626 (남성동)

진주 창열사(진주성): 진주시 남강로 626 (남성동)

진주 상대동고분군 영모재: 진주시 모덕로 147번길 9-4 (상대동)

진주 비봉루: 진주시 창렬로 205-17 (상봉동)

진주 옥봉경로당: 진주시 옥봉로 19 (옥봉동)

진주 원계리영모재: 수곡면 시묘산길316번길 69-21 (원계리)

진주 동산재: 대평면 신풍길 370 (신풍리)

진주 도통사: 나동면 내축로577번길 29-9 (유수리)

진주 고산정: 대평면 대평로57번길 57 (대평리)

진주 광제서원: 명석면 광제산로685번길 116 (계원리)

진주 우곡정: 사봉면 우곡길 79-34 (사곡리)

진주 부사정: 금산면 금산순환로 279번길 17-1 (가방리)

진주 운수당: 금곡면 금곡로 197-24 (검암리)

진주 남악서원: 금곡면 죽곡길 102 (죽곡리)

창녕 광산서당: 유어면 유어장마로 415 (광산리)

창녕 경모당: 유어면 유어장마로 555-8 (진창리)

창녕 소곡서당: 고암면 우천길 111 (우천리)

창녕 우천리반곡고택: 고암면 월미상월길 193-6 (우천리)

창녕 구니서당: 고암면 창밀로 506-30

(계상리)

창녕 금호재: 대합면 대동길 33 (대동리)

창원 구천정사: 마산합포구 남해안대로 4486-77 (오서리)

통영 삼도수군통제영: 통영시 문화동 62-1

통영 충렬사: 통영시 여황로 251 (명정동)

통영 백운서재: 통영시 백운서재1길 26 (도천동)

통영 통영향교: 광도면 향교길 81 (죽림리)

통영 한산도이충무공유적: 한산면 한산일주로 70 (두억리)

하동 동매리김씨고가: 악양면 동매길 9-1 (동매리)

하동 악양정: 화개면 화개면 덕은리 815 (덕은리)

하동 두방재: 옥종면 두양길 158-129 (두양리)

함안 청계서당: 칠서면 청계1길 116-12 (청계리)

함안 고려동 유적: 산인면 모곡2길 37-10 (모곡리)

함안 무진정: 함안면 괴산4길 25 (괴산리)

함안 신암서원: 가야읍 신암로 209 (신음리)

함안 어계생가: 군북면 원북길 104-1 (원북리)

함안 악양루: 대산면 대법로 331 (서촌리)

함양 학사루: 함양읍 학사루길 4 (운림리)

함양 풍천노씨대종가: 지곡면 개평길 44-11 (개평리)

함양 교수정: 지곡면 함양로 2025 (개평리)

함양 우명리정씨고가: 수동면 효리길 6 (우명리)

합천 동산재: 묘산면 팔심길 235-16 (팔심리)

합천 현산정: 봉산면 서부로 4107-13 (봉계리)

합천 사의정: 대병면 서부로 2551-3 (역평리)

합천 화수당: 대병면 대지길 18-3 (대지리)

합천 송호서원: 대병면 신성동2길 22-3 (회양리)

합천 운구대: 가회면 두심1길 84 (둔내리)

합천 춘우정: 가회면 구평길 5-20 (합방리)

합천 두산정: 삼가면 두모2길 7 (두모리)

합천 용연사: 삼가면 남명로 57 (외토리)

합천 뇌룡정: 삼가면 남명로 72-7 (외토리)

합천 대목리 수암정: 대양면 이계길 131 (대목리)

합천 덕원서원: 청덕면 성태길 81 (성태리)

합천 청금사 충현사: 합천읍 내곡1길 12-12 (내곡리)

합천 추본사 명곡사: 야로면 정대3길 11 (정대리)

합천 벽한정: 용주면 손목3길 94 (손목리)

참고문헌

강봉룡 · 변남주(2006). 조선시대 호남지역 포구 조사 · 연구. 도서문화 28집.

고규홍 (2008). 행복한 나무여행. (주)터치아트.

김광욱 (2010). 행초서미학. 계명대학교출판부.

김동욱 (2002). 실학정신으로 세운 조선의 신도시 수원화성. 도서출판 돌베개.

김봉렬 (2006). 한국건축이야기. 도서출판 돌베개.

김영철 (2017). 조상의 숨결을 찾아서. 도서출판 ITC.

김종서 (2011). 봄 여름 가을 겨울 −명품 한시와 옛 시인의 마음 읽기−. 김영사.

김종헌 (2013). 추사를 넘어. 도서출판 푸른역사.

김종혁 (2000). 부수를 알면 한자가 보인다. 학민사.

김호일 (2000). 한국의 향교. 주식회사 대원사.

문동석 (2008). 문화로 보는 우리 역사. 상상박물관.

문동석 (2017). 서울이 품은 우리 역사. 상상박물관.

박영환 (2014). 논어. 시그마북스.

배상정 (2011). 길 따라 마음 따라 알콩 달콩 정읍이야기. 정읍시청.

신명철 (2012). 우리나라 좌도, 우도 문화재 맞잇길.

신봉승 (2010). 조선 선비의 거울 문묘 18현. 청아출판사.

신윤호 (2014). 미술자료 제85호(태평회맹도의 역사적 배경). 국립중앙박물관.

신장섭 옮김 (1977). 한국기동악부주해. 국학자료원.

오희도 (1998). 명곡유고. 담양문화원.

윤희면 (2004). 조선시대 서원과 양반. 집문당.

이기동 (2015). 맹자 강설. 성균관대학교출판부.

이성무 (2011). 조선을 이끈 명문가 지도. ㈜글항아리.

이종근 (2010). 한국의 옛집과 꽃담. 생각의나무.

이한우 (2015). 심경 부주. 해냄출판사.

임경빈 (1993). 천연기념물 식물편. (주)대원사.

임석재 (2005). 한국 전통건축과 동양사상. (주)북하우스.

장영훈 (2005). 조선시대의 명문사학 서원을 가다. 도서출판 담디.

전규호 (2014). 행초장법. 명문당.

전영우 (2006). 나의 소나무 답사기. 도서출판 Notebook.

정경일 (2008). 논산지역의 현판. 문경출판사.

최영하 (2014). 정무공 세가필첩. 도서출판 서예문인화.

한기범 (2014). 증 정부인 염선재 순천김씨 실기. 대전: 누마루.

현진오 (1996). 꽃 산행. 도시출판 신악문화
국립중앙박물관 (2014). 산수화, 이상향을 꿈꾸다. 국립중앙박물관.
강릉서예회 (2005). 강릉서예자료집.
구본진 (2018). 구본진의 필진. 동아일보.
노원구청 (2008). 마들이야기. 노원문화원.
삼척심씨 어촌공종중 (2010). 文恭公 어촌 심언광. 쌍룡인쇄소.
문화재청 (2000). 문화재 교육의 이론 · 방법 및 실제. 기획인쇄 다원.
문화재청 (2007). 문화재 활용 가이드북. 제일 프린테크.
일본국 삼성당 (2008). 서도육체대자전. 서울: 동방문화사.
중외출판사 편집부 (1976). 서강대옥편. 서울: 중외출판사.
서울초등사회교과교육연구회. 사회과교육과현장학습. 제24호, 제40호.
한국문원 편집실 (1995). 문화유산 – 왕릉. (주)한국문원.
한국민족미술연구소. 간송문화 제41호. 제64호. 한국민족미술연구소.
한국정신문화연구원 (2001). 디지털 한국민족문화대백과사전. 동방미디어주식회사.

누리집
문화재청. http://www.cha.go.kr
한국고전벽역원. http://db.itkc.or.kr
한국금석문 종합영상정보시스템 http://gsm.nricp.go.kr/
한국역대인물종합정보시스템. http://people.aks.ac.kr/